U0507779

本书的出版得到了常州工学院企业管理重点专业建设基金和
工商管理重点学科建设基金的资助

企业内部知识共享研究

——基于社会资本视角

秦红霞 著

JDY ON KNOWLEDGE SHARING IN ENTERPRISES FROM
THE PERSPECTIVE OF SOCIAL CAPITAL

中国社会科学出版社

图书在版编目（CIP）数据

企业内部知识共享研究：基于社会资本视角/秦红霞著．—北京：中国社会科学出版社，2015.7
ISBN 978-7-5161-6426-6

Ⅰ.①企…　Ⅱ.①秦…　Ⅲ.①企业管理—知识管理—研究　Ⅳ.①F270

中国版本图书馆 CIP 数据核字(2015)第 146923 号

出 版 人　赵剑英
责任编辑　卢小生
特约编辑　林　木
责任校对　周晓东
责任印制　王　超

出　　版　中国社会科学出版社
社　　址　北京鼓楼西大街甲 158 号
邮　　编　100720
网　　址　http：//www.csspw.cn
发 行 部　010-84083685
门 市 部　010-84029450
经　　销　新华书店及其他书店

印　　装　三河市君旺印务有限公司
版　　次　2015 年 7 月第 1 版
印　　次　2015 年 7 月第 1 次印刷

开　　本　710×1000　1/16
印　　张　15
插　　页　2
字　　数　254 千字
定　　价　58.00 元

摘　要

知识经济时代，知识是企业成功的首要因素，知识管理成为企业创新的动力来源。知识管理以知识为核心，对知识进行管理和运用知识进行管理，通过知识共享和运用集体智慧提高应变能力和创新能力。知识共享作为知识管理的核心部分，是知识管理的难点所在。面对这一问题，就需要全面系统地对企业内部知识共享进行研究。本书从社会资本理论的视角，对企业内部的个体层次、群体层次和组织层次的知识共享进行分析，建立了企业内部知识共享的完整构架。

首先，作为研究的基础，本书对知识共享理论、社会资本理论以及它们的相关性研究进行述评。

其次，本书分析为何以社会资本理论来研究企业内部的知识共享。通过对知识的定义、分类和特征进行分析，以及对不同角度的知识共享模型进行评析，提出了企业内部知识共享的过程。从交易成本角度，本书对知识共享过程中主体双方的知识交易策略及交易成本进行了分析。社会资本理论作为深入分析社会交互作用的全新解释范式，已逐渐成熟，在此基础上探讨了基于社会资本的知识共享过程。

再次，在社会资本视角的企业内部知识共享框架中，本书从三个方面进行深入分析。在个体层次，对企业成员基于社会资本的知识共享策略进行研究。提出社会资本对企业成员知识共享过程的影响，在此基础上，本书具体分析个体在知识共享过程的知识寻找、知识转移和知识整合三个阶段的策略。

在群体层次，本书对企业内部知识共享网络的形成进行研究。提出社会资本的结构化形式是社会网络，分析了企业内部知识共享网络的动态演化，并探讨了企业内部知识共享网络关系的建立。

在组织层次，本书着重研究企业的社会资本与知识共享环境。阐述了企业知识共享与企业竞争能力的关系，分析以知识为基础的企业竞争能力的形成过程以及知识共享对企业竞争能力形成的促进作用，并构建了组织学习的知识共享动态模型。在此基础上，从企业的社会资本角度，分析了信任和认知文化对企业内部知识共享环境的影响。

最后，本书从社会资本的社会网络、信任和认知文化三个维度提出增进社会资本，促进企业内部知识共享的具体途径和对策。

关键词：知识共享　知识管理　社会资本　社会网络　信任

Abstract

The era of knowledge economy, knowledge is the primary factor in business success, knowledge management has become the power source of enterprise innovation. Knowledge management takes knowledge as core, manages and utilizes knowledge to carry out management, to raise strain ability and innovation ability by sharing knowledge and utilizing collective wisdom. Knowledge – sharing is the core and difficulty of knowledge management. Faced with this problem, we need a comprehensive system of the enterprise internal knowledge – sharing for research. From the perspective of social capital theory, the article has studied the individual enterprise level, group level and organizational level of knowledge sharing, established a integrity framework of knowledge – sharing within the enterprise.

First of all, as the research base, the article has reviewed on the knowledge sharing theory, social capital theory and the relevance of their studies.

Second, the article has analyzed why we apply social capital theory to study knowledge sharing within the enterprise. Through the knowledge of definitions, classifications and characteristics were analyzed, and the different angles of knowledge – sharing model were reviewed, the article has made analysis of internal knowledge sharing process. From the perspective of transaction costs, has analyzed both main trading strategies and transaction costs during the process of knowledge sharing, by comparing the theoretical analysis, the article thinks that social capital has been increasingly mature, as a new paradigm to explain in – depth analysis of social interaction, on this foundation, the article has discussed the knowledge sharing process based on social capital.

Again, in the enterprise knowledge sharing framework from perspective of social capital, the article conducted in – depth analysis of the three aspects. In the individual level, knowledge sharing strategy of enterprise members based on social capital has studied. The article has proposed social capital has effect on enterprise member during the process of knowledge sharing, and on this basis, analyzed the individual knowledge sharing process strategy in the search for knowledge, knowledge transfer and knowledge integration of three stages.

In group level, the article has studied knowledge sharing network forming within the enterprise. The article has proposed social capital structure of the form is social network, analyzed dynamic evolution of knowledge sharing network, and examined the establishment of relations of knowledge sharing network.

The organization levels, the article focus on the social capital and enterprise knowledge sharing environment. The article has elaborated the relationship between enterprise knowledge sharing and the competitiveness of enterprises, analyzed the course of enterprise competitiveness forming on Knowledge basis and role in promoting the formation of enterprise competitiveness effected by knowledge sharing and constructed a dynamic knowledge sharing model. On this basis, from the enterprise perspective of social capital, the article has analyzed the influence on enterprise internal knowledge share environmental by trust and cognition culture.

Finally, from the social capital of social networks, trust and cognition culture, three dimensions of social capital, the article has proposed specific ways and measures of knowledge sharing within enterprises.

Key words: knowledge sharing; knowledge management; social capital; social networks; trust

前　言

知识经济时代，知识共享与知识创新是企业竞争优势的来源。知识共享的目的，就是要使共享系统内的每个成员都能充分接触和使用其他人创造的知识成果，并利用这种共享关系，促进已有知识价值的最大发挥和新知识的不断涌现。第一代知识管理研究强调信息技术对于企业知识共享的作用。很多企业的实际经验表明，信息技术手段的运用和企业内部知识流动的数量和质量并不存在正相关关系，企业知识共享中最重要的是人的因素。

虽然通过激励、制度等手段可以改善知识共享效果，但企业成员作为知识共享的主体，成员之间良好的关系应该是知识共享最重要的影响因素。近年来，社会资本与知识共享的相关研究日益受到学者们的关注，但是前人的研究大多是静态的，没有对知识共享进行深入分析，并且缺乏理论基础。对于企业内部知识共享，本书通过个体层次、群体层次和组织层次进行分析，各层次的关注焦点存在很大差别，本书以社会资本为研究视角建立了企业内部知识共享的完整构架，并提出改善和提高社会资本，促进企业内部知识共享的具体措施。

从社会资本角度探讨企业内部知识共享，避免了静态的、非联系的思维模式的局限性，对知识共享这一非常复杂的现象来说更加具有说服力。

（1）本书构建了企业内部知识共享的完整分析框架。首先分析企业成员知识共享过程的策略，进而讨论企业内部知识共享网络的形成，最后研究企业组织层次的知识共享，具有重大的理论意义和现实意义。

（2）本书从社会资本理论出发，将企业成员的知识共享行动看作镶嵌在真实、正在运作的社会关系之中的个体有目的性的行为，使本书的研究既考虑到影响知识共享的结构性因素，又展现了企业成员知识共享行为赖以展开的具体社会脉络。在这些脉络中，知识共享主体的动机与结构相结合形成具体情境下的策略。这些策略正是知识管理研究应该探寻的重要内容。因此，将社会资本纳入管理学的研究，突破传统分析的局限性，扩大了知识管理研究的视野，推进知识管理研究的更深入发展。

（3）本书认为，企业内部知识共享过程包括共时性过程和历时性过程，依据知识共享的社会属性构建了知识共享过程的社会资本模型。企业成员之间的知识流动随着成员间互动进行，知识通过成员之间的社会网络得到共享，并逐步从个人知识转变为企业知识，社会资本的核心内涵——社会网络、信任和规范影响知识共享的效果。这增加了知识共享过程研究的科学性和可操作性，对于企业内部知识共享的研究具有重要意义。

本书以知识管理理论、社会资本理论、交易成本理论和社会网络理论为基础，以理论研究和实证分析相结合、比较分析、系统论为主要研究方法，在已有研究成果的基础上，从社会资本角度探讨企业内部知识共享，其主要创新点为：

（1）在企业成员知识共享过程的知识寻找阶段，本书以经济理性和社会关系理性作为企业成员知识寻找的策略原则，利用成本/收益分析法对企业成员的知识寻找策略进行分析，得出了企业成员基于个体社会资本的知识寻找的策略。

（2）在企业成员的知识转移阶段，本书在分析了知识转移过程风险基础上，通过市场交易与关系性缔约的两种知识转移博弈模型的比较，提出了企业成员知识转移风险控制策略。

（3）本书论证了企业内部网络相对于传统的市场和层级组织所具有的知识共享优势，通过不完全信息条件下的演化博弈模型，探讨企业内部知识共享网络形成的一般规律。

（4）建立了企业内部社会网络与知识共享关系模型。

目　录

第一章　绪论

第一节　研究背景

1996年，经济合作与发展组织（OECD）提出了“以知识为基础的经济”（Knowledge - based Economy）这一具有划时代意义的概念[1]；1997年2月，时任美国总统的克林顿在一次演讲中首次采用了知识经济的说法，标志着人类已经进入一个以知识资源的生产、交换、分配和使用为重要特征的“知识经济”时代。知识继资源、资本之后，成为企业适应能力、学习能力、创新能力乃至核心竞争能力的最为关键的生产资源。与此同时，企业战略管理理论也从组织核心竞争能力的外生论演化到了内生论，从资源观逐步过渡到能力观和知识观。

一　知识管理研究的兴起

知识已经成为最有价值的战略资源，知识管理逐渐成为管理领域的一个流派。[2]所谓知识管理，简单地说，就是运用组织中集体的智慧，来提高组织的应变能力和创新能力。自1991年日本学者野中郁次郎的《知识创新型企业》揭示日本企业利用员工的隐性知识进行产品开发的过程，知识管理的重要性日益受到企业的重视，以美国企业为首的西方企业开始掀起知识管理热潮。

野中郁次郎和Takeuchi认为，组织知识创造上的能力和技术是组织成功的关键。[3]然而，知识作为一种无形的资源，并非像传统的土地、机器设备等易于管理。因此，如何有效利用已有的知识，进行企业知识资源的开发，获得竞争优势，成为业界共同关心的议题。从这个意义上讲，知识管理可以理解为以知识为基础，对各类知识进行管理。这就要求企业在实施知识管理时，首先考虑到“知识”这个因素，依靠“知识”对企业进行管理；同时将知识作为主要的管理对象，充分发挥知识的作用。

学者们对于知识管理的认识经历了两个阶段：

第一阶段以技术为中心，主要是围绕如何收集、处理信息以建构企业的核心竞争力，保持企业的战略竞争优势。在这一阶段，知识管理理论包括经典战略管理理论、竞争战略理论、核心竞争理论和信息管理理论等。我们可以发现，第一阶段知识管理研究主要限于显性知识，方法和技术基本沿用信息管理的理论和经验。

第二阶段知识管理研究以人力资源为中心，强调“知识管理就是对人的管理”。研究角度包括：从组织结构的角度研究知识型组织；从企业文化的角度研究知识管理观念；从企业战略角度研究企业知识管理战略；从人力资源的绩效考评和激励角度研究知识管理制度；从学习模式的角度研究个人学习、团队学习和组织学习等。与此相对应，知识管理理论研究领域也出现了人力资本理论、生命周期理论、嵌套知识管理理论和复杂性理论等。

应该说，知识管理的发展阶段体现了知识管理的内在发展规律，也体现了人们对知识管理认识不断深化的过程。在企业中实行知识管理就是要通过知识转化，将企业所拥有的知识进行集约、交流、应用、创新，达到改善企业的知识存量和知识结构，提高企业的知识创新和知识应用能力，进而强化企业对市场的应变能力的目的。在企业的知识管理过程中，成员都能充分接触和使用其他人创造的知识成果，是企业能否实现最大限度发挥已有知识的价值，促进知识创新的重要影响因素，从这个意义上讲，知识共享是知识管理实施成败的关键。

二 知识共享是知识管理的关键之一

知识管理理论和实践的发展，不仅对知识共享提出了更高要求，同时也引起了人们关注知识共享，为知识共享理念的推广带来了机遇。

18 世纪，伟大哲学家培根曾说过，“知识就是力量”，管理者和技术工人为了个人利益，掌握、使用自己的知识进而获得力量。但这是“信息时代之前的旧方程式”[4]，已经不再适合技术性知识激增的知识经济时代。在知识经济时代，知识一旦产生，不管是否使用，随着时间的推移，就会存在无形的磨损。而且新知识的不断涌现，使得旧知识的使用价值部分甚至全部丧失。固守旧知识不仅使知识拥有者丧失自我组织和自我创新的能力，而且使企业失去了知识交流的机会。一些人抵制知识共享，总是希望固守自己的专有知识去获取最大的社会承认和经济效益。他们不懂得知识的进步是非线性的，知识的磨损是随时发生的，与其固守一个知识让其失去价值，进行知识共享以产生更大的社会效益。因此，知识社会的经济现实应该是“知识 = 能力——所以共享它并使它倍增”。[4]

知识不同于其他资源，它没有一般生产要素边际报酬递减现象，所以知识在共享中才能增值。企业内员工越能积极分享知识，就越能发挥知识的潜在价值。安达信管理咨询公司也认为[5]，$KM = (P + K)^S$，这里 KM 即是知识管理，P 代表人（people），K 代表知识（knowledge），S 代表知识的共享（sharing），P + K 代表信息技术（information technology）的运用。可以看出，组织知识管理的绩效，只有在知识共享的情境下，组织中人与知识的充分结合才能达到知识管理乘数效果。

共享是人类的理想，但知识共享不会自动实现。[6]常识表明：一个合理的共享体系，不能建立在无私奉献的基础之上，也不可能建立在外力强迫的基础之上，而要建立在合理的、内在的动力之上。Ruggles 的一份在美国和欧洲地区的调查显示，在实施知识管理的过程中最困难的是“改变人们分享知识的行为”。[7]第一阶段的知识管理研究大力强调信息技术对于企业的作用，很多企业也为此投入了巨额资金，但是没有迹象证明，技术的复杂性和知识共享的数量和质量之间存在正比例关系。德朗和费伊（De long and Fahey）更是提出了 20/80 法则，即在知识管理的过程中，技术仅占 20%，而关于人的因素占 80%。[8]的确，现代信息技术仅仅是知识共享的一种辅助手段，忽视知识共享主体——人的作用，组织的知识管理将迷失方向。

个人知识深隐于个体的大脑中，如果个人知识不能有效地转变为组织知识，组织将不会获得持久竞争优势的源泉。知识的有效共享，能促进组织内知识的良性流动和增值，可构造组织知识优势。随着对知识共享问题的深入研究，知识共享对于高水平知识创新所起到的关键作用已经得到广泛承认。[3]所以，知识共享被认为是知识管理的一个重点。

第二节　国内外知识共享研究述评

本节对知识共享的概念及相关议题进行深入探讨，包括知识共享的内涵、知识共享的过程、知识共享的影响因素等。

一　知识共享的内涵

对于知识共享的概念，学术界至今尚无一个统一、标准的定义。不同学者有不同的表述，如知识交易、知识共享、知识转移等，但其所要表达的都是知识共享这个核心概念。

知识市场观点：达文波特和普鲁萨克（Davenport and Prusak）认为，组织内的知识流动很大程度上是在市场机制作用下进行的，在企业内部存在一个与有形商品市场和服务市场类似的“知识市场”，在这个市场里有讨价还价的“买方”与“卖方”，还有将买卖双方连接起来的经纪商。知识市场的参与者在其中进行交易是基于这样一种期望：他们能够以某种方式从中获益。[2]

知识沟通观点：亨德里克斯（Hendriks）则认为，知识共享是一种沟通的过程，因为知识不像商品那样可以自由流通，所以向他人学习知识时（即共享他人的知识时），必须要有重建的行为，必须要具备一定的知识基础去获得知识、共享知识。[9]因此，知识共享涉及两个主体：（1）知识拥有者（knowledge owner），他必须有共享知识的意愿并且以外显（externalization）如讲解、演示或其他方式与他人沟通、共享知识；（2）知识重建者（knowledge reconstructor），他以内化行为如模仿、体验、倾听或阅读等方式来认知、理解这些知识。

知识学习观点：圣吉（Senge）认为，知识共享即是组织内员工之间、团队之间的学习过程，在学习的过程中，个体知识成为组织知识，组织的重要任务就是促进这种学习的持续进行。[10]

知识转化观点：野中郁次郎和 Takeuchi 从知识论的视角，将知识区分为隐性知识与显性知识，知识共享就是隐性知识与显性知识的互动过程，包括知识的社会化、外在化、组合化及内在化四个不同的转换模式，知识在四种方式进行互动的过程中不断推陈出新，并且知识从个人范围扩散至团队、组织甚至组织间，形成所谓的“知识螺旋”。[13]

知识主要通过人与人之间的接触和协同工作关系实现共享，可见，知识共享可以理解为在知识开发和利用层面上，通过人与人之间建立紧密关系、相互接触和会话，而实现的知识资源的复用和知识创新的不断推进。一般地，知识共享被应用于描述任意两个或多个行动者之间所发生的主要与知识之流动有关的各种现象，这些行动者包括个体、群体、业务单元和

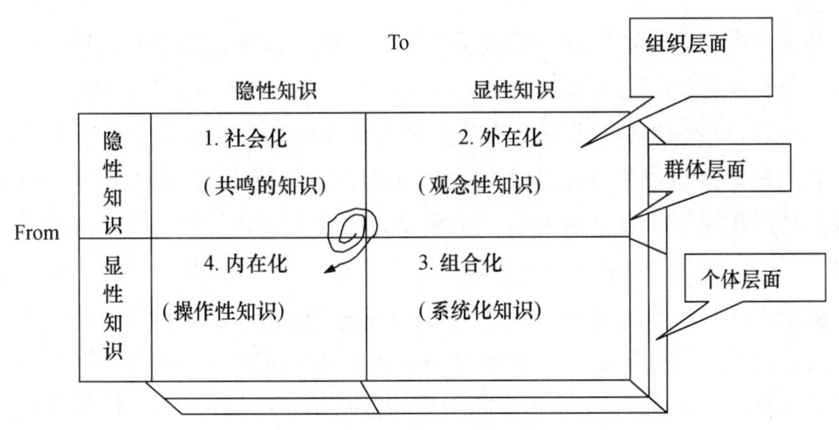

图1－1　知识转换的模式

资料来源：Nonaka, Ikujiro and Hirotaka Takeuchi, *The Knowledge－creating Company* [M]. N. Y.: Oxford University Press, 1995, pp. 71－72。

组织。对于企业内部知识共享，可通过个体层次、群体层次和组织层次进行分析，各层次的关注焦点存在很大差别。个体层次的研究多关注心理方面的因素，强调人们进行知识共享的策略；群体层次的研究关注社会心理因素和社会影响，强调个体所嵌入的微观环境对个体知识共享行为的影响；组织的层次，强调组织内部环境包括结构、关系、文化对企业成员知识共享的影响。

二　知识共享的过程

企业实施知识共享的目的是在最大化现有知识价值的同时加速组织知识的创造，实现知识创新。因此学者们都比较关注知识在不同共享主体间的流动这个议题，并主要从以下两方面进行分析：

（一）从知识扩散角度分析个体知识到组织知识转移的过程

从知识本体论的角度看，知识有个体知识、组织知识以及组织间知识之分，与此相应，企业内部的知识共享包括个体之间、个体与组织之间以及组织之间的知识流动。如王娟茹、赵嵩正和杨瑾提出了企业隐性知识共享的ITEI模型，这是一个总体的知识共享模型。[11]更进一步，范翠玲和庞力在研究图书馆隐性知识共享模式中，提出了图书馆内外部的知识共享模型。[12]对于组织之间的知识共享问题，汤建影和黄瑞华认为，跨组织知识共享是私有知识向共有知识转移的过程。[13]葛昌跃和顾新建从产业集群的角度出发，认为企业集群文化、人文环境、竞争压力等因素催生了企业间的知识共享，企业之间的知识共享包括上下游企业、家族企业之间、地理位置相邻企业以及专业化和依托中介组织的企业之间各种类型的知识共享。[14]

（二）从知识共享主体间的关系角度分析知识共享的质量和效率

把知识共享过程理解为主体间就知识共享的成本/收益进行博弈的过程，是近年来知识共享研究的一个重要方面。研究者分别从完全信息动态博弈[15-17]、不完全信息动态博弈[18]、合作与不合作博弈[19-20]等方面，分析组织成员间、组织或团队之间知识共享的可能性以及条件。但由于知识共享过程本身的复杂性，即使知识共享主体也很难衡量其收益，且博弈论在解释知识共享行为时并不能很好说明知识共享的方式、效果等。因此，仅从博弈角度来理解知识共享过程存在许多局限。

为了对这种解释进行修改和补充，许多学者从知识共享主体间的社会关系分析知识共享过程。特鲁兰（Truran）认为，知识可以由口语、书面与媒介（电子邮件或传真）三种方式进行沟通，口语与媒介沟通性质较偏向非正式，占组织沟通的70%，而书面的沟通则偏向正式沟通，仅占组织沟通的30%，因此组织的知识共享大多是经由非正式的沟通管道来进行的。[21]而个体之间的非正式沟通与人们之间的社会结构有关。王平结合实例指出，组织成员间的社会网络可以提升组织内部知识流动，并使组织对内部交流中存在的知识“鸿沟”有清楚的了解。[22]孙慧中指出网络组织对知识共享的正负效应，并对此产生的原因以及如何克服负效应进行了探讨。[23]任志安和毕玲利用网络关系与知识共享的关系模型，得出不同知识的共享或知识共享的不同阶段需要不同的网络结构与不同类型关系的结论。[24]

李颖则讨论了强联系和弱联系在跨项目团队复杂知识共享过程中的作用，指出当组织文化强调知识源共享知识的主观意愿和共享复杂知识时，强联系比弱联系能提供更多的知识共享机会，同时强联系有利于克服复杂知识转移的困难，促进跨项目团队的知识共享。[25]成员之间良好的信任关系可以降低知识共享的成本[26]，并促进知识的有效转移。[27-28]国内研究人员还分析了信任的内涵、基础、作用以及信任在知识共享中的发生条件[29-30]；张鹏程论述了知识管理中信任的类型、影响和策略[31]；高祥宇则从心理学角度论述了信任的水平影响知识共享双方的意愿[32]，但该研究混淆了情感基础信任与认知基础信任的关系，简单地认为高水平的信任关系将产生积极的知识共享行为。邓丹、李南和田慧敏则进一步提出了用加权小世界网络模型的全局效率、局部效率和成本三个参数，来测量知识共享效果的思想，为知识共享提供了量化分析基础。[33]秦红霞分析了社会资本与组织知识共享的关系[34]，孙红萍和刘向阳则实证了社会资本的关系资源（信任、规范）和个体行为理念（自我价值感知、期望报酬）对知识共享意向有显著的促进作用。[35]

目前，基于个体关联关系的知识共享议题，已获得了广泛关注。嵌入性理论、交换理论和社会资本理论为其提供了理论基础。

三 知识共享的影响因素

知识是如何在企业内部不同个体和群体之间进行有效共享的；为什么一些企业能够实现高效的知识共享，而另外一些企业却无法做到；组织层面的知识共享对企业知识创新和竞争优势形成有着怎样的影响？学者们分别从知识共享的主体、客体、相关组织机制等方面进行了分析。

（一）知识共享主体影响因素

知识共享涉及两个主体：知识源与知识接受方。学者们对知识共享过程有不同理解，就会对主体在知识共享过程中的作用持有不同看法。

将知识共享理解为沟通的过程，则组织内人们之间的理解和尊重是知识共享的首要问题。[36-37]从这个意义上讲，知识共享主体的理解能力是影响知识共享的主要因素，包括知识源对知识接受方知识请求的理解以及自身的知识表达能力；知识接受方对知识源表达知识的吸收能力等。[38]另外，知识共享主体间的共同知识也是促进知识共享有效沟通的一个重要方面。从组织成员之间的关系来看，成员之间的信任是知识共享的前提条件。若从组织间的关系出发，曾经的合作经验以及基于知识共享的契约关系是知识共享双方成功合作的基础。

将知识共享理解为学习过程则强调知识共享双方紧密的互动关系，只有双方不断地动态学习，才能达成知识共享的目标。[10]因此，该观点更注重个人、团队、组织对知识共享认知、态度和行为的看法。

从知识交易角度看，主体双方对知识共享中的期望收益是知识共享能否顺利进行的重要影响因素。[2]在此过程中，组织员工之间、各部门之间的信任环境是知识市场顺利运行的必要条件，知识共享主体在缺乏信任的前提下将无法产生积极的知识共享意愿。另外，知识共享双方对共享知识的价值衡量也影响知识共享的质量和过程[39]，例如在知识共享过程中，知识源发现其获得的收益低于所提供的知识的价值，他将要求提高知识共享的报酬，或降低所提供知识的质量；同样知识接受方也会对共享的知识予以评估，并做出提高知识质量或降低知识共享报酬的要求。持有这种观点的国内学者，如应力和钱省三认为知识交易是形成知识共享的基础，交易的知识类型包括隐性知识和显性知识。交易成本高低、知识共享主体交易时承担的风险、知识的本地化特性是影响知识共享的主要因素。

（二）知识共享客体影响因素

从知识共享的客体，即知识的类型及特性来分析知识共享的障碍问题是学者们普遍的研究视角。研究者姜文[41]认为，显性知识因具有“明言性”，可以准确地表达出来，易于进行知识共享。而隐性知识则由于具有“难言性”特征，知识拥有者难以用准确的语言加以表达，只能借助于隐语、体态或具体的场景等进行知识表达，并且知识接受方也需要通过观察、模仿、学习性对话对共享知识进行理解，因此造成了隐性知识难以共享。

知识不仅仅是语言文字，其含义更加依赖特定的情境。知识是多维的，只有将语言与当时的情境结合才能有效理解说话者的真实意思表达。[42]从沟通的视角来看，知识共享过程中知识接受方和知识源对于某一领域知识的广度和深度的把握存在巨大差异，将导致他们对该领域知识的理解程度、领悟能力以及运用知识进行创新活动能力的不同。[43]

达文波特和普鲁萨克认为，知识在企业中的分布是不平均的，知识往往集中在某些部门，其他知识短缺的部门要取得知识有很多困难。这产生了知识共享高昂成本，因此企业成员一般选择邻近的同事，而不是企业中掌握该知识的更优秀的同事。[2]

综上所述，知识本身的复杂性为知识共享带来了各种各样的难题与障碍，了解共享知识的相关特征，有助于知识共享主体采取针对性措施来提高知识共享的效率，从而避免知识共享的盲目性。

（三）知识共享的组织机制影响因素

除了上述影响知识共享的因素外，组织结构、组织文化等因素也对知识共享产生重要的作用。

从知识沟通角度看，传统的层级管理结构，使知识在组织内部的流动呈不均衡发展，从上至下的知识流远远大于从下至上的知识流，这种上下级之间不对称，影响了科层结构之间有效的知识沟通。[44]李军认为，过度的分工和专业化，是建立在个人分工负责的基础上，容易导致个人主义、部门主义至上，知识和视野狭窄，不能为知识共享提供有效的组织基础。[45]削弱了知识供者和接受方之间知识共享的动机和能力。同时，科层组织重视制度性权力，而轻视专家权，不利于员工根据个人职业兴趣和潜能，制定自身职业发展的路径，导致所有员工都追求正式的制度权力以谋取更多的个人利益，也不利于让拥有知识的员工产生与他人共享其知识的积极性。另外，科层组织过分强调秩序、等级、控制和服从，失去组织应有的灵活性、适应性，也导致知识共享范围狭窄和效率降低。

哈耶克（Hayek）将知识分为科学知识和与特定地点、特定时间相关的知识，认为后者不能进入统计并很难以统计方式传送到任何集中的权威那里。[46]因此，“对于最初散布于人们中的知识如何利用的问题，至少是经济政策或者是设计一个有效的经济体系的主要问题，哪个体系更为有效，主要取决于在什么体系下我们更能全面地利用现存的知识”。詹森和梅克林（Jensen and Meckling）认为，知识的价值不在于它能否被转移，而是以多大的代价转移以及是否值得转移。[47]因此，组织的效率取决于知识与决策权的匹配，有两种方法可以解决则这个问题，一种方法是将知识传递给具有决策权的人，在此过程中存在劣质信息导致的信息成本问题；另一种方法是将决策权分配给组织中拥有较多相关专门知识的代理人，在此过程中又存在委托—代理关系所产生的代理成本。组织设计过程也就是信息成本与代理成本之间的权衡过程。

很多学者对组织文化在知识共享中的作用给予了很高评价。如马丁（Martin）认为，日益激烈的企业竞争使组织文化已从传统的重视命令与控制的产品导向转变为顾客导向的知识共享文化。企业须营造一个充满信任与开放的文化环境，在此环境中，企业一方面应对成员知识创造与共享行为提供激励，另一方面还应该持续地赞赏与支持成员的学习与实验，支持他们做知识管理。[48]鲁伯（Ruber）提出组织中合作环境的建设，成员间明确彼此共享知识的角色和责任，可以使知识共享深植于组织内部。[49]沙因（Schein）也认为，组织的知识共享文化可以促进个人将自己的想法和灵感主动地与他人分享，并提升组织的学习能力和知识创造力。[50]持同样观点的还有金博尔（Kimball），他发现组织文化会影响个人的学习动机、态度与成效。[51]因此，“鼓励学习”的组织文化将促使组织成员乐于与他人分享经验与知识。并且，若是一个组织能够鼓励员工多作尝试、能够接受员工的失误，则创新文化就能够产生。德朗和费伊通过研究发现，组织中的文化特质，对组织成员的知识认知产生不同的影响，使具有不同文化特色的组织在识别对组织有用的、重要的和有效的知识方面也存在差异。[8]换句话说，由于文化方面的差异，在不同的组织和个人之间存在不同的知识，同时他们共同的文化认知也影响他们之间的知识共享行为。麦克德莫特和奥德尔（McDermott and O'Dell）则指出，由于组织内部主文化与次文化的冲突，使组织成员知识共享的意愿降低，阻碍了组织知识创造行为，所以找出最适合组织的知识管理方法，将知识共享活动融入日常作业流程中，并与公司核心价值做结合，是消除文化障碍促进组织知识共享的有效途径。[6]

综观学者们对知识共享的研究，尽管研究视角不同，但一个共同的目的就是要克服知识共享可能存在的障碍，探索知识共享本质的、内在的动力，建立有效的知识共享机制，促进知识这种无形资源的充分共享和有效利用。

需要强调的是，企业内部知识共享是贯穿整个企业各个层次的一系列活动：基于个人的知识创造，网络群体的知识共享以及企业组织的知识共享制度化与创新。

第三节　研究目的与研究意义

一　研究目的

近年来，尽管许多组织已经认识到知识共享的重要性，但是能够使知识在其内部有效共享的组织却很少。[52]如何把个人的创新知识在组织内部有效传播，提高组织内部知识共享的效率，是当今管理者需要解决的重要问题。[53]

到目前为止，国内外关于知识共享的研究主要取得以下一些积极成果：初步探讨和定义了知识共享的概念、类型和模式；初步阐述了知识共享在企业知识管理中的意义；区分了个体知识共享和企业知识共享；最大的成就在于对知识共享过程中障碍的认识并提出一些成功进行知识共享的具体途径及对策。

已有的对于知识共享的研究存在的主要问题是：

（1）缺乏统一性和系统性。知识共享的研究出现在知识管理、技术转移和创新、战略管理、学习型组织等研究领域，关于知识共享的概念还缺乏统一的认识；每个研究领域关注知识共享的侧重点也不同，例如，在关于知识管理的文献中谈及知识共享问题时，其研究的侧重点更多的是关注知识共享在知识管理中的作用和实施知识共享的一些障碍等，在计算机及人工智能领域，主要集中于辅助知识共享实现的技术协议和手段等。到目前为止，对于企业内部知识共享，一些研究仅仅关注企业成员的知识共享、群体的知识共享或企业层次的知识共享中的某一方面，对于企业内部知识共享还缺乏深入、系统的分析。

（2）缺乏研究理论基础的分析。企业内部知识共享研究的不是一切人类的知识共享行为的规律性，而是主要关注成员知识共享行为、网络群体的知识共享和组织知识共享行为的规律性认识；和组织之间的知识共享相比，组织内部的知识共享更多的含有非契约性和心理动机等不确定性因素，组织内部知识共享的规律性研究的理论基础还没有建立。

（3）最为关键的缺陷是，迄今为止，对于企业内部知识共享的过程、机理和构架等主题仍缺乏深入的研究。许多研究针对知识共享的影响因素作深入的探讨，这些影响因素包括知识本身的复杂性、文化环境、组织结构以及激励机制等。但这些研究无法有力地解释在知识共享过程中，人与人互动关系形成的动力机制，如企业成员之间的情感、信任、义务，以及由此而形成的牺牲、奉献，为组织的共同目标而努力的行为。

目前，知识管理已经从重视技术在组织中的使用，转向了强调学习团队、工作团队等人际互动议题，重点也从强调信息管理系统转向强调人在知识共享和创造中的关键作用。知识共享应该是组织成员自主、内在的行为选择。知识共享最为关键的是寻找内在的动力（intrinsic motivation），才能创造高质量的知识共享行为，以产生持久的效果。社会资本理论为知识管理研究提供了一个新的视角。社会资本因为更强调信任、共识在人际间的角色和作用，可以恰当地解释上述知识共享过程研究中存在的困境，使隐性知识的共享也有了可以衡量的概念。科恩和普鲁萨克（Cohen and Prusak）在《在良好的公司中：社会资本如何使组织运作》中解释，人与机器所做的工作是非常不同的，我们通常要求知识工作者主动进取、具有创造性且具有发明才能，更希望他们具有承诺与合作的特质。[54]因此，个人社会网络、信任及成员的承诺是人际互动的关键，知识也只有通过更多的人际互动，才能在个人和组织内扩散开来。

社会资本有别于土地、人力资本等概念，普特南将社会资本理解为“能够通过协调的行动来提高社会效率的信任、规范和网络”。[55]社会资本使得遵守规范的公民共同体能够解决他们的集体行动问题。社会信任、互惠规范以及公民参与网络是相互加强的，他们与自愿合作的形成以及集体行动困境的解决都是必不可少的。社会资本能够表示一个组织网络的团结合作，相互促进生产与收益。组织中若能建立起成员间的相互信任，自我组织、自我节制与共同规范，不仅促使知识交流、协同工作，更能营造一个相互监督回馈的环境。科恩和菲尔兹（Cohen and Fields）发现硅谷产业成功的最重要原因，乃是由于合作、分享与互信的网络结构使然。[56]因此，知识共享正需要社会资本的支持。

实际生活中，社会资本与知识共享的相关性研究还很不充分。社会资本如何影响企业成员知识共享过程中的策略，企业内部知识共享网络如何形成，企业的社会资本对知识共享起着怎样的作用。这些问题正是需要进一步探讨的议题，也是本书写作的主要目的。

二 研究意义

第一，知识经济背景下企业应采取积极措施促进组织内部知识共享。

首先，企业新的经营机会可能来自企业内部或外部的知识和技术。尽管两方面的知识和技术都很重要，但是企业利用外部知识的能力对保持组织持续的竞争优势而言并不充分。即仅仅依靠吸收外部的知识是不够的，这是因为，外部知识也可以被其他企业所理解。相比较而言，内部知识并不是可以广泛地被其他组织所理解，因而是构成企业持续竞争优势的基础。

其次，企业内部加强知识共享可以防止企业知识流失，可以降低知识的独占性带给组织的经营风险。

最后，企业内部的知识共享是进行知识配置的重要手段。知识只有被人掌握才能直接应用于经济活动，某一时刻掌握知识的人及掌握知识的人所处的位置决定了知识的可使用规模及知识的使用方向。然而，企业中知识的分布与企业对知识的需求分布很少一致，工作—人—知识常常处于不匹配状态。对知识组织来讲最大的竞争财富是员工的判断力和经验，但目前仅仅把重要知识消极地存储在个体大脑中已经远远不够了。劳动力的流动速度加快、教育水平下降以及业务变化频繁，都意味着不能再依赖个体员工所表现出的洞察力了。因此，无组织地分散在成员队伍里的知识必须通过社会资本的杠杆作用提高到企业层次上来。在企业组织层次上，因整体利益的一致性并通过有效的管理，就能够更好地获取、综合、增加并延伸学习。企业和个体都必须在组织的不同的功能和层次上快速而有序地学习知识。

第二，对于企业内部知识共享，本书采用系统论观点，对系统的元素、结构及环境进行三维分析。[57]

通过个体层次、群体层次和组织层次进行分析，构建了企业内部知识共享的完整分析框架。各层次的关注焦点存在很大差别，本书首先分析企业成员知识共享过程的策略，进而讨论企业内部知识共享网络的形成，最后研究企业组织层次的知识共享，本书认为，个体、群体和企业都必须在不同的功能和层次上快速而有序地学习知识，社会资本在实现企业内部个人知识和群体知识向企业知识转化方面发挥着关键作用。这为有效解决企业内部的知识共享问题进行了有意义的探索和尝试，无疑对知识管理具有一定的借鉴和实用意义。

第三，本书从个体社会资本理论出发，将企业成员之间的知识共享行动看作嵌入在真实的、正在运作的社会关系系统之中的个体有目的性的行为，使本书的研究既考虑影响知识共享的结构性因素，又可将这些结构性因素具体化为企业成员知识共享行为赖以展开的具体社会脉络。在这些脉络中，知识共享主体的动机与结构相结合形成具体情境下的策略。这些策略正是知识管理研究应该探寻的重要内容。因此，将社会资本纳入管理学的研究中，突破传统分析的局限性，扩大了知识管理研究的视野，推进知识管理研究的更深入发展。

第四，本书认为，企业内部知识共享过程包括共时性过程和历时性过程，依据知识共享的社会属性提出知识共享过程的社会资本模型。企业成员之间的知识流动随着成员间互动进行，知识通过成员之间的社会网络得到共享，并逐步从个人知识转变为企业知识，社会资本的核心内涵——社会网络、信任和规范影响知识共享的效果。这增加了知识共享过程研究的科学性和可操作性，对于企业内部知识共享的研究具有重要意义。

第四节　研究方法和技术路线

一　研究方法

本书借鉴了经济学、管理学、组织行为学以及新经济社会学等多个学科领域的研究方法，从社会资本视角对企业内部知识共享进行具体分析，具体而言，本书采用的研究方法包括：

（一）理论研究和实证分析相结合的方法

本书采用理论研究和实证分析相结合的方法，用社会资本理论、交易成本理论分析了知识共享过程，提出了知识共享过程的社会资本模型。结合企业中的知识共享行为，本书将企业成员的知识共享过程分为知识寻找、知识转移和知识整合三个阶段，并运用社会资本理论分析了各阶段企业成员的知识共享策略。在分析企业内部知识共享的社会资本构建时，本书从社会资本的社会网络、信任和认知文化三个维度提出增进社会资本，促进企业内部知识共享的具体途径和对策，最后通过案例对基本结论加以分析。

（二）比较分析的方法

比较分析研究法是管理学研究普遍采用的研究方法，作为管理学领域的一个选题，本书在具体的分析过程中大量使用了比较分析的方法，将两个同类或相近的事物按同一法则对比分析，找出他们之间的异同。例如，通过比较分析，认为交易成本理论忽视了个人所处的社会关系对企业成员的影响，而社会资本理论在兼顾行动者经济理性的同时，也突出地表现了行动者的关系自觉。从而回答了本书为何以社会资本理论来研究企业内部的知识共享；在分析企业成员知识转移过程的关系博弈时，笔者比较了市场交易的知识转移博弈和关系性契约的知识转移博弈；再者，通过比较市场交易和知识共享一体化的利弊，认为社会网络具有知识共享的优势。

（三）系统论方法

系统论的研究方法就是把研究对象作为看作一个系统，运用系统论的原理和范畴，通过对系统与要素、要素与要素、系统与环境等内外各种关系的辩证分析，揭示研究对象的系统规律的一种科学方法。对于企业内部知识共享，本书通过个体层次、群体层次和组织层次进行分析，各层次的关注焦点存在很大差别。本书首先分析企业成员知识共享过程的策略，其次讨论企业内部知识共享网络的形成，最后研究企业组织层次的知识共享，建立了企业内部知识共享的完整分析构架。

此外，本书还根据具体的研究问题采用了文献法、归纳法、网络分析法、访谈法、博弈论等多种研究方法。

二　技术路线

本书研究的技术路线如图 1－2 所示。

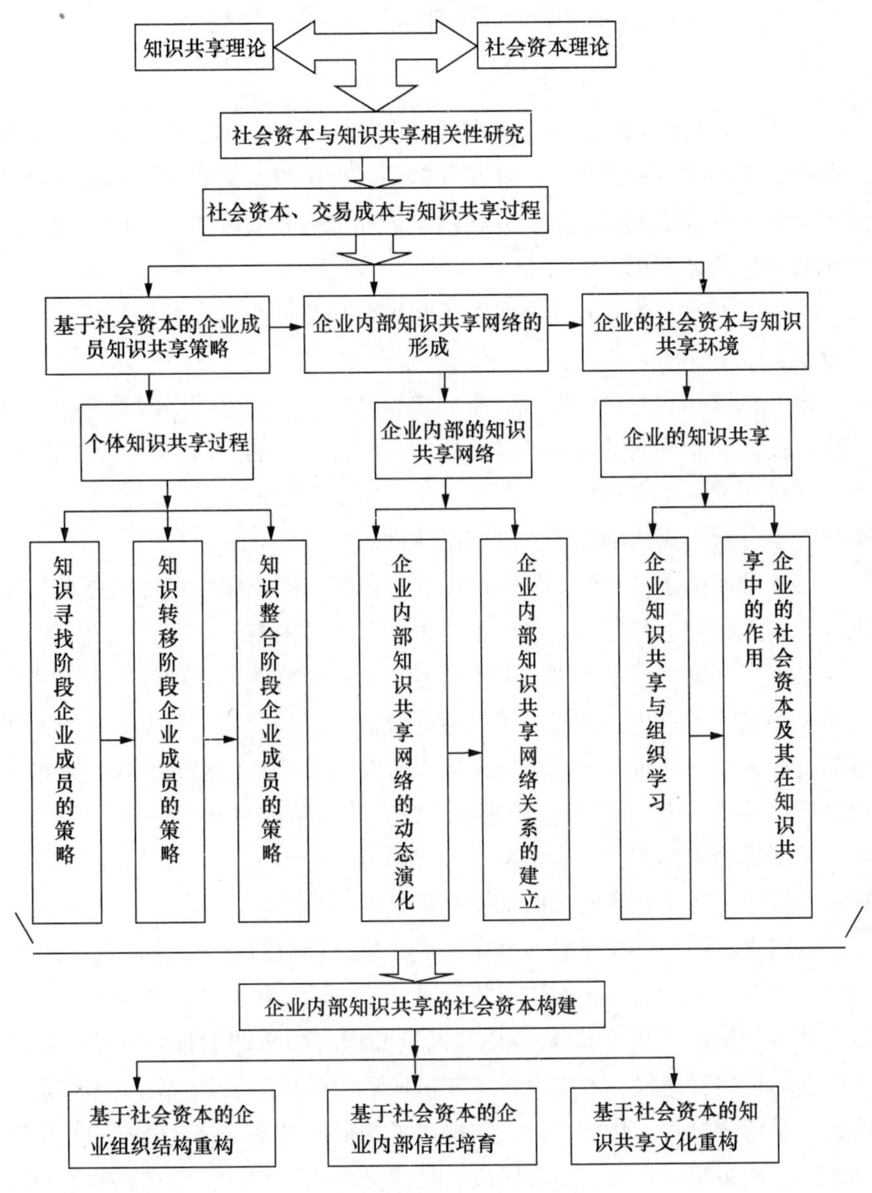
知识共享理论
社会资本理论
社会资本与知识共享相关性研究
社会资本、交易成本与知识共享过程
基于社会资本的企业成员知识共享策略
企业内部知识共享网络的形成
企业的社会资本与知识共享环境
个体知识共享过程
企业内部的知识共享网络
企业的知识共享
知识寻找阶段企业成员的策略
知识转移阶段企业成员的策略
知识整合阶段企业成员的策略
企业内部知识共享网络的动态演化
企业内部知识共享网络关系的建立
企业知识共享与组织学习
企业的社会资本及其在知识共享中的作用
企业内部知识共享的社会资本构建
基于社会资本的企业组织结构重构
基于社会资本的企业内部信任培育
基于社会资本的知识共享文化重构

图1-2 技术路线

第五节 研究的主要内容

对于企业内部知识共享，本书通过个体层次、群体层次和组织层次进行分析，各层次的关注焦点存在很大差别，本书以社会资本为研究视角构建了企业内部知识共享框架，并提出改善和提高社会资本，促进企业内部知识共享的具体措施。

本书共八章，前两章主要是关于知识共享与社会资本的相关研究和理论分析。

第一章以知识管理的时代背景和知识共享在知识管理中的关键地位为背景，提出了企业内部知识共享研究的现实意义。通过对企业知识共享的相关文献研究，本书指出了前人在理论分析上存在的不足，提出用社会资本理论来分析企业内部知识共享的必要性。

第二章明确了社会资本研究的内容和范围，指出国内在社会资本与知识共享关系研究上忽略的问题以及本书要研究的内容。

第三章至第六章是本书的主干部分。第三章首先对国内外的知识共享过程模型进行了评析，并得出了一些有价值的研究启示，提出本书知识共享的过程分析。通过对前人用交易成本研究知识共享过程的优势和缺点进行分析，笔者认为，交易成本理论忽略了社会结构对知识共享过程的影响，对于解释个体知识共享前期决策方面也显得不足。本书引入社会资本理论，提出了基于社会资本的知识共享模型。第四章主要研究企业成员基于社会资本的知识共享策略。个体知识共享过程包括知识寻找、知识转移和知识整合三个阶段。在知识寻找阶段，分析了知识寻找策略原则，基于社会资本的知识寻找成本/收益均衡以及知识寻找策略的社会资本影响因素；在知识转移阶段，本书分析了知识转移中的风险，认为知识转移是主体的关系博弈过程，在此基础上，探讨了企业成员基于社会资本的知识转移风险控制策略；在知识整合阶段，具体分析成员在社会资本影响下的知识整合策略，包括知识调整策略和知识共享规范化策略。

第五章对企业内部知识共享网络的形成进行研究。提出社会资本的结构化形式是社会网络，分析了企业内部知识共享网络的动态演化，并探讨了企业内部知识共享网络关系的建立。

第六章着重研究企业的社会资本与知识共享环境。首先分析企业知识共享与企业竞争能力的关系、以知识为基础的企业竞争能力的形成过程以及知识共享对企业竞争能力形成的促进作用，并构建了组织学习的知识共享动态模型。其次，从企业的社会资本角度，分析了企业内部的信任和认知文化对企业知识共享环境的影响。

第七章从社会资本的社会网络、信任和认知文化三个维度提出增进社会资本，促进企业内部知识共享的具体途径和对策。

第八章是本书的总结与展望。本章将对前文的研究做出总结，阐明主要研究结论，此外也对本书研究中存在的一些局限进行说明，在此基础上指出未来需要进一步深入研究的问题。

第六节 本书的创新点

对于社会资本概念和理论的研究，是当前国际学术界的前沿问题之一。从这里选题，体现了同国际前沿研究接轨的取向。把社会资本概念用于研究企业内部知识共享，将司空见惯的社会现象、经验操作上升到理论高度，还原知识共享的本质特征，为企业内部的知识共享研究开辟了新途径，具有一定的实践指导意义。本书的创新主要包括以下几个方面：

第一，在企业成员的知识寻找阶段，本书以经济理性和社会关系理性作为企业成员知识寻找的策略原则，建立了主体进行知识转移的预期总效用函数，并利用成本/收益分析法对企业成员的知识寻找策略进行分析，得出了企业成员基于个体社会资本的知识寻找的策略。

第二，企业成员的知识转移阶段，本书在分析了知识转移过程风险基础上，通过市场交易与关系性缔约的两种知识转移博弈模型的比较，提出了企业成员知识转移风险控制策略。

第三，本书分析论证了企业内部网络相对于传统的市场和层级组织来说，具有知识共享的优势，在此基础上，通过一个不完全信息条件下的演化博弈模型，探讨企业内部知识共享网络形成的一般规律。

第四，本书建立企业内部社会网络与知识共享关系模型。将知识共享的效果分为三个维度，分别是共享知识的质量和数量、共享知识的时效性以及和知识共享的范围。依据知识共享的“社会”属性，把知识共享的效果纳入社会网络中，并将知识特性、知识共享的阶段特性以及知识主体之间的关系建立三者视为一个整体进行考虑，着重分析“节点”之间的关系与知识共享行为的关系，从而使本书的分析更具科学性。

第二章　社会资本与知识共享相关理论概述

本章第一节对社会资本理论进行概述，通过社会资本的概念界定和基本特征描述等揭示社会资本的内涵；第二节对社会资本与知识共享相关性进行研究。

第一节　社会资本研究述评

社会资本对经济发展的影响主要表现在与企业发展关系上，社会资本对企业发展是一个不可缺少的重要因素，是网络时代增进企业竞争力的新资本。社会资本理论研究社会网络、共同认知和规则以及在此基础上建立的人际关系即社会关系对经济活动所产生的持久而重要的影响。要准确理解社会资本的深刻意义，深入分析社会资本的性质与构成，需要把它放在资本概念和资本理论发展的背景之下进行历史的考察。

一　资本的意义扩展

“要理解社会资本，必须首先澄清资本的概念”。[58]“资本”是经济繁荣和社会发展的一个重要因素，也是经济学研究中的一个非常重要的概念。随着社会、经济的不断发展和人们对其认识的不断深入，“资本”的内涵也在不断扩展。

（一）物质资本

12—13 世纪，罗马法律中“资本”意指“一笔债款的本金”，它或者指货币，或者指用货币估价的某些货物。其时，财富、财产、资金、本金等词汇都意指资本。14 世纪，随着经济学界对“资本”一词的大量使用，逐渐使之成为经济学中的核心概念之一。15 世纪末到 17 世纪下半叶，重商主义对资本的认识还比较片面：他们仅从流通领域认识资本，以货币资本为资本的唯一形式，把货币和资本混为一谈。17 世纪下半叶，重农学派的魁奈首先把资本与生产联系起来，用“资本”指明生产投资（垫支概念）。1770 年，杜尔阁把资本当作生产性的货币和支配工人的手段，至此，“资本”一词才具有了现代意义，其涵盖性也从货币资本扩大到生产资料。

以亚当·斯密为代表的 18 世纪古典经济学，则将资本视为一种能够生产产品的物质资本或物质资本的象征物（货币），并将其与土地、劳动并列为三种最基本的推动经济增长的生产要素。资本是资本家用于生产以获得利润（或剩余价值）的生产资料。

对于资本的论述最充分的是马克思。马克思在他的鸿篇巨制《资本论》中对资本的形式、内涵、特点、规律等进行了全面而深刻的论述。[59] 19 世纪 50 年代，马克思对资本本质的认识进一步得到了深化。他通过对资本原始积累和货币转化为资本的具体历史的分析，即通过资本的产生与再生产过程，揭示了资本的本质。马克思认为，一方面，资本是在生产和消费之间商品和货币的流通过程中，由控制生产资料的资本家或资产阶级获得的剩余价值的一部分。另一方面，资本又是资本家的投资（在商品的生产和流通中），被期望从市场中获得回报。作为资本，无论以何种形式出现，其最终目的就是要实现价值的增值，这就是马克思的资本总公式 G－W－G′所体现的资本与生产力相联系的首要特点。马克思把资本描述成作为产生利润的资源投资，这一思想在以后所有的资本理论中持续沿用。然而，在马克思的资本论中，投资和利润都属于资本家，生产过程中的劳动并没有为劳动者产生和积累资本。因此，马克思资本理论是一种以两个阶级之间剥削的社会关系为基础的理论。[58]

（二）人力资本

人力资本概念的兴起，是有其特定的历史背景的。以资本可以存在于个体劳动者中为假设的人力资本理论，最早可以追溯到亚当·斯密（Adam Smith）。他在《国民财富的性质和原因的研究》中对“资本”做了定义，并将资本划分为固定资本和流动资本。不过，与其他经济学家不同的是，他所谓的“固定资本”，不仅包括机器和工具、建筑物、改良的土地，还包括“社会上一切人民学到的有用才能”[60]，这些才能，对于他个人自然是财产的一部分，对于他所属的社会，也是财产的一部分。这种“有用才能”实际上就是后来人们所说的“人力资本”。显然，在这里，斯密已有了人力资本的思想。但是，由于斯密理论研究的着眼点在于论证资本主义生产方式是最好的生产方式，并力图阐明在资本主义生产关系下如何获得财富，所以，他并没有完整系统地提出人力资本理论。20 世纪 60 年代，以约翰逊、舒尔兹（Schultz）和贝克尔（Becker）为代表的经济学家，通过对社会经济增长的研究，突破了相对比较狭隘的货币资本和物质资本的局限，他们的著作中已经出现人力资本这个概念。首次系统提出"人力资本"的是舒尔茨。舒尔茨于 1960 年在经济学年会上发表了题为《人力资本投资》的演讲，人力资本的概念从此正式进入主流经济学。舒尔茨明确了人力资本的概念，概括了人力资本投资的范围和内容，并阐述了人力资本的"知识效应"，包括知识的需求效应、收入效应及替代效应三个方面，使人力资本理论得以系统化。他说："我们之所以称这种资本为人力的，是由于它已经成为人的一部分，又因为它可以带来未来的满足或者收入，所以将其称为资本"。[61]

约翰逊认为，劳动者已经变成了资本家，这不是由于像资本家的公共关系部门宣称的公司的股权已经分散，而是因为劳动者获得的知识和技能具有经济价值[62]，也即拥有知识和技能的劳动者，可以要求资本家付给他们超过劳动力价值交换价值的报酬。与传统的"物质资本"不同，人力资本通常指的是个人所具备的知识、才能、技能和资历等要素的总和，是一种"非物质资本"。人力资本理论认为，一个社会拥有的受过教育和训练的健康工人决定了古典生产要素的使用效率，经济发展不仅与劳动力的数量有关，而且与劳动力的质量密切有关。人力资本的投资可以提高工人的技能，这是经济增长的重要源泉之一。对人力资本的投资是多方面的，包括对教育、培训和保健的投资，也包括家庭中对孩子的投资。舒尔茨和贝克尔提出的人力资本概念的贡献在于，使"资本"首次摆脱了具体的物质形态而向广义的、抽象的层次扩展，成为可以带来价值增值的所有物质与非物质资源的代名词，从而为社会资本理论的提出奠定了基础。

（三）文化资本

人力资本理论分析的注意点转向了微观层面，即把技能与知识的生产作为劳动者的一种投资，当然，并不是所有的现代资本理论家都同意把人力资本看作是劳动者的自由意志或自我利益这一观点。与此不同，他们用文化资本理论替代了人力资本理论。文化资本是布迪厄文化社会学的核心概念之一。布迪厄[63]剖析的资本概念可以说是马克思资本概念的延伸，但他不同于马克思以经济资本为根本，他明确指出资本有非经济的形式，除非人们引进资本的所有形式，而不只是思考被经济理论所承认的那一种形式，不然，是不可能解释社会世界的结构和作用的。布迪厄的资本观，一方面，与马克思有相似之处，都以资本概念作为主要分析工具来描述社会行为；继承了马克思关于资本是通过劳动形成的观点，认为社会世界是具有积累性的历史世界，因此，在分析社会时，就要引入资本概念，考察资本及其积累和各种效应。资本体现了一种积累形成的劳动，这种劳动同时以物质化的身体化的形式积累下来。而资本同时体现出一种生产性，总是意味着一种生产利润的潜在能力，一种以等量或扩大的方式来生产自身的能力。另一方面，又与马克思有所不同，马克思主要强调经济资本，布尔迪厄则强调非物质形式的资本—文化资本、社会资本等。他在《资本的形式》一文中指出资本以多种形式存在，其中有三种基本形态：（1）经济资本以金钱为符号，以产权为制度化形式；（2）文化资本以作品、文凭、学衔为符号，以学位为制度化形式；（3）社会资本以社会声誉、头衔为符号，以社会规约为制度化形式。

布迪厄认为，文化资本是指借助于不同的教育行为传递的文化物品。在一定条件下，这些文化资本可以转化为经济资本，并通过教育证书形式予以制度化。文化资本有三种形式：一是身体化的状态，也是具体化的状态，体现在人们身心中根深蒂固的性情倾向中，它是与人的身体直接相联系的，采取了我们称之为文化、教育、修养的形式。二是客观化的形态，体现在文化物品之中，诸如书籍、词典、机器、绘画等。这是一种物化形态的高品位的文化资本，是可以传递的。“例如绘画收藏可以同经济资本一样被一代代传递下去。但是可以传递的只是合法的所有权，而不是，或并不需要建构这一特殊显现的先决条件，即传递的并不是对一幅画的消费手段或对一架及其使用手段”。三是制度化的形态，体现在特定的制度安排上。这是一种通过制度确定而形成的资本，如文凭、职称等，从而使文化资本具有研究性、合法性和标准性。

（四）社会资本

社会资本一词最早出现在社会学研究中，它特别强调随时间演变而形成的人与人之间频繁且交错的关系网络对社会发展的重要性，因为这种关系网络为人与人之间建立信任、合作和采取集体行动奠定了基石。随着社会资本理论的不断发展，它已被广泛用来解释许多社会现象和一个区域或国家的经济繁荣。而且，越来越多的专家和学者已经深刻认识到，社会资本不仅会影响人力资本和智力资本的发展，更会影响企业和区域的知识创造、技术创新和经营绩效，甚至影响一个国家或地区的经济繁荣和社会发展。

如果说对物质资本和人力资本的强调是根植于个体之上的发展理论，那么对社会资本的强调则是根植于个体间互动关系和社会生活之上的发展理论。

（五）资本理论演化的规律分析

物质资本到人力资本与文化资本的转变，说明在理论研究对象上已经不单单停留在“物”的阶段了，而是出现了向研究“人”的转变。社会资本理论的出现，表明了理论研究对象由“个体人”向“群体人”转变的趋势。马克思的资本理论强调商品的生产和交换，劳动者出卖他们的劳动以换取工资来维持基本的生活。资本在古典理论中是与商品的生产与交换的过程相联系的，所以更多的是对劳动的投资。人力资本理论则强调劳动者这一人的因素，并且突破了传统理论中资本只是物质资本的束缚，抽象了资本的最初含义。人力资本理论中则不仅仅是投资于劳动，而是把劳动当作劳动者的一种回报，所以“收入的最终增长在于投资的收益”。[64]技能和知识的获得促进了人力资本的发展，人力资本的发展又产生了经济价值，使劳动者可以变为资本家。

与人力资本分析的微观层面不同，布尔迪厄对文化资本的分析是介于微观与宏观结构之间的。布尔迪厄有关文化资本的著述兼有舒尔茨和贝克尔对人力资本论述的特点，与马克思的资本理论不同，布尔迪厄把论述焦点放在劳动者和获得的资本与市场之间的关系上。他清楚地论证了有关符号霸权和社会再生产过程这一外在社会结构（如统治阶级及其文化和价值观）的重要性，以及利用教育方式把统治阶级的文化和价值观创造性且错误地强加于劳动者身上。

从西方人力资本研究的现有成果看，虽然人力资本理论将关注点转移到“人”身上，但这里的“人”还只是比较笼统的“单个人”，不是处于社会关系中的人。人不仅是资源要素之一，而且也是运用资源的主体，人在运用资源要素过程中，不是仅仅作为单个人出现的，而是作为社会群体出现的。西方人力资本学家将更多的注意力放在了作为资源要素的“单个人”上，在一定程度上忽视了人在运用资源时的主体存在状态——

社会关系，忽视了社会关系对经济的影响作用，抹杀了人的本质是一切社会关系总和的基本观点。

社会资本理论的提出弥补了人力资本理论在这方面的不足，具有重要的理论意义。首先，社会资本的提出为社会科学提供了新的解释视角，也为各学科之间的对话提供了可能。社会资本将“单个人”与“群体人”有机地结合起来，试图把微观层次的个人选择与宏观层次的集体和社会选择结合起来，从而为正确处理个体与社会之间的关系提供了可能。其次，社会资本理论更加注重对人性的关怀。社会资本理论作为研究社会关系网络的学说，与其他理论相比，对人的审视的层次要更高、更接近人本身具有的主体生存状态，体现了对于人性的更全面的把握。注重对人性的关怀，从人性的角度来分析社会资本产生和存在的依据，可以比较准确、全面地认识社会资本产生的根源和理论的合理性。

通过以上分析可以发现，资本理论演变的规律与管理理论的演变趋势是一致的，即研究对象都是发生了由“物”向“人”，由“个体人”向“群体人”的转变。这种一致的演变趋势为将社会资本纳入管理学的框架提供了可能性。

二　社会资本的定义

自汉尼凡（Hanifan）[65]提出社会资本概念以来，社会资本已经成为社会科学中最为有力和流行的研究领域之一。但到目前为止，关于社会资本的概念还没有一个统一的定义。布朗从系统的要素、构成和环境的三维，对社会资本进行了分析，认为社会资本是按照构成社会网络的个体自我间的关系类型在社会网络中分配资源的过程系统。其中，社会网络的个体自我是社会资本系统的要素，联结自我的关系类型是系统的结构，而社会生态则构成社会资本系统的环境。根据布朗将社会资本的理解建立在三个不同的维度上：社会资本分析的微观层次，即嵌入自我观；社会资本分析的中观层次，即结构观；社会资本分析的宏观层次，即嵌入结构观。[57]本书沿用布朗对社会资本的分析层次，从社会资本的微观层次、中观层次和宏观层次对社会资本概念进行界定。

本书认为，社会资本的微观、中观、宏观三个分析层次并不相互排斥，依据讨论主题的不同，而可从一个分析层面带出另一个分析层面。任何于社会资本的问题都在此三个层次上分析，有利于对作为社会结构主要过程的社会资本有一个全面的了解和分析。

（一）微观社会资本

按照奥斯特罗姆的观点，社会资本研究最早可追溯到汉尼凡对于社会在满足个人社会需要方面的讨论，在那里汉尼凡主要将社会资本看作社会关系的功能和形式来研究，通过社区活动的案例他指出，建立社会资本不仅提高了社区的生活质量，而且也将学生训练成“在公共性质的环境下，能应付未来的生活”。个人“联系”的社会资本，在社会网络分析中，被理解为网络结构给网络中的行动者提供信息和资源控制的程度，他称之为“朋友、同事以及更一般的熟人，通过它们获得使用金融和人力资本的机会”。[66]

法国学者皮埃尔·布迪厄（Pierre Bourdieu）是对社会资本进行系统分析的第一人。他指出：“社会资本是现实或潜在的资源的集合体，这些资源与拥有或多或少制度化的共同熟识和认可的关系网络有关。换言之，与一个群体中的成员身份有关。它从集体拥有的角度为每个成员提供支持，在这个词汇的多种意义上，它是为其成员提供获得信用的‘信任状’。”[63]在布迪厄的概念中，社会资本是工具性的，是个人为维持和再生自身地位并获得收益，而投资于群体关系这种制度化社会网络的精心建构。因此，个人社会资本取决于：一是行动者可以有效地加以运用的社会联系网络的规模，二是网络中每个成员所占有的各种形式资本的数量和质量。这需要个人对社会活动不间断的时间和精力的投入，以形成社会资本的积累，它使得社会生活超越了简单的碰运气的游戏或“轮盘赌”状态，并建立起较为稳定的秩序和规则。

詹姆斯·科尔曼从功能主义出发，将社会资本定义为“个人拥有的社会结构资源”，“它们全部由社会结构的某个方面组成，它们促进了处在该结构内的个体的某些行动”。[67]在此，科尔曼通过解释社会结构形成和约束理性行为的方式，以及通过解释社会结构对个人产生影响、使其自我利益最大化的原因，探讨个人的理性选择的社会结构问题。与物质资本不同，社会资本存在于人际关系的结构中，且不依附于个人，但个人是否拥有社会资本决定了其实现特定行动的可能性。社会资本同时还具有不可转让性，为某种行动提供便利条件的特定社会资本，对其他行动可能根本无用。科尔曼强调，社会资本表现为义务与期望、信息网络、规范和有效惩罚、权威关系。个人通过对他人承担较多的义务和期望，能够获得某种超过义务的利益，有待偿还的义务关系的存在也是一种资源，人们需要时可以使用它，从而解释了社会资本依据理性行为形成的原因——创造社会资本是理性的和有利可图的，收益在未来，无异于在银行开一个户头存一笔钱以备将来使用。而在集体内部，规范因得到群体的支持而强化，是极其重要的社会资本，规范依靠一定的奖惩措施实现，当集体面临某共同问题时需要社会资本时，成员将把自身权利部分让渡给代理人。社会资本受社会网络、社会结构和意识形态影响，并随时间的推移而逐渐贬值，因此需要不断更新和增值。

亚历詹德罗·波茨则认为，社会资本是嵌入的结果，是个人通过他们的成员身份在网络中或者在更宽泛的社会结构中获取稀缺资源的能力。获取能力不是个人固有的，而是个人与他人关系中包含着的一种资产。[68]波茨认为，双方互惠是建立在双方关系取得强迫对方承认基础上的，在双方行动成为网络的一部分时，信任就会随着相互期待而增加。互惠的期待与可强制推行的信任二者都是借助于对约束因素的恐惧而推行的。通过从双方约束预期调节的社会联系向由强制推行的信任调节的社会联系的过渡，这样社会资本就从自我中心层次扩展为更宏观的社会结构影响的层次。自我不同特征的社会网络造成了自我在网络中嵌入网络的程度或类型的差异，进而带来了自我间社会联系特征的不同。

布朗从嵌入自我的观点来理解微观层面的社会资本，讨论了个体通过包含自我在内的社会网络动员资源的潜力。布朗区分了自我实现中三种个人特征（压力型政治、个人魅力、权威）的重要性力量和自我实现其网络地位的重要性，以及三种个人特征可以凭借的能够控制联系或控制交易而掌握资源的能力。布朗认为，个人维持社会联系也需要成本，因此，社会资本=社会财产-社会义务。这个等式给我们提供了一个自我嵌入特定社会资本系统分布结果继续进行分析的起点，由此可以考察网络本身在更大社会系统中的嵌入。

总之，从最狭义的意义上使用社会资本的概念来看，一般都认为，社会资本属于个人，社会资本的最主要的形式就是与潜在帮助者之间的联系，是促进两个或更多个人之间的合作的实际的非正式规范。[69]在中国社会的研究中，通常人们所理解的“关系”以及对“关系”的强调就是在这个意义上使用社会资本的定义的。

（二）中观层次社会资本

中观层次的社会资本主要关注作为社会资本网络结构的形成过程，在该网络中各自之间联系的状况，和资源作为其特定结构结果从该网络中产生出来的途径。中观层次的社会资本强调社会资本的公共产品性质。

奥斯特罗姆认为，正是科尔曼为从所谓的最狭义的社会资本概念过渡到以后的扩展定义提供了理论基础。奥斯特罗姆说，科尔曼在《社会资本在人力资本中的作用》一文中所做的经验研究会让人想起社会资本的狭义含义，但是，在《社会理论的基础》一书中，社会资本概念已经强调了其公共产品的性质，而且，科尔曼对不同形式的社会资本——信任与规范——的讨论也足以证明他是一个将狭义的社会资本观过渡到后来更宽泛的社会资本概念的重要学者。他指出："社会资本不是一个单一体，而是有许多种，彼此之间有两个共同之处：它们都包括社会结构的某些方面，而且有利于处于某一结构中的行动者——无论是个人还是集体行动者——的行动。和其他形式的资本一样，社会资本也是生产性的，能够使某些目的的实现成为可能，而在缺少它的时候，这些目的不会实现。与物质资本和人力资本一样，社会资本也不是某些活动的完全替代物，而只是与某些活动具体联系在一起。有些具体的社会资本形式在促进某些活动的同时可能无用甚至有害于其他活动。"[67]在这个定义中，科尔曼强调了社会资本的结构性质及其公共产品性质。科尔曼认为，通过界定社会结构的某些方面的功能，社会资本概念有两方面的帮助：第一，有助于揭示个体行动者层次的不同结果。第二，有助于从微观到宏观解释的过渡。科尔曼引进社会资本的概念也正是为了弥补两个学术流派在描述和解释社会行动时的不足：经济学的完全理性经济人的假设以及社会学的受社会规范、规则以及义务等约束的、社会化的行动假设。科尔曼认为，只有那些投资于物质资本和人力资本的人才会增加物质资本和人力资本，而社会资本一经创造，就会有益于相关社会结构内的所有个体。通过利用不同形式的社会资本，行动者不仅可以实现他们个人的目标，而且可以实现集体行动目标。当然，社会资本的公共产品性质也导致潜在投资不足，"大多数形式的社会资本只能作为其他活动的副产品被创造或者被破坏"。总之，科尔曼提供了对社会资本的更广泛的理解，社会资本不仅是个人利益增加的手段，也是解决集体行动问题的重要资源。奥斯特罗姆指出，认识到社会资本对于集体行动的作用，这一点对于集体行动理论及公共政策理论有着极为深刻的含义。

（三）宏观层次社会资本

宏观社会资本需要理解的是，在较大的政治经济系统之中或较大的文化与规范的系统之中，社会资本网络是如何产生、运行的，影响其运行的动力是什么。宏观层次社会资本定义将社会资本与集体行动和公共政策联系起来。布朗认为，从嵌入结构观点看，社会资本网络是嵌入政治、经济和文化重叠的系统中，因此我们需要深入思考，宏观社会制度是如何支配着多种社会资本网络的。

普特南的研究开创了宏观层次社会资本理论研究的先河。他将社会资本理解为“社会组织的特征，例如信任、规范和网络，它们能够通过推动协调和行动来提高社会效率。”[70]他认为，互惠规范和公民参与网络能够促进社会信任，它们都是具有高度生产性的社会资本，正是这样的社会资本使得遵守规范的公民共同体能够解决他们的集体行动问题，更好地促进经济繁荣和民主治理。他还认为，社会信任、互惠规范以及公民参与网络是相互加强的，它们对于自愿合作的形成以及集体行动困境的解决都是必不可少的，其中，社会信任是社会资本最关键的因素：普遍、互惠、有效地限制了机会主义的行为，将导致那些经历重复互惠的人之间的信任水平的增加：稠密的社会交换网络将增加博弈论中所说的关系的重复和联系，从而也将增加社会信任水平。

到目前为止，关于社会资本的概念还没有一个统一的定义，大多数学者都是从自己的学科角度对其加以定义和利用。但是，以上三个层次的社会资本概念的使用，基本体现了目前社会资本理论研究的三个层次。其实，社会资本研究层次的区分并不在于社会资本定义如何，而是在于使用社会资本定义和框架研究的问题本身的层次差异。

三　社会资本的衡量

社会资本是一个广义的概念，包含多种形式和多个分析层次，因此澄清社会资本的不同维度对于理论而言是很重要的。Nahapiet 和 Ghoshal 把社会资本定义为“镶嵌在个人或社会个体占有的关系网络中、通过关系网络可获得的、来自关系网络的实际或潜在资源的总和”，并且区分了社会资本的三个基本维度（见图 2－1），即结构维度、关系维度和认知维度。[71]

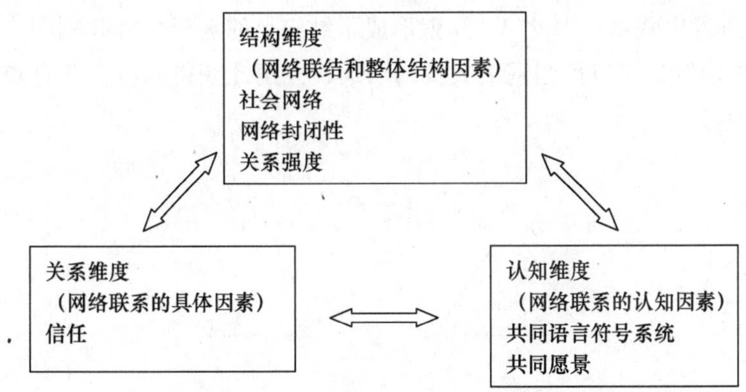

图2-1 社会资本的基本维度

资料来源：Nahapiet, Janine and Sumantra Ghoshal. Social Capital, Intellectual Capital and The Organizational Advantage [J]. *The Academy of Management Review*, 23 (2), 1998: 242-266.

（一）社会资本的结构维度

社会资本是个人通过社会网络或人际关系网络所能直接或间接接触到，并可动用以助于达成其目标的人际资源。社会资本并非个人拥有，而是存在关系网络结构之中。[72]因此，社会资本是镶嵌于社会网络之中，它产生于个体间的关系互动，若人际间缺少关系互动，则此人的社会资本便不存在。而社会网络的结构，会影响社会资本的产生，进而影响个体的态度及行为。

1. 社会网络

"社会网络是由某些个体间的社会关系构成的相对稳定的系统"[102]，社会网络中个体联结的结构可以提升该网络成员达成目标的能力，这种联结称为社会结。诺里亚和埃克尔斯（Nohria and Eccles，1992）指出，社会结是由特定形式的社会关系所联结成的一群"节点"，并且是伙伴间的重复性联结，经由这些"结"的不断延伸可构成社会网络。[74]

博特以网络关系解释社会资本，探讨社会结与结构所拥有的社会资本。[66]他认为，社会资本即为个人在网络中接触对象，所形成的结构，以及所拥有的资源。而结构洞可以定义为"非多余联系之间的分离"与"两个联系间的非多余关系"。如图2-2所示，甲图中，A、B、C相互联系，构成了一个封闭性的网络，每个个体所获得的信息是对等的，重复的，不存在结构洞。乙图中，A与C没有联系，两者之间只有通过B才能与对方发生联系，因此 A、B 就形成了结构上的空洞，而 B 则因占据着“桥”的位置，可以控制网络成员的沟通，并由此获得利益，并有较多的社会资本。

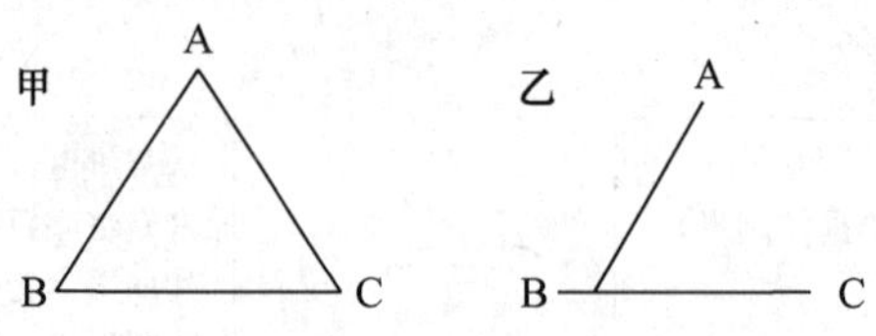

图 2 -2　结构洞

资料来源：Burt，R. S.，*Structural Holes：the Social Structure of Competition*［M］. Cambridge：Harvard University Press，1992。

事实上，结构洞是人际网络中普遍存在的现象。在这样的网络中，占据中心位置的个体可以获得更多更新的非重复信息，并且具有保持信息和控制信息两大优势。信息利益指的是信息的可及性、时效性与举荐。其中，可及性指个体能够获得有价值的信息，并且知道有谁可以使用它；时效性则指在最短的时间内获取信息；举荐指经由他人间接取得信息，是网络连接的广度和信息网罗的能力。而控制利益即第三方居间协调时由于所处位置的特殊性所具有的优势。[66]

2. 网络封闭性

科尔曼认为，网络的封闭性是有效规范发生的必要而非充分条件。在某些条件下，规范失去应有的效率，其原因在于该社会结构缺乏封闭性，从而无法对群体中的个人产生必要的约束。[75]

斯迈利和哈特（Smylie and Hart）认为，某些社会结构的特性具有较多的传导力，社会网络的封闭程度代表成员内部互动的程度，对社会资本而言，封闭性网络能够：（1）协助成员发展支持的共同规范；（2）有效的认同可以监督、引导行为；（3）使成员获得交换信息的能力。[76]

3. 关系强度

布朗从社会结构理论出发认为，互动的可能性是群体规模的函数。[77]若社会互动遵循同质互动原则，即接近相似社会地位的人会有较多的互动，则随着位置和占据者人口规模的增加，他们之间存在更大的互动可能性。因此，随着群体规模增大，社会网络更具有同质性，更少多样性。林南结合博特的网络理论，从自我与社会网络中他人的关系角度，分析自我社会资本的获取，并得出了强关系强度命题和弱关系强度命题。其中，强关系强度命题认为，建立在情感、信任与共享资源和生活方式基础上的强关系，有利于维持和强化既有的资源，为个人可支配的表达性行动。而弱关系强度命题则认为，关系越弱，自我越可能获取异质性资源。[72]

（二）社会资本的关系维度

信任是社会资本的一个重要方面，是维系网络关系的重要黏着剂。Rousseau、Sitkin、Burt 和 Camerer 对信任下了一个定义：信任是一种基于对他人意图与行为的正面预期，而产生的一种愿意接受伤害的心理状态。[78] Nahapiet 与 Ghoshal 认为，信任就是对他人预期行为的结果与我们所认为的一样，使吾人对他人的行为有所信赖或有可预测性，并相信其信誉。[71] 迈耶（Mayer）对将信任定义为：信任是指不管一方对于另一方的监督和控制能力强弱如何，该方都愿意使自己变得容易受另一方行为的伤害的一种意愿，这种意愿是建立在该方对另一方将履行某种特定的且对己方而言非常重要的行为的预期之上的。[79]

综合上述定义可以看出，虽然学者们对信任的定义不同，但他们还是就以下两点达成基本共识：（1）信任是一种心理状态；（2）风险和相互依赖性是信任产生的必要条件。按照交易成本理论，企业内部同样存在交易成本，为防范对方偏离双方预先约定目标的行动，双方必须在事前就某项行动达成共同的协议，因此双方必须付出时间成本、谈判成本、监督成本、防卫成本等。阿罗指出，信任是经济交往的润滑剂，世界上很多经济落后现象最终可以归结为缺少信任。卢曼则认为，信任是简化复杂的机制之一。这些思想最终被概括为“社会资本”。

因此，很多学者将信任看作社会资本的核心，认为社会资本的关键在于信任在成员间的传递：A 信任 C 是由于 A 信任 B 而 B 信任 C，因此更大的社会网络就可以通过总体信任建立起来，不需要每个成员都有亲密的接触。[80] 因此，信任如同社会资本的引擎，能够产生较多的信任，从而支持成员间的合作，增加成员对企业或组织的认同，提高网络中的社会资本。

中国社会是伦理社会、礼俗社会，同时也是关系社会。按照伦理原则办事，必然讲究亲疏远近，区分陌生与熟悉，社会信任也必然是以熟人信任为根本。费孝通认为，中国社会是熟人社会，在差序格局中，“社会关系是逐渐从一个个人推出去的，是私人联系的增加，社会范围是一根根私人联系所构成的网络”。[81] 在日常生活和社会交往中，由亲及疏、由近及远安排各项事务是人们行动的逻辑。按李伟民、梁玉成等的研究，目前中国社会的信任结构仍表现出差序格局特征，社会关系熟悉程度与社会信任程度呈现出非线性正相关关系，熟悉则信之，陌生则敬而远之。[82] 但是，随着经济发展和生活节奏的加快，以熟人信任为基本的信任结构由于缺乏规范性正面临严重的破坏，而陌生人信任又还没有相应的完善的制度保障，因此加强对制度的信任，促进社会资本的提高和运行，社会才会良性运行和协调发展。

（三）社会资本的认知维度

每个组织在成立之初，成员都带有自己原先的习惯和想法，经过一段时间的接触，这些不同意见相互冲突、相互竞争，但每个成员将逐步调整自己的观点和行为，以适应新的组织环境。而组织也因此形成自己独特的组织正式或非正式的规范，并成为组织文化的一部分。Tsai 与 Ghoshal 指出，在一个组织中如果能共享一个共同的愿景或价值观，将有助于发展认知社会资本，并促进个人或群体采取对组织整体有利的行为。[28]

社会资本的认知维度有高低之分。低层次的认知主要是指组织成员共同拥有的语言、符号等。语言和符号是成员互动的基础，是知识交流的媒介。组织成员长期、持续而频繁的接触，在成员之间形成共同语言和符号，使成员相对容易地发现其他成员身上存在的隐性知识，降低知觉障碍，并能快速地理解与吸收。在现实中常发生小团体使用他们独有的语言、说话方式，限制了部分人的接近。共同语言不仅是指一般的语言，如英语、日语等，也可以是前缀缩写、敏感的画线的假定，组织中如果没有分享了解共同语词活动，将难以获得与建立社会资本有关的利益。

从高层次社会资本认知维度来看，这些存在于日常交往中的共享语言和符号有类似行为规范的特征，由成员在互动中自发形成，得到成员的普遍认可，并逐渐形成对组织的认同感与归属感，产生愿意为组织奉献的价值认同。克罗（Crow）认为，不稳定的价值分享会让社会资本减少，因为当有一些重要事件改变时，组织中的成员就会产生不同的观点，而这些不同的观点会造成对共享价值的质疑，种下了不信任的种子，最终会破坏双方的关系。他认为，社会资本的运行使组织产生共享价值的重叠，共享价值重叠的程度决定了存在于关系中信任的程度，有意义的交换能够建立关系与信任，而信任能使成员间的关系稳定。[83]

如前所述，我们可以概括出社会资本的核心内涵，即“社会网络”、“信任”和“规范”。总的来说，社会网络是社会资本的载体和表象，信任是社会资本的核心，规范是社会资本构建的保障。三者之间并不是相互独立，而是相互演进的关系，它们相互区别又相互联系构成了社会资本的深刻内涵。

四　企业社会资本

（一）企业社会资本概念的界定

企业是经济活动的主体，是经济行动者，也在广泛的社会交往和社会联系中运行，因此企业社会资本强调企业不是孤立的行动个体，而是与经济领域的各个方面发生联系的关系网络的纽结。与其他资本相比，企业社会资本是无形的，它存在于企业成员间的关系结构中，是基于关系的资本，和所有形式的资本一样，社会资本可为企业带来利益。本书认为，企业社会资本就是指处于一个共同体内的企业通过与其内外对象的长期交往互动而形成的一系列认同关系，以及在这些关系背后积淀下来的历史文化、价值理念、行为范式和摄取稀缺资源能力。

企业社会资本包括企业内部社会资本和企业外部社会资本，前者是企业内部存在的有利于推动企业成员的信任与合作、促进各部门间的沟通与协调能力，从而增强企业内部凝聚力的人际关系网络；后者是企业外部存在的、有助于企业摄取外部稀缺资源的社会关系网络及能力。

企业内部社会资本包括存在于雇员之间的社会资本、存在于雇员与管理者之间的社会资本、存在于管理者之间的社会资本和存在于各部门之间的社会资本，包含企业内部人与人之间的信任度、知识型员工之间的知识共享度、各部门之间的合作程度、团队学习和企业文化的重要性等。企业外部社会资本包括企业与客户、供应商、竞争对手、咨询机构等之间的商业网络，企业获得知识来源的信息网络，企业与公共研究机构、技术转移组织、大学等之间建立的研究网络，企业高层经理人员和知识型员工与外部的客户、供应商、竞争对手、大学和科研机构等之间的个人关系网络，等等。企业外部社会资本包括企业的纵向联系和企业的横向联系。前者指企业与上级领导机关、当地政府部门以及下属企业、部门间的联系；后者指企业与其他企业、科研院所及高校、金融机构、中介组织等之间的联系。

企业的外部社会关系网络是企业获取社会稀缺资源的载体和手段，但是拥有社会资源并非可以直接达到企业的经营目标，企业还需利用其内部的社会资本即内部关系网络来充分发挥已获取的社会资源的效用，调动企业全体员工的工作热情，协调内部各种关系，减少内耗，提高企业的生产经营效率，以便获得企业的最大利润，同时保证企业与外部环境（政府、社会、自然环境及竞争对手等）和谐共存，可持续地健康发展。总之，企业本身及其经济发展受到自身所拥有的社会资本的重大影响。

需要注意的是，本书主要研究企业内部的知识共享，因此本书所说的企业社会资本是企业内部社会资本。

（二）企业社会资本的分析层次

企业既是更大的社会网络中的个体（在网络分析的术语中被称为节点，同时又是一个由众多更小的节点——个人组成的网络（组织内网络），因此在对企业的社会资本进行分析时，必须首先划分分析层次。在宏观层次上，社会资本的产生有赖于企业内网络的结构特征、企业成员之间的信任和以共同目标作为行动导向的水平，它通过成功的集体行动来创造价值。将其定义为组织社会资本，所谓组织社会资本是指“反映企业内社会关系特征的那些资源”。[84] Ghoshal 和 Moran 指出，企业组织是通过资源的组合与交换来创造价值的。[85]与市场不同，组织所遵循的是一种协作适应机制。[86]巴纳德更是很早就认识到，对于正式组织而言，共同目标是协作体系的基础。[87]于是，能否形成共同目标、实现资源的组合与交换就成了评判管理是否有效的标准。在这一点上，企业的社会资本是企业组织实现有效管理不可或缺的条件。

和具有公共物品性质的宏观社会资本不同，企业员工的个体社会资本具有某种私人物品性质，将它看作可直接投资受益的资产，这和物质资本以及人力资本本质上没有太大差异。但是，从这种资产获得的资源可能是潜在的，并不像物质资产那样是现实可见的，它存在于特定的社会关系结构之中，脱离了这种社会关系，个体社会资本的价值就会大大下降，甚至变为零，这就是科尔曼所归纳的社会资本的不完全替代性。也就是说，社会资本的生产性功能只有与具体的社会行动相联系才能实现。某种社会资本可以为这种行动提供便利，但它对其他行动可能无用，甚至是有害的。

和物质资产专用性所表现的用途专用性质有所不同，个体社会资本的专用性表现在对交易伙伴选择上，因而它是关系专用性资产。个体社会资本要能体现自身的价值，就必须选择特定的交易伙伴，因此，动用了个体社会资本的交易契约必定是双方依赖的关系契约。

企业中观层次的社会资本主要关注作为企业社会资本网络结构的形成过程，在该网络中各自我之间联系的状况，和资源作为其特定结构的结果从该网络中产生出来的途径。企业中观层次社会资本研究力图把微观层次的成员选择与宏观层次的企业选择结合在一起，以说明成员与企业之间的互动以及企业组织结构的转型。因此，它在解释企业成员行为动因方面更全面而深入，增强了宏观层次上的企业行为和长期选择描述和分析上的说服力，也使微观的分析能够合理地解释宏观现象。

（三）企业社会资本的研究视角

社会资本作为一个在理论中产生的概念，将之扩展到企业层面，大体有两种研究视角，一种是将社会资本基于企业能力的视角；另一种是基于企业资源的视角。

基于企业能力视角的社会资本，强调企业对网络结构中资源获取的能力。边燕杰和丘海雄认为，企业是经济活动的主体，是经济行为者；同时，企业也是在各种各样的联系中运行的。企业不是孤立的行动个体，而是与经济领域的各个方面发生种种联系的企业网络上的纽结。因此，他们将企业社会资本定义为行动主体与社会的联系以及通过这种联系摄取稀缺资源的能力。[123]张方华认为，企业社会资本指的是企业建立在信任和规范基础上的各种社会关系的范围与质量以及在此基础上获取外部资源的能力，主要由纵向、横向与社会关系资本三个部分组成。[88]

基于企业资源视角的社会资本强调社会资本的资源特性。林南认为，资源是社会资本理论的核心，强调社会资本的资源特性有助于解释资源在社会中如何获得价值，以及这些有价值在社会中如何分配；主体如何通过互动和社会网络在获取资源上存在差异；主体如何将社会资源动员起来。[72]周小虎将企业社会资本定义为那些能够被企业所控制的，有利于企业实现其目标和实现目标活动的，嵌入企业网络结构中显在的和潜在的资源集合。[90]

本书认为，企业的社会资本属于资源范畴，是企业为实现特定的目的而获取或动员的，嵌入在企业社会结构中的资源。与其他资本相比，社会资本是无形的，它存在于行动者之间的关系结构中，是基于关系的资本，和所有形式的资本一样，社会资本可为企业带来利益。

（四）企业社会资本的特征及作用分析

事实上，企业作为一种制度安排，比市场更有条件创造社会资本，更能有效地利用社会资本。

相互依赖是社会资本存在的基础，科尔曼认为，社会组织或社会关系的瓦解会使社会资本消亡殆尽。构建在行动者自治基础上的市场，在很大程度上忽视了交易双方的相互依赖性，实质上，当市场不能更多地节约生产成本时，就需要通过企业内部进行生产协调。企业成员的相互协作，扩展了交易秩序，企业扩张和转化是一个合作秩序不断扩张和转化的过程，是把社会范围内的要素，不断纳入一个分工合作体系中的过程，从而创造了社会资本，进而实现了企业的利润。

在新古典经济学中市场被看成是抽象的、标准化和一次性交易的制度安排，交易过程忽视了行为主体之间的交互行为。企业则提供大量机会来实现持续的交际、交流和交往。企业正式制度的安排就是用来保证企业成员理解任务、协调合作和相互监督，特别是当企业处于变革过程中，企业内部的交互行为尤显重要。普特南认为，作为社会资本的一部分，交互行为增加了博弈的重复性和博弈之间的联系性，增加了在任何一项单独交易中进行欺骗的潜在成本；交互行为过程中的协调和沟通培养了群体内的互惠规范，使成员的声誉得到认同。因此，与物质资本不同，社会资本的使用不仅不会造成价值的削减和衰亡，并且随着使用次数的增加具有更高的价值。此外，企业成员的沟通、交流和交往，有助于发展他们的共同语言和认同，强化了成员间的亲密性和信任。这些都促进了企业社会资本的培育和发展。

前文论述了网络封闭性对群体共同规范的培养。市场是一个开放的网络，它是通过个体行动者自由选择而获取经济价值，因而，它极难形成关系性和认知性社会资本。企业社会网络的封闭性可以通过社会边界、地理边界、金融边界和法律边界等方面来测定。虽然现代企业强调网络化改造，突出企业开放性，但是，相对于市场，封闭性仍然是它与市场区别的重要特征。因此，企业也更能够创造关系性和认知性社会资本。

另外，企业的社会资本投资是积累性的，反映了企业在一段时间内对社会关系的投资状况。从结构嵌入视角看，企业的社会资本是社会关系在时间和空间上的结合，可以通过内部设计和构造为维持和改善企业内各种目的的社会关系。

内部社会资本对企业的贡献在于：一是有利于提高企业的经营效率，节约管理费用。在技术水平没有取得明显进展时，社会资本的合理利用能促进企业经营效率的提高，使其保持一个较高的边际储蓄倾向，并把各种分散的资源黏合起来，降低管理费用。资料表明，企业内部社会资本量的高低（职工之间的合作程度、职工与管理者的满意度、各级管理者的融洽程度等）与其经营管理效率和职工的工作积极性、创造性等呈现正相关关系，与管理费用呈现负相关关系，从而为企业的发展创新提供内部动力。二是有利于促进企业的知识转移和知识共享。不断创新的能力是现代企业保持竞争优势的真正根源，而创新能力是有效转移知识存量的外在表现，因此知识存量的转移和知识结构的更新是企业取得竞争优势的基本前提。企业良好的社会资本可以培养人与人之间、部门与部门之间、企业与企业之间的相互信任，降低企业之间和企业与其他经营主体之间的交易成本，尤其是搜寻和信息成本、讨价还价和决策成本、监控和执行成本，加速信息和知识等资源的流动。[91]使企业的知识共享和知识转移成为可能，从而增强企业不断创新的能力。三是有利于最大限度地挖掘和开发职工的冗余信息。冗余信息是个人或组织拥有的超过其特定业务信息的额外信息。从信息的有效性来看，冗余信息常常被认为是无用的，但从创新角度来看，冗余信息往往能刺激人们的创造力，从而变成具有新内涵的信息。企业内部的社会资本高，职工之间非正式的交往频繁，在这种宽松环境中会无意识地发现许多有用的冗余信息，增强企业的创新意识和能力。

第二节 社会资本与知识共享的相关性

国内学术界对社会资本与知识共享的相关性研究尚不多见，但学者们最近开始关注这一研究领域。本书对相关文献进行梳理，尝试从社会资本三个基本维度，即网络结构、信任、认知环境分别探讨其对知识共享的作用。

一 社会资本对知识共享的作用

社会资本是嵌入在社会结构中的资源，而知识共享同样也源于人与人之间的互动，因此知识共享行为必然受到共享主体拥有的社会资本的影响。

林南[72]在概括社会资本的功能时，首先强调的就是社会资本对信息流动的促进作用，他指出，在不完备的市场条件下，处于某种战略地位或等级位置中的关系人，由于较好地了解市场需求，可以为个人提供以其他方式不易获得的关于机会和选择的有用信息。同样地，这些关系会提醒处在生产或消费市场中的一个组织及其代理人甚至一个社区关于在其他方面未被意识到的个人的可用性和利益。这些信息可以降低交易成本，使组织招募到合格的专业技术人员，也使个人找到可以使用其资本和提供适当回报的“较好的”组织。虽然林南论述的是个人社会资本在获取信息方面的优势，但这个命题衍生出的一个假设是合理的，即拥有较多社会资本的个体在获取知识方面存在优势。

顾新、郭耀煌和李久平等通过分析社会关系网络规模、知识资源的数量和质量、资源的异质性以及网络成员的关系强度等，阐述了社会资本在促进组织间交互学习、减少交易费用、提高知识链整体的创新能力和竞争优势等方面的作用。[80]

产业集群对知识共享和创新的促进作用是大家有目共睹的，也成为目前学界研究的热点。所谓集群式创新是指以专业化和分工为基础的同一产业或相关产业的企业，通过地理位置上的集中或靠近，形成长期稳定的创新协作关系而产生创新聚集，进而获得创新优势的一种平等开放的创新的网络组织形式。魏旭和张艳认为，集群式创新网络拥有社会资本的优势，将促进网络内部知识分工的深化，有效地推动了隐含经验类知识的流动与共享，减低了知识的学习成本，为成员自身知识和创新能力的积累创造了良好的环境，进而形成彼此相互演化的机制。[92]李琳和方先知对产学研知识联盟的网络组织进行了分析，认为社会资本与信任关系影响联盟伙伴之间知识转移的意愿与转移的效率，是联盟伙伴之间知识转移与共享的前提；同时基于知识的信任和共同的行为规则的信任，在联盟组织成员的交易关系中创造出自我约束的力量，替代正式合同约束成为另一种重要的治理机制。[93]

上述研究主要从宏观方面就社会资本对知识共享的积极影响，作了理论和实证探讨。但这些研究忽视了知识共享过程的复杂性，因此对于社会资本如何影响知识共享的过程分析还远未深入。

二 社会网络结构对知识共享的影响

哪种网络关系更有利于知识共享呢？不少学者对此进行过一定的

分析。

科恩和普鲁萨克（Cohen and Prusak）综观研究发现，信任、个人网络及承诺是人际互动的关键，能使独立的知识工作者借更多的人际互动将个人的知识扩散到组织中。[54]

企业或组织成员在需要某方面专业建议时，知识源有什么样的特征？从网络分析统计出发，克拉克哈特（Krackhardt）认为，工作咨询网络的结构中心人物与中介性人物（扮演“桥”的人）往往是组织中资历比较高、年龄比较大、教育程度高或职位上比较高的员工，因为在工作的过程中，往往得依赖过去的工作经验，或教育程度高低累积的工作知识。[94]

克罗斯（Cross）等的研究认为，社会网络能够帮助知识需求方发现知识的存放位置，以及扮演“桥”的人。[95]例如，IBM 的全球服务创建一个“隐性系统”（Tacit Systems，EKG）此系统借由电子邮件的往来、资料库的进出将知识分类，找到并确认各领域最好的专家，帮助成员在复杂且固定分化的工作中知道“谁知道什么”，组织内的隐性知识因此将被指认出来。

德罗奇和胡布勒（Droege and Hoobler）研究员工职务更替时隐性知识的保存与传递，在员工更替时隐性知识可能流失，新的知识编码能力面临危机。他们认为，企业网络组织特性包括密度、强与弱的联结的理想混合，能促进互动合作，隐性知识由公司的社会结构扩散。[96]马费成和王晓光对比了知识共享的信息网络模型和社会网络模式的差异，分析了知识共享网络的五个特征，认为信息网络模型适合显性知识的转移，而社会网络模型则适合隐性知识的转移。[97]王越则模拟了知识传导的方式，并分析了网络沟通渠道、网络组织结构、网络制度及共享的网络文化、人力资源活动及流动、知识产权保护等共同构成组织内网络知识传导所发生的内外环境情境成本。[98]

网络形态影响知识共享的信息量与速度。任志安从社会网络的关系强度分析得出，强关系联结支持“嵌入性”程度高的知识的共享，弱关系联结则支持“公共物品”特性的知识的共享；在网络中，具有较多结构洞的社会网络促进知识共享的量增长，从而有利于具有利用知识阶段特征的知识共享；另外，具有中心性的网络更加支持“嵌入性”程度高的知识共享，而“无中心网络”更加支持“公共物品”特性的知识共享。[24]王夏洁认为，社会资本的培养和网络信任的成长则降低了风险和成本，增加了合作者之间的知识转移、协作意愿；在网络中，弱联结有利于新知识的获取，强联结更支持隐性知识的传递和共享；知识获取与知识传递、共享过程在社会互动中发生，在网络结构特性的约束下共同推动知识创新。[99]

三 知识共享中的信任机制

许多学者都肯定信任是促成知识共享的重要因素。若要达成知识分享，人们必须相互信任。[10]因为信任而无隐私，在一个缺乏信任的环境，个人将不会轻易暴露自己的缺点，知识流通亦因此停滞。[54]在康纳利和凯拉韦（Connally and Kellaway）的研究中，被调查者普遍认为，他们将仅愿意与信得过的人进行知识共享。这里涉及的是人际信任。[100]

克罗斯等的研究发现，当人们需要信息时34%是由他人处取得信息、16%由计算机档案、10%由网际网络、4%由K－Base、4%由其他途径获得，绝大多数的人仍然依靠他人提供信息。[149]可见知识共享离不开人际互动，人们喜欢并且依赖面对面的互动，也唯有再面对面时，人与人之间能建立信任、互惠与承诺等情感。相关实证研究结果：发现当双方信任关系持续成长时，信息与经验的传递量也持续增加，对部属信任感越高，则主管对部属的知识共享意愿也越高。[101]诚如德罗奇和胡布勒所描述，互惠规范、人与人间的信任能够创造一些提升知识分享的情境，因为隐性知识在互惠交换关系中被分享，是需要高层次的个别互动，个人的关系若是强烈镶嵌于公司社会网络中，则将更有助知识分享。[96]

信任能促使知识分享与合作意愿。[102]作为知识市场运作的重要条件，企业必须通过三种方法建立良好的信任：第一，信任必须是具体可见的。就是要让组织成员亲自体验互惠的好处，并受到正面的肯定。第二，信任必须是全面的。必须降低负面不信任的评价，形成整体的信任文化。第三，信任必须由高层做起，上行下效。[2]

国内研究人员则分析了信任的内涵、基础、作用及其在知识共享中的发生条件[29－30]；张鹏程论述了知识管理中信任的类型、影响和策略；[157]高祥宇则从心理学角度论述了信任的水平影响知识共享双方的意愿，但该研究混淆了情感基础信任与认知基础信任的关系，简单地认为高水平的信任关系将产生积极的知识共享行为。[32]

目前，学术界研究的共同点是将知识共享过程看作一个整体，但对知识共享的过程模式和内在机制缺乏深入的分析。学者们主要研究信任对知识共享发生机制的作用，即信任为什么会对知识共享产生影响，而对信任在知识共享过程中何时及怎样发生作用的研究甚少。因此，对知识共享的过程机制和信任影响因素开展更为深入的研究有着重要价值。

四　知识共享的认知环境

社会资本的认知维度有高低之分，低层次认知主要是指组织成员具有共同拥有的语言、共享的意义符号，形成了成员互动的基础，是知识交流的媒介。而高层次的认知意指成员具有共享的文化和价值观、共同的愿景、共享的道德规范等。

社会资本的认知维度与知识共享的关系已有一些研究，深入研究尚不多见。Nahapiet 和 Ghoshal 强调，社会资本的认知层面便于个体间利用共同的语言、规则及陈述方式之沟通形式，形成共享的网络以达成共识，降低知觉障碍。[71] 由于沟通形式促使个体间了解合作的目标与系统中活动的方式，增进如知识交换及结合的活动。因此，当合作的个体形成具有凝聚力的共同体，将拥有在特定结构中所专享的资产，影响成员共同迈向经济目标之行为[103]，并在共同的行为基础假设下，使用有意义的沟通形式，以及影响个体自利行为的态度，使其愿意分享知识。[104]

罗宾斯（Robbins）认为，组织文化是组织成员所共有的意义体系。组织文化包含成员相同的信仰、期望与价值观，与社会资本中的规范、认知同质性等内涵有交叠，研究发现组织文化影响知识管理与知识共享。[105]

国内学者仅有王三义和何风林做过相关研究。他们认为，企业间社会资本认知水平与企业间知识转移效果之间存在显著的正线性相关关系，同时认知维度社会资本通过改变企业间知识转移的机会、动机和能力进而影响企业间知识转移水平。[106]

实质上，社会资本认知维度作为嵌入结构的环境要素，是知识共享发生的环境。上述研究发现，组织成员具有共识文化与发展文化将使知识共享更容易发生，共识文化重视组织内的凝聚力、氛围与团队精神，将使成员更有意愿共享知识。

组织文化包括社会资本的情感面与认知面，网络成员长期互动下所形成的规范、共同的语言、价值观等，就是一种形态的组织文化。组织是否有规范存在？此规范是否有利于知识共享？组织是否有共同的价值观？价值观的同构型是否与知识共享有关？这些问题即为本书所欲探讨的问题。

第三节 本章小结

本章主要探讨社会资本与知识共享的关系。知识共享是企业成员之间的互动过程，人际关系的增长与人际网络中社会资本的建立，将促进成员的相互了解，并建立更紧密的信任关系。在互惠与信任基础上，人们才能够持续地交换知识。因此良好的社会资本将促进并维持成员间的知识共享。

通过上述述评可以发现，关于社会资本与知识共享的关系研究已经获得了很大的进展，有助于解释社会结构、人际信任以及企业认知环境对知识共享的影响。但知识共享本身是复杂的过程。前述研究大多是静态的，没有对知识共享过程进行细致的描述，因而对于社会资本在知识共享过程中如何发挥有效作用没能进行很好的剖析。笔者认为，在知识共享的不同层次，社会资本发挥的作用和机理是不同的。在下面章节中，笔者将对这些问题作深入分析和探讨。

第三章　社会资本、交易成本与知识共享过程分析

知识交易是形成知识共享的基础，从知识拥有者的观点来衡量，知识共享就是一种知识市场的概念。[107]许多专家学者从交易成本理论基础来探讨知识共享。本书也认为，交易成本理论在解释主体在知识共享过程中的决策方面有一定优势，较成功地分析了企业成员在知识共享过程中如何利用未标明的知识属性来获取自身利益。但该理论忽视了社会结构对知识共享过程的影响，对于解释个体知识共享前期决策方面也显得不足。社会资本正是企业内部关系网络与知识共享行为的一座概念桥梁，以社会资本为理论工具的研究有可能使得以往只可意会、难以传授的知识逐渐显化，所以本书引入社会资本理论对交易成本分析进行拓展是必需的。

第一节　企业内部知识共享过程

知识共享过程是指为完成知识共享任务而进行的一系列跨越时空的逻辑相关的相互关联或相互作用的活动。系统地识别在企业内部进行的知识共享过程，找出相关过程执行的条件和影响过程执行的正面和负面因素，可以为过程的控制提供合理的资源配置和实施相应的控制方法打下良好的基础。

一　知识及其特征

（一）知识的定义

长期以来，知识一直是哲学家最为关注的概念之一。古希腊时代的哲学家就对知识进行了各种界定，并导致许多认识论上的争论。随着知识逐渐取代劳动和资本成为经济活动最稀缺要素，知识也为越来越多的企业家、管理学家以及经济学家所关注。许多学者主要从知识与信息的区别和

联系出发对知识进行定义。

著名的管理学大师彼得·F. 德鲁克认为，知识是一种能够改变某些人或某些事务的信息[108]，知识与信息的主要区别在于知识是个体对信息的运用，并能够起到改变某人或某事的作用。车驰曼则突出了知识的载体——人对信息集合的反应才是最重要的。[109]但是，两者都没有对知识是什么以及知识以什么样的形式存在加以说明。

波兰尼认为，知识不仅包括可形式化和可编码的明晰知识，而且更大的一部分知识是技巧性的、个人独特的体验但无法言说的知识。而托马斯·H. 达文波特则认为，知识起源于认识者的思想，并对认识者的思想起作用，它不仅存在于文档和数据库中，而且嵌入在组织的日常工作、过程、实践和规范中，是包含了结构化的经验、价值观、关联信息以及专家的见解等要素的动态组合，并可以不断评价和吸收新的经验和信息。[110]因此，知识不仅具有多元混合特性，而且有结构性、开放性以及内隐性等特点。

结合前人对知识的认识，笔者认为，知识是存在于个体或组织日常工作过程中的结构化的经验、价值观以及关联信息等的动态组合，知识随着主体认识的深化而不断内化。换言之，知识是多维度的，它既具有结构性，又具有动态性，加之知识和个体紧密联系，所以知识具有高度的内隐特性。因此认真分析知识的类型、特征及知识在知识共享中可能存在的障碍，是知识管理的一项重要任务。

（二）知识的分类

由于“知识”是一个涉及哲学、心理学、经济学、管理学等不同学科领域的词语，因此，各学科对知识的分类不相同，即使同一学科，按不同的标准也会产生不同的分类。目前，知识管理学科对知识的分类主要有以下几种：

第一，按照知识共享的难易程度将知识划分为隐性知识和显性知识两大类。

最早提出知识具有内隐性的学者是波拉尼（Polanyi），他认为，个体所知道的比他所能说出来的要多得多，因此个体除具有可以用语言、书面、图表或其他方式表达出来的显性知识外，还拥有大量非语言形式、直觉的且难以口头表达的隐性知识。[111]隐性知识是个体的，与特别情境有关，是“在这种情况下做事的方式”[112]，因此，隐性知识是一个随个体行动、情境和约束变化而“连续不断的学习过程”。[113] 从这个意义上说，隐性知识由于难以规范化的特性[3]，决定了它只能通过交谈、说故事和经验分享等形式被成员共享。[114]

隐性知识非常复杂，且不易掌握，因而成为企业核心竞争力的源泉，不少学者从不同视角对隐性知识进行了进一步分析。其中，柯林斯和布莱克勒（Collins adn Blackler）按隐性知识的存在主体及存在形式，将隐性知识分为：以个人技能形式存在的个体根植型隐性知识；以个人认知能力形式存在的个体认知型隐性知识；以组织实践形式存在的组织根植型隐性知识；组织理念形式存在的组织文化型隐性知识。[115] 而 Roy lubit 则从类型学上进一步认为，隐性知识包括技术诀窍、心智模式、逼近问题的方式和企业惯例。[116]

国内学者王方华从技能和认识角度，将企业隐性知识划分为技能类隐性知识和认识类隐性知识。[117] 余光胜也将隐性知识分为技术性和认知性两类，但他认为隐性知识的技术维度是指主体已经认识到的、有意说明但无法言说或说不清楚的默会知识；认知维度是指主体没有意识到但却不知不觉使用的知识，这种知识即使认识到了（如被提醒）也不一定能说清楚。[118]

大多数学者认为，显性知识指能以系统方式表达的、相对客观的、通常可以用语言、文字、符号、数学等清楚表达的知识。显性知识表现为产品外观、文件、数据库、说明书、公式等。

隐性知识普遍存在于企业中，按巴克曼实验室的总裁在北大演讲时说，以默会形式存储于他们员工的头脑之中的隐性知识占任何一家企业90%以上。这些隐性知识很难被描述、拷贝和传播，蕴藏着多种竞争力，因而是企业获取竞争优势、持续发展的资源。企业知识理论也认为，隐藏在核心能力背后并决定核心能力的是企业掌握的隐性知识，它不仅提升了员工个体的能力，同时也使组织整体的竞争力得到了提升，加剧了组织的凝聚力，使组织内部形成一股核心的竞争力，使组织作为一个整体来面对外界复杂多变的环境的能力得以加强，从而提高了企业的绩效。

尽管隐性知识非常重要，但显性知识和隐性知识不能完全分开，它们相互作用，是互补的整体。通过隐性知识与显性知识的相互作用，企业还可以创造出新的知识。

第二，根据知识拥有者的层次不同，将知识分为个体知识与集体知识。[119]

个体知识是存在于个人脑内和身体技能上的知识，是个人拥有的、可以独立运用的知识或技能。由于个人认知上的局限性，个体知识具有专业性和专用性特点。当然，随着人际间个体知识的传播，个体知识具有积累和折旧等问题。

集体知识存在于组织原则、惯例、实践、结构，以及组织对于过去经历、目标、愿景、竞争对手、组织关系所达成的共识中。这种知识能够在组织中得到充分传播，并由大量组织成员集体拥有，它为解决问题的行动和成员互动的形式提供指导与规范。集体知识并不等于组织成员个体知识的加总，其知识存量取决于企业多大程度能充分利用个体的知识。从竞争的角度看，企业之间存在的知识差异，是产生竞争优势的根本原因。

鲁斯和冯克罗（Roos and von Krogh）认为，组织内的知识系统包含个人、团体、部门到公司等几种不同层级知识。[120]肖小勇则根据知识的存在论和认知论特性，将知识分为脑内知识、体化知识、编码知识和嵌入知识（见表3－1），其中个体知识包括脑内知识和体化知识，是依赖个体的正式、抽象或理论的知识和个体的实践性知识；集体知识包括编码知识和嵌入知识，是存在于集体中的规章制度、工作手册等明晰知识和组织惯例与规范类的与共同信念与理解的默会知识。[121]

表3－1　　基于认识论与存在论的知识分类

知识	存在论维度		
	个体知识	集体知识	
认识论维度	明晰知识	脑内知识	编码知识
	默会知识	体化知识	嵌入知识

资料来源：肖小勇：《基于企业网络的组织间知识转移研究》，博士学位论文，中南大学，2005年，第40页。

（三）知识的特点

知识本身的复杂性给知识共享带来了各种各样的难题与障碍，了解要共享的知识的相关特征有助于知识共享的主体采取针对措施来提高知识共享的效率，从而避免知识共享的盲目性。

1. 知识的默会性

我们可明晰说明的知识仅仅是人的知识的冰山露出水面的可交流的、

很小的一部分，更大部分的知识只是默会知识。知识的默会性是影响知识共享的关键，知识的其他性质某种程度都与知识的默会性有关。知识的认识论认为，知识与认识主体不可分，因而对知识的理解也具有个人化特征，是主体的、特殊的。表现为每个人对同样的知识有不同的理解，对相同知识的表达也不尽相同。一般来说，知识的抽象程度越高，其默会性就越高，越难以表达。一旦我们忽略了默会性知识的存在，那些基于明晰的知识所作出的预期一般是要落空的。

默会性知识通常包括两个层面：一是认知层面上的“心智模式”，即个人头脑中潜意识的并被常常想当然认为的信念、观念、价值观等。需要注意的是诸如组织惯例等组织成员共同遵循的规则，也具有默会性的特点。二是技术层面的知识，如应用于特定情景的工艺、技能和技术诀窍等。

2. 知识的分散性和专门性

哈耶克认为，人类的知识具有分散性特点，知识分散于个体当中，因此不存在“知识权威”，同时基于人认识上的局限性，个人只能专注于某一个领域内知识，这又产生了知识的专门性问题。[122] 换个角度看也就产生了部分知识的垄断问题。当需要利用多方面的知识时，个人是很难完成的，从而不可避免地要发生知识交易的行为，互通有无，并共享知识的收益。认识到知识具有分散性和专门性，对我们从知识角度来理解企业的性质是非常有帮助的。正是因为知识具有分散性和专门性，才需要企业将各种不同的知识加以转移、集中和整合，并努力降低知识（无论是默会知识还是明晰知识）的交易成本，从而企业也就有了存在的合理性。

3. 知识的情境依赖性

任何知识都处于特定情境和系统中，知识的生产和交流也必须依赖于特定物理环境和社会的情境。因此，不同的社会情境对知识共享行为将产生不同的影响。

知识的情境依赖性是由多方面原因相互作用的结果。首先，特定的个人或组织处于在特定的社会结构中，拥有相互不同的社会角色和社会地位，他们都掌握各自相互差异的知识，继而不同的个人或组织的知识共享行为，就处于一个不同的社会情境下，这将给知识共享的带来不同效果。其次，所谓“人不可能第二次跨进相同的河流”，即使知识共享主体双方没有变化，但共享知识的不同也会影响知识共享的效果，并且随着双方相互理解程度的加深，共同语言的形成也会促进双方知识共享行为。总之，抽象化和一般化程度越高，知识的丰富性程度就越高，知识对特定情境和系统的依赖性越大。

4. 知识的增值性

传统的资源要素具有稀缺性，它会随使用者数量的增加而人均收益减少。知识不具独占性，一个人把知识传给另外一个人，这个人仍然拥有全部知识；同时在知识的互动融合过程中，还可能产生新的知识，而且随着知识使用范围的扩大，知识所带来的价值会更大。

野中郁次郎将知识按照资产的特性进行了划分，认为组织的知识资产有经验性知识资产、概念性知识资产、系统性知识资产和常规性知识资产四种类型（见图 3-1）。[123]

经验性知识资产 通过共同经验分享默会知识 个人技术技能 关怀、爱心、信任、安全感 精力充沛、热情、紧张	概念性知识资产 通过形象、象征和语言表诉的明晰知识 产品概念 设计 品牌价值
常规性知识资产 日常工作化、程式化的默会知识 常务工作、组织文化	系统性知识资产 系统化、整序化了的明晰知识 专利、许可证、产品说明书和手册

图 3-1 知识资产的四种类型

资料来源：野中郁次郎（Ikujiro Nonaka）等：《组织知识创新的理论：了解知识创新的能动过程》，参见迈诺尔夫、迪尔克斯等主编《组织学习与知识创新》，上海人民出版社 2001 年版，第 382—402 页。

笔者认为，知识虽然具有增值的特性，但组织内部各类知识增值的速度和效果是不相同的。相比而言，概念性知识资产和系统性知识资产类显性知识在短期内容易获得更多的收益，但随着其他同企业的模仿和革新，这类知识存在价值损耗。经验性知识资产和常规性知识资产这两种隐性知识，虽然不能直接产生经济效益，但从长期来看，这两种默会知识的共享和创新会给企业提供源源不断的竞争优势。

5. 知识的可共享性

知识的可共享性指知识跨越时空在个人、团体或企业间的可共享性和共享机制。知识共享不仅表现为知识在组织之间的共享，更关键的是表现为组织内部知识的共享。

就知识的可共享性而言，将知识区分为明晰知识和默会知识无疑是具有意义的。明晰知识只需沟通即可共享，实际上，经济学家一直在“知识是明晰的”假定下认为，一旦知识被创造出来，可以在边际成本为零的情况下被其他使用者所使用。然而，企业所拥有的许多知识并非是明晰知识，而是默会知识。默会知识难以通过语言加以描述，也就难以通过沟通加以共享，它只有通过应用和实践才可明晰并获得，因此，默会知识的共享是缓慢的、成本高昂的，且是不确定的。

知识可共享性包含两个方面内容：一是知识的可传递性，二是知识的可吸收性。知识的传递和吸收能力分别取决于知识源的表达能力和接受者的吸收能力，两者与知识主体现有的知识储备密切相关，同时也受双方的知识背景影响，当双方能够通过共同的语言表达知识需求以及进行知识的理解时，知识共享的效率将大大提高。

从上面的分析可知，知识是动态变化的，知识在人际互动中被创造并得到传播，由于知识具有默会性、专业性、情境依赖性等特点，可以推断企业内部的知识共享在不同的阶段表现为不同的形式，且不同类型知识的共享方式将受到特定环境和共享主体的影响。因此，要实现企业内部知识的共享，首先应当清晰了解知识共享过程的机理，学者们对此进行了艰辛的研究也是出于这样的目的。

二　知识共享过程分析

知识共享有多种不同方式，如外部直接投资引进知识、与外部进行知识合作、抄袭或模仿、市场交易、公司内部共享、教育培训与研讨会、参观访问等。这些方式在总体上都可归结为组织内部共享和组织间共享两大类。知识共享可发生在个人间、个人与群体间、群体之间、群体与组织之间，以及组织之间等多种不同层次。如何在不同主体间共享知识，许多学者对此开展了研究，这些研究从不同角度对知识转移过程模式进行了探讨，这里将对知识共享过程模式经典理论进行系统归纳和总结。

（一）SECI 知识创造模型及其扩展

对于企业知识创造机制研究中，被引用最广泛和最有说服力的核心理论是 SECI 知识创造螺旋模型。野中郁次郎等学者从日本企业独特的管理文化入手，在研究日本企业的知识创造过程基础上，用社会化、外在化、组合化、内在化四种模式来描述企业知识创造过程，被理论界称为 SECI 知识创造螺旋模型。[124]野中郁次郎将知识的特性（隐性和显性）与知识创新主体结合，提出组织知识创新螺旋概念，反映了组织知识创新的动态特征和创新的全过程。在 SECI 模型基础上，野中郁次郎后来进一步提出了“场”（ba）的概念：起源场（Originating ba）、互动场（Interacting ba）、位场（Cyber ba）和训练场（Exercising ba）。[125]如果说 SECI 模型是对知识自身转化的一种机理研究，那么“场”（ba）则是从企业组织的角度研究如何创造组织环境来促进知识创新的进程。

此后，SECI 模型被广泛应用，很多国内外学者对此进行验证。饶勇认为，SECI 模型准确揭示了一个知识创造循环过程的起点和终点，辨识了知识生产模式的常规类别，并创造了全新的评估企业知识管理绩效的工具。在此基础上，他总结了 SECI 模型的三点理论价值。[126]芮明杰对饶勇的 SECI 模型的第三个理论价值持谨慎接受的态度，他认为该模型缺少可操作性，因此无法衡量企业知识管理取得的绩效。[127]在此基础上，他将组织知识创新模型扩展为六个阶段，并将显性知识也包括到知识创新的过程中来（见图 3－2）。

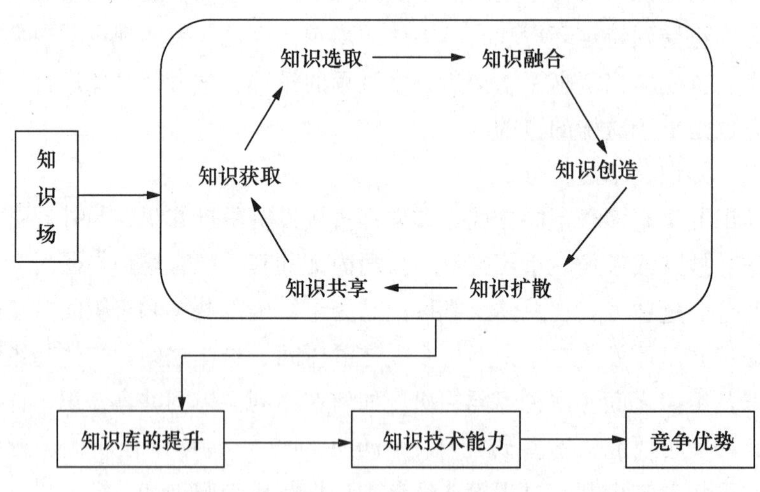

图 3－2　组织知识创新模式

资料来源：芮明杰、李鑫、任红波：《高技术企业知识创新模式研究——对野中郁次郎知识创造模型的修正与扩展》，《外国经济与管理》2004 年第 5 期。

在该模型中，芮明杰将组织外部知识获取纳入研究视野，并关注到知识在组织的各层次进行知识扩散，弥补了 SECI 模型的缺陷，拓展了 SECI 模型。但笔者认为，该模型将组织各层次的知识创新看作相同的过程，没有能够清晰地说明组织各层次进行知识的消化、吸收和创造过程的差异。因此，该模型还有待进一步深化。

秦铁辉和彭捷将外部知识与内部知识、个体知识与组织知识两种新的知识分类方法引入 SECI 模型，在 SECI 框架下探讨了外部知识与内部知识及个体知识与组织知识间的知识转化。[128] 牟小俐等将组织知识的载体分为四个层次，认为个人知识到组织间的知识转化也有社会化、综合、内化和外化等环节，正是由于这两个维度知识的相互作用和相互联系，使得知识得以共享，并使个人和组织的知识库不断地扩展（见图 3-3）。[129]

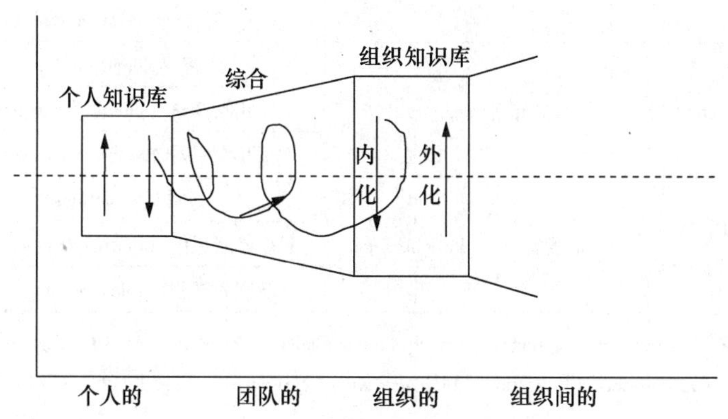

图 3-3 隐性知识和显性知识转化

资料来源：牟小俐、江积海、代小春：《知识管理的价值链分析》，《技术经济与管理研究》2001 年第 5 期。

上述研究从不同角度对 SECI 模型进行了扩展。芮明杰主要从知识创新的环节上进行了补充，秦铁辉主要从知识分布的层次上对 SECI 模型进行了改进，而熊德勇等则对不同知识类型转化的基础进行了详细的研究。正如芮明杰所述，SECI 模型更重要的是一种思想，还不能作为一种可以操作化的工具。在此基础上进行的研究虽然更详细地说明了不同类型的知识在知识创新过程中的螺旋上升过程，但知识主体在知识共享过程中如何进行策略，哪些因素影响知识共享过程等问题没能得到进一步的说明。

（二）“三层次四阶段”组织知识转化模型

与上述研究不同，克罗森（Crossan）从知识的存在角度提出了“三层次四阶段”组织知识转化框架。所谓“三层次”是指知识存在个体、团队和组织三个层次的知识。“四阶段”则是指知识转化的直觉、解释、整合和制度化四个阶段。[100]整个框架如表 3－2 所示。

表 3－2　　组织知识的层次与转化

层次（level）	过程（processes）	输入和结果（input/outcomes）
个体（individual）	直觉（intuiting）	经验（experiences）
		映像（images）
		隐喻（metaphors）
	解释（interpreting）	语言（language）
		认知地图（cognitive map）
		对话（conversation/dialogue）
团体（group）	整合（integrating）	共同理解（shared understanding）
		相互调整（mutual adjustment）
		相互作用系统（interactive systems）
组织（organization）	制度化（institutionlizing）	惯例（routines）
		诊断系统（diagnostic systems）
		规则和规程（rules and procedures）

资料来源：Mary M. Crossan，Henry W. Lane，Roderick E. White，An Organizational Learning Framework：from Intuition to Institution［J］. *Academy of Management*，1999，24（7）：522－537。

克罗森认为，组织知识转化是动态过程，是从个人层次的直觉开始，个体、团队和组织经过学习，把属于个人的知识转化为组织的知识。知识转化过程也是消化新知识（前馈）和利用已有知识（反馈）的两个过程。所谓前馈过程，就是新的观念和行为从个体层次转化为团队层次再转化到组织层次，而反馈过程就是已有知识从组织返回到团队和个体层次，影响人们的思维和行动。这两个过程一起构成了知识共享回路，从而实现知识的螺旋上升。如图 3－4 所示。

“三层次四阶段”模型清晰说明了知识在不同层级的转化过程，但该模型仅强调知识在不同层次间转化，忽略了转化过程中知识形态转化的问题。

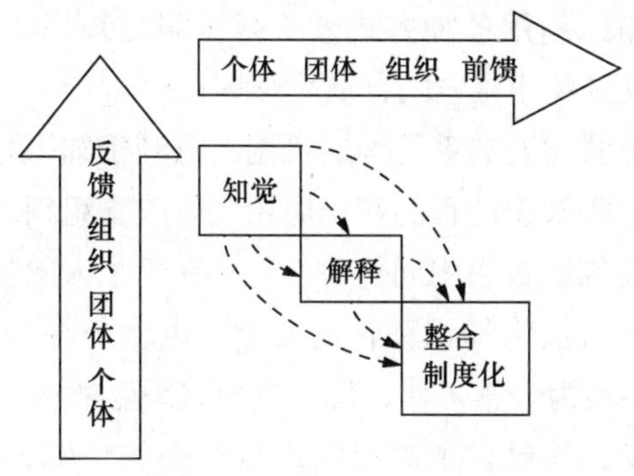

图 3-4　知识转化过程

资料来源：Mary M. Crossan, Henry W. Lane, Roderick E. White, An Organizational Learning Framework: From Intuition to Institution［J］. *Academy of Management*, 1999, 24（7）: 522-537.

（三）知识转移五阶段模型

吉尔伯特和科德-海斯（Gilbert adn Cordey-Hayes）认为，当组织之间存在知识差异时，就会出现“知识落差”，因此双方就产生了知识引进和知识转移行为的需求，且当知识对组织重要性高时，就必须将知识从外部移转进来，弥补这个落差，这个过程即为知识移转。[131]

知识转移过程分为取得、沟通、应用、接受和同化五个阶段（见图 3-5）。

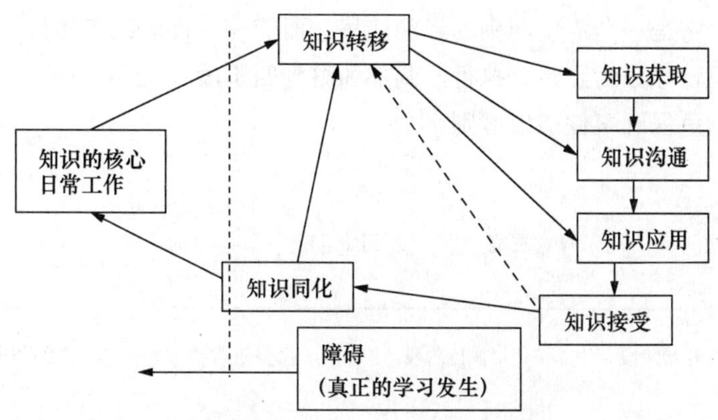

图 3-5　吉尔伯特和科德-海斯的知识转移五阶段模式

资料来源：Gilbert, M. and Cordey-Hayes, M., Understanding the process of knowledge transfer to achieve successful technological innovation［J］. *Technovation*, 1996, 16（6）: 301-312。

（1）取得：组织利用各种方式来获得所需的知识，然而前期知识的取得对未来知识取得及搜寻方式有重大影响；

（2）沟通：形式化及有系统沟通机制，有利于知识移转的效果；

（3）应用：取得知识的目的在于应用，以改善组织绩效；

（4）接受：在知识被组织同化前，是存在于个人的接受阶段；

（5）同化：此阶段为知识移转的关键，也就是将个人的知识转换成组织的知识，并转换为日常工作，使其成为组织生活的一部分，让组织全体成员都有所改变，其包含了对组织成员过去的认知、态度和行为进行修正。

整个知识转移是一个动态学习过程，组织要经历边干边学、从历史中学习、监视、控制、反馈的一系列活动过程，一直到第五阶段产生“同化”行为，知识移转才能达到预定目标。

然而，吉尔伯特和科德－海斯的知识转移五阶段模型只是针对不同组织之间的知识转移行为，并且在这个模型中时间是影响知识转移的决定性因素。该模型忽略了在整个知识移转过程中各阶段会受多种因素影响，包括知识本身的特性、知识源表达知识的意愿以及知识传授能力、知识接受方的吸收能力、知识源与知识接受方之间的合作关系、信息科技运用程度、内部激励与管理制度的设计等。

（四）组织内部最佳实践转移

Szulanski 用交流模型研究企业内的知识转移认为，知识转移区别于知识扩散，它是一个清楚明确的经验转移，而非一个逐步的传播过程，组织内部知识转移分为开始、执行、调整和整合四阶段（见图 3－6），在每个阶段都以里程碑事件加以区别。[132]

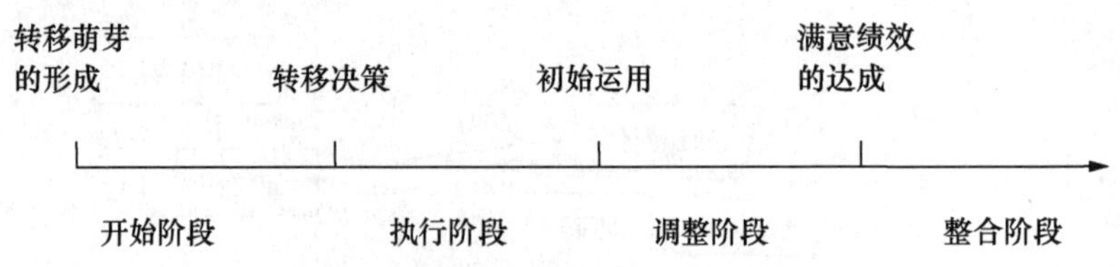

图 3－6　Szulanski 的知识转移过程

资料来源：Szulanski，G.，The process of knowledge transfer：A diachronic of stickiness［J］. Organizational Behavior and Human Decision Processes，2000，82（1）：9－27.

在开始阶段，需要确定需求的是什么样知识，并对寻找的范围、时间、成本进行评估，规范知识转移各方的义务。在这个阶段，知识源的知识声望或信誉是知识接受方确定知识转移的重要因素。进入执行阶段，知识源与知识接受方之间致力于建立特定知识转移的相互关系。知识主体将就双方存在的知识差距，设法了解知识转移过程中存在的语言、编码和文化问题，建立沟通、合作及相互调整的机制。第三阶段为调整阶段，主要是接受单元对转移的知识进行调整，以适应新的情境，此时知识接受方的能力与自身的知识技能及利用新知识的能力有关。第四阶段是整合阶段，接受单元通过制度化，使转移知识成为自身知识的一部分。

该模型从最佳实践的转移过程出发，识别影响组织内部知识转移的四类因素：知识特性（因果模糊、不可验证）；知识源（激励不足、不可靠）；知识接受方（激励不足、没有吸收能力、没有保留能力）；知识转移环境（组织环境匮乏、内部联系脆弱）。在知识转移的四阶段中，每个阶段都受这些因素的影响，并且这个过程是动态发展的。

徐金发等则在 Szulanski 的知识转移模型中增加了知识转移的情境变量。他认为，知识的转移，意味着某种特定知识从其自身的情境转移到新的情境，不同的知识情境导致了两个组织单元在它们的识别、发展和使用知识能力上的差异。如果情境维度的相似程度越高，则他们的情境范围的重叠程度也就越高。在此基础上，他提出了相似性转移和适应性转移两个概念。[133]

（五）信息论角度的知识共享

王开明等从信息论角度，将知识转移分为知识发送和知识接受两个基本过程，由知识提供者和接受方通过中介媒体完成整个转移过程（见图3－7）。[134]由于知识具有无形性及表现方式多样性特点，知识转移过程不可避免包含了大量噪声，接受方必须根据自己的知识背景、经验感受对转移知识进行判断和处理，并修正原有的知识。因此，双方的知识、经验、感受，尤其是共同的知识、经验、感受将影响知识转移的效率和效果。在此基础上，他们又集合知识的显性和隐性特征，提出了知识的人际转移和通过媒介转移的两种方式，并分析了两种知识转移的成本和激励机制。

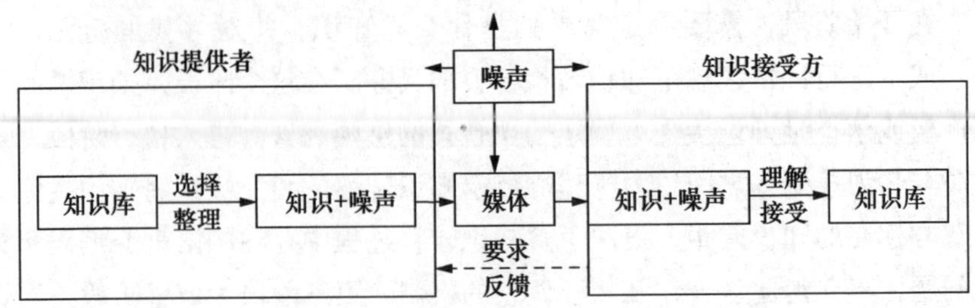

图3-7 知识转移的一般过程

资料来源：王开明、万君康：《论知识的转移与扩散》，《外国经济与管理》2000年第10期。

同样，汪应洛和李勖也借助信息传播原理分析了知识共享的过程，他提出知识转移的语言调制方式和联结学习方式两种方式（见图3-8）。[135]他们认为，隐性知识可分为真隐性知识与伪隐性知识。对于真隐性知识的转移，联结学习方式是唯一的知识转移方式；对于伪隐性知识的转移，语言调制及联结学习发生在知识转移的不同阶段，语言作为一种共同的知识直接影响知识转移的效率。在伪隐性知识转移过程中，初期效率呈现稳定状态，而在语言知识发展到一定阶段后，其效率呈现指数增长。

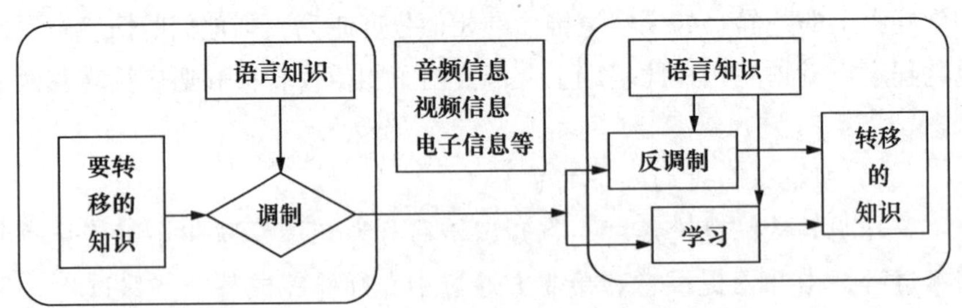

图3-8 知识转移的语言调制方式和学习联结方式

资料来源：汪应洛、李勖：《知识的转移特性研究》，《系统工程理论与实践》2002年第10期。

安世虎等针对知识共享的背景，提出提供者背景、接受方背景、关系背景、知识背景和环境背景"槽"及相应的"侧面"来描述知识共享背景模型的一般参考框架（见图3-9），依此建立知识共享的条件框架，为系统分析实现知识共享的因素，认识知识共享的规律，提供理论和方法支持。[136]

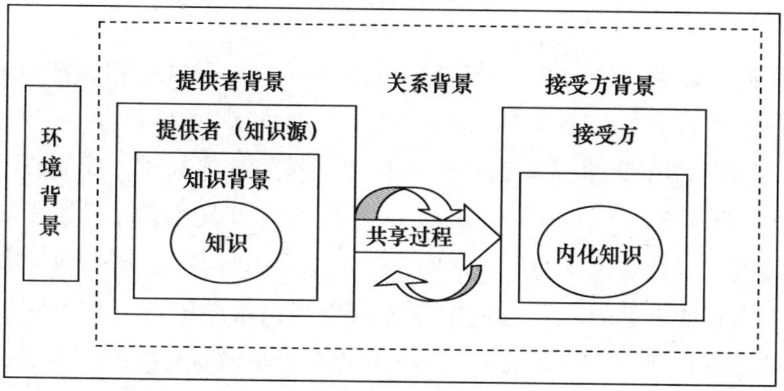

图3-9　知识共享的背景

资料来源：安世虎、周宏、赵全红：《知识共享的过程和背景模型研究》，《图书情报工作》2006年第10期。

总之，国内学者对知识转移过程模式的相关研究远未深入，且或多或少借鉴了传播理论。笔者认为，一般传播理论对于知识转移的过程机制解释还略显不足，相关模型也存在局限性，尤其表现在对于隐性知识的转移

很大程度上显得无能为力，并且远远不足以解释企业成员间存在的互动关系。因此，更有解释力的模型不能排斥对企业成员之间互动机制的深入理解。

三　企业内部知识共享过程

知识共享模式研究得到国内外知识管理专家的普遍关注。学者们基于不同视角对知识共享过程进行了描述，笔者认为，这些模式之间并无冲突，而且它们是相互补充、相互包容的。

（一）企业内部知识共享的共时性过程

从上述分析可以看出，学者们对知识共享的四个基本要素即知识共享主体、知识、媒介和情境，是一致认同的。而他们的差异主要存在于他们对知识共享不同方面的强调，比如，野中郁次郎等强调知识内容的复杂性对知识共享过程的影响；吉尔伯特等强调了知识共享主体学习能力对知识共享过程的推动作用；Szulanski 等则突出了知识情境对知识共享的效果问题；而王开明等从信息传播的角度分析了知识共享的信息传递特征。按照 Albino 等知识共享的分析框架，知识共享由共享主体、共享知识、共享媒介和情境四个要素组成，知识共享过程则是上述四个要素的相互作用

过程。[137]

同时，简单的知识共享过程始于知识需求，终于共享知识被知识接受方吸收并整合到知识库。吉尔伯特等认为，知识共享产生于“知识落差”，当共享知识转化成知识接受方日常工作的一部分时，就完成了一次简单的知识共享过程。同样 Szulanski 等也指出知识共享过程始于知识缺口的发现；王开明也认为个人之间在知识总量和内容上的差异使得每个人都需要向其他人学习。若我们把需要获得知识帮助的员工称为知识接受方，把拥有某项复杂知识的员工称为知识源，从微观行为层面来看，企业内部员工之间的知识共享过程是对知识进行“推—拉”的过程。[138]

本书认为（见图 3－10），知识接受方与知识源在寻找和表达知识的过程中均受到自身知识结构、身份地位以及外在环境的影响。借助各种手段，如面对面的交谈、电话、书信等，知识接受方将需要寻找的知识，用符合自身知识结构和身份地位的语言表达出来。知识源结合自身的知识结构、身份地位，对知识接受方的要求加以理解，并给予解答。而知识接受方再根据自己的理解，提出新的问题。如此反复循环的过程既是知识反馈的过程，也是知识共享螺旋上升的过程。

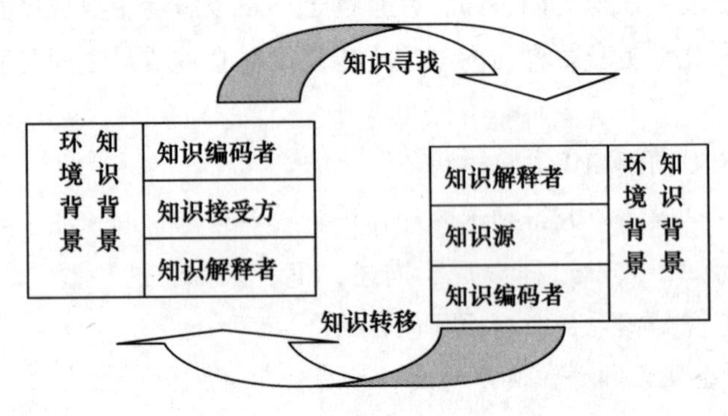

图 3－10　知识共享过程

资料来源：笔者整理。

在知识共享过程中，双方可能会出现知识接受方成为知识源、知识源成为知识接受方的角色转换，这一方面说明，双方不同的知识结构及所处环境影响知识共享过程，还说明双方知识共享程度的提高。

（二）企业内部知识共享的历时性过程

知识共享是一个过程。Szulanski 将知识共享过程分为四个阶段：初始阶段、执行阶段、调整阶段和整合阶段[139]；吉尔伯特和科德－海斯认为，知识共享存在：知识获取、沟通、应用、接受和同化五个阶段[131]；我国学者李颖将知识共享理解为两个过程，知识寻找过程和知识转移过程[25]；安世虎等从信息处理角度出发，将知识共享过程抽象为一组由信息组成的概率空间，根据输入端和输出端信息的特点，知识共享的过程可以分为，知识提供、传递和吸收三阶段。[136]学者们的相同点是，他们都从人类认识事物过程的角度对知识共享的阶段进行了划分。而不同点在于，企业内部的知识共享是零碎的、局部的，时刻都在发生的，准确区分知识共享各个阶段是非常困难的，并且由于对事物的认识理解存在差异以及强调重点的不同，学者们对知识共享阶段的划分也就不同。

笔者认为，知识共享的阶段划分应体现主体完成各阶段主要任务的先后次序，划分过细有可能将同一时段的不同任务割裂开来，而划分过粗则有可能使知识共享过程的一些重要环节被忽略。如 Szulanski 所论述的蔓延阶段和整合阶段，笔者认为，这是主体在知识共享过程中同时进行的两个任务，调整阶段本身也包括共享知识的筛选，由于知识共享是逐步完成的，筛选和整合是同一个任务。而吉尔伯特和科德－海斯的五阶段划分忽略了知识寻找过程。企业内部知识庞杂且知识在企业中是不对称分布的，知识接受方不可能知道企业内部所有知识的准确位置，在知识接受方获取知识前，首先需要确定知识在哪里以及对方是否愿意共享知识。国内学者李颖将知识传递和应用过程归结为知识转移阶段，分类显得过于笼统；而安世虎忽略了知识寻找阶段和知识整合问题。

本书认为，知识共享过程首先源于知识接受方的知识需求，当知识接受方在运用知识解决某方面问题，发现自身知识存在不足或缺陷时，为解决问题，知识接受方就产生知识引进以及知识转移行为需求。知识接受方需要确定所需知识的内容、寻找知识的范围、成本等，在此基础上寻找拥有该知识的知识源。知识接受方的过去经验、工作实践、搜寻学习以及其本身所处的环境都会影响本次知识的搜寻和获取方式。当知识接受方找到知识源后，需要和知识源就知识共享过程的权利和义务关系达成正式或非正式的契约。至此知识需求者完成了知识共享的第一阶段，即知识寻找阶段。第二阶段为知识转移阶段，知识转移阶段就是知识源表达知识，接受方逐渐加深对知识准确理解的过程。对转移过程中遇到的障碍，双方可通过建立沟通机制和渠道加以克服。在完成知识转移过程后，知识共享进入第三阶段，即知识整合阶段，是知识接受方基于自己对共享知识的理解并进行知识应用的过程。知识接受方通过转移的知识解决面临的问题，将这些知识内化，并结合自身经验产生具有应用价值的更高形式的知识。

因此，知识共享过程经历了三个阶段（见图3－11）：知识寻找、知识转移和知识整合。知识共享是一个循环往复过程，正是在一轮又一轮的知识表达、接受理解、具体整合和反馈过程中，知识源螺旋上升似的逐步达到复杂知识的准确而全面的表达，知识接收方也逐步螺旋上升似的达到对复杂知识的正确理解和整合，完成整个知识共享过程。当然，知识共享过程不是自发的、无成本的，由于知识的复杂特性，知识共享主体必然会利用自己所掌握知识的某方面属性，寻求共享收益的最大化。

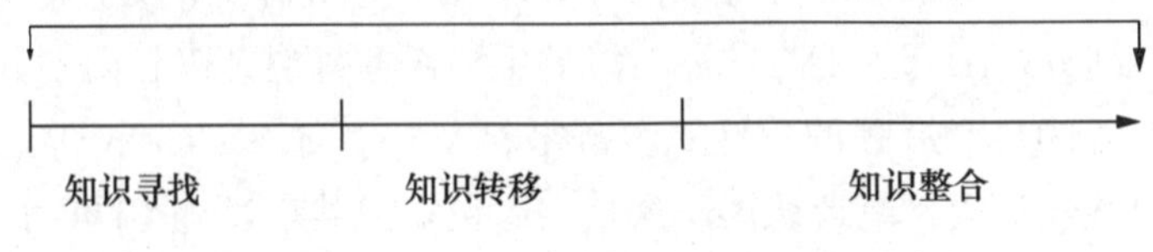

图3－11 知识共享的三个阶段

资料来源：笔者整理。

第二节 知识共享交易成本分析

在信息技术突飞猛进时代，技术已不称为一种根本的障碍，关键的障碍还在于人的因素。许多企业建立了电子邮件系统或者协同工作系统，希望由此能实现企业内部知识的共享。在他们看来，知识的共享不需要动力，也不会有摩擦，人们不会在乎声誉和报酬，自愿地贡献自己的知识。即使在企业知识共享面临失败时，人们也习惯将责任追加到软件或培训的不力等问题上，而对企业内知识市场视而不见。

事实上，知识虽属于“无形”商品，却同样遵循“市场”的原理。人们在决定共享自身拥有的宝贵知识时，仍以自身收益来衡量分享知识的数量与质量，在没有报酬或报酬很少的情况下，即使是利他主义者也缺少与他人分享知识的动力。因此，把知识共享看成是组织成员自主、内在的行为选择，依赖于合理的机制建构。虽然，不同行业、不同组织和不同情境中知识价值的判断会存在差异，但在一个专业领域或相对狭小的空间，信息相对充分，人们对知识价值的判断也将趋于一致，从这个意义上看，在企业内部建立知识市场不但可行，而且它能够提高知识共享的效率。

一　企业内部知识市场

学者们在研究企业内部知识共享问题时，提出了知识市场理论。从“经济人”的角度来说，作为理性个体的企业员工，在没有利益驱动情况下，是不可能主动和其他人共享知识的。因此，1998 年，达文波特在 *Working Knowledge* 中首次提出企业内部知识市场概念，强调知识流动很大程度上是在市场的作用下进行的。

美国伊利诺伊州大学信息管理学教授 Desouza 可以说是达文波特教授“知识市场”的主要支持者之一。他发表了多篇有关企业内部知识市场的文章，研究了企业内部知识市场的组成并分析了建立知识市场需要克服的一些因素，用数学模型证明了价格机制在知识管理中所起的关键作用。[140] 埃里克·马特森（Eric Matson，2003）则运用企业内部知识市场的概念从市场的视角来分析企业的知识管理问题。[141]

企业中知识市场的现实性存在是以潜在的知识和经验交易形式实现的。与有形的商品市场一样，在企业内部知识市场中，同样也存在知识的买家与卖家，受个人的自我理性所驱使，他们讨价还价以寻求双方满意的价格，直至知识共享的收益超过成本时，知识共享才会发生。在市场机制的推动下，企业内部知识才有可能流动。知识共享过程实质上是知识主体双方知识交易的过程。

（一）知识市场交易对象与主体

从知识市场交易对象——知识角度讲，知识是有限而宝贵的资源，分工以及每个人的经验和学识的有限性造成了知识的稀缺性，并且随着知识作用范围的扩大，知识的稀缺性程度还会进一步加深。知识的稀缺性具体表现为企业内部知识分布的不均衡，企业的某些部门有大量的知识，而其他部门又很缺乏这些知识；部门内员工的知识拥有也不对称。知识市场正是由知识拥有者之间的差异性所产生的个体对知识需求的差异性和知识的流动性而产生的。[142] 对企业而言，企业知识理论告诉我们，企业所拥有的唯一独特的资源就是知识，知识的运用和开发能力能够产生企业的异质性和竞争优势。事实也证明，在企业内部通过市场机制配置知识资源效果比计划的方法要好。因此，企业建立知识市场，制定合理的知识定价机制，将更有利于激励知识源出售知识和适当地评价该知识，也将更有利于把知识以适当的成本在适当的时间送到适当的员工面前。在笔者看来，只有基于以上这样一种成本和利益均衡的市场交易经济理念，知识共享才是巩固的、合理的、内在驱动的。

从知识交易主体来看，内部知识市场也是由买方、卖方和市场中介组成。当企业员工知识不足以应付工作中必须解决的问题时，就必须寻求帮助，从而成为知识的买方。知识买方寻求的是对某项问题的见解、判断以及理解，有时还包括复杂的答案。他们相信这类知识能够使他们更有效率地完成工作，并做出恰当的判断。知识的卖家是那些具备某项特殊知识、技术或经验的人。卖家会考虑共享知识带来的收益以及由此带来的对自己的不利影响。笔者认为，这种考虑是人之常情，而企业要做的是让那些参与共享知识的卖家获得较高的收益，以促进企业内部知识的合理流动。企业内部知识经纪商通常是那些将知识卖家与买家联系起来的人。他们清楚企业内每个人的工作，并知悉知识存在于何处。由于传统统计学和金融学概念的表述问题，他们对公司创造的效益难以衡量，因此，他们的工作价值被低估了，但他们在知识市场上的确扮演着非常重要的角色。

（二）知识市场的价格体系与信号

企业从外部购买知识往往要支付现金。而企业内部的知识交换却很少用现金，用的是其他的“通货”。提出在知识市场中的支付方式是信息的霍曼斯指出：涉及交换的不仅仅是金钱，还有其他商品，包括认可、尊重、顺从、友爱、情爱以及其他不是物质性的东西。[143]

人们的时间、精力和知识是有限的，与别人共享自己的知识不仅占用自己的时间和精力，同时还削弱自身知识的价值，因此得到回报或者互惠性是知识交易的基本原则，违背这个原则，知识的所有交易活动就很难开展。知识源在考虑是否与他人共享知识时，一方面要考虑对方的身份地位，另一方面也要考虑由此带来的回报。若对方为知识源的上司，则双方可能存在不对等交易，但这种情况不会长期存在。在知识共享过程中，公平、互惠的知识交易原则始终是双方首先考虑的问题。

对声望的追求也是知识源在知识共享中考虑的一项重要因素。知识源在与他人共享知识的同时，提高了自身的权威地位，良好的声誉不仅能够为他带来有形的利益——工作稳定、获得提升以及公司领导所给予的奖励和头衔，从而提高了自身的权威地位。而且也使知识源在将来的某项任务中易于从他人那里获得想要的知识。

在企业内部知识市场，没有正式的、具有法律效用的书面文书对知识共享行为进行约束，这使得双方的信任在知识交易过程中非常重要。企业必须让成员看到知识共享带来的益处，而不是空洞的说教。企业成员很难与信誉差的员工建立知识共享关系，一方面这类员工会将知识据为己有，夺取本该属于知识源的知识收益；另一方面这类员工也不可能在知识源需要知识帮助时伸出援助之手。当然，企业内部成员的协作关系使得他们的熟识程度较高，再加上企业对缺乏信用的行为具有较强的制度约束，员工之间容易建立信任关系。因此，一般而言，企业内部的信任环境要比外部好得多，这也是内部知识市场得以有效运转的基础。当然，不可否认，企业成员之间的信任关系存在差异，这种差异性影响着员工在知识共享过程中的选择行为。这是本书第四章将要予以详细分析的内容。

价格是传统市场的信号，通过价格波动状况，我们可以发现商品的供给与需求状况。知识市场里的信号是指那些反映企业中知识在何处以及如何获取知识的信息。知识市场的信号包括正式信号和非正式信号，两者各具优势和缺点。

知识市场的正式信号有职位和教育两种。一般而言，职位可以指明某人拥有怎样的知识，职位的高低也显示出某人拥有知识的重要程度。但实际上，组织结构往往与企业知识的分布状况并不对应。同样，教育程度也是正式的市场信号，教育程度有时等同于知识拥有程度，某人获得的教育程度越高，掌握的知识相对就越多。在知识交易的过程中，也就越容易成为知识的卖主。

企业内部非正式网络是知识市场中的非正式信号。这种非正式网络通过人际接触和口头交流，实现知识的有效传递和更新。在这种非正式网络里，知识需求方可以获得谁拥有什么知识的各类信息，并能较准确地衡量获得知识的价值。因此，这类非正式网络是定位知识存在方位的最佳方式。

（三）知识交易特点

传统经济学观点认为，交易在市场机能的运作之下，将会完美地进行。这就意味着价格机制能自动保证各种资源优化配置，市场机制运转是无成本、无摩擦的，市场交易费用为零。但是科斯对此提出了质疑，他认为，交易的过程并非完美，因为交易受到环境的不确定性因素以及人的有限理性的影响，会产生很多交易成本。科斯在《社会成本问题》一文中对交易成本内涵作了叙述，所谓交易成本是指采购成本以外的隐含成本，包括搜寻成本、双方协商的议价、签订契约的成本，以及事后监督交易进行的成本与违约成本。虽然，科斯认为获取信息是需要成本的，但他同时认为，某些人“具有良好的判断和知识……他们可以出卖建议和知识，其次通过与正在进行生产的人缔结契约而不是主动地参与生产也能以较好的知识和判断力获得报酬”。也就是说，科斯认为，交易双方完全理解对方的知识价值。然而在现实世界中，这样的假定是不能完全满足的，尤其是对具有高度隐性特点的知识，知识交易的成本将很高，甚至使得知识交易无法进行。[144]

威廉姆森扩展了交易的范畴，在《资本主义经济制度》一书序言中写道：“当一项物品或劳务在技术上可分结合部发生转移时，交易就发生了。……活动的一个阶段终止后，第一个阶段就开始了。一个良好的结合部就如同一部性能良好的机器，使转移能够顺利进行。”[145] 技术上可分结合部指的是技术上不可分的实体之间发生联系的区域。这意味着交易不再局限于所有权的转移，使组织内部或组织间产生的很多活动都可纳入交易的分析范围。

威廉姆森认为，交易是由它的维度来限定的，交易相异的主要维度是资产专用性、不确定性程度和交易频率。其中，资产专用性最为重要。资产根据其专用性程度可分为三类：通用性资产、专用性资产以及介于二者之间的混合性资产。资产专用性实际上是测量某一资产对交易的依赖性。资产专用性越强，为预防机会主义行为所需付出的成本越高，交易双方越需要建立一种持久的稳定的契约关系。不确定性根据不同的研究需要可作不同的分类。威廉姆森所强调的是“行为上的不确定性”，即由于策略性的隐瞒、掩盖或扭曲信息而引起的不确定性。在不同的交易中，不确定性所起的作用和约束交易的程度是不同的。交易不确定性的存在意味着交易决策必须是适应性的、连续性的，以及弱化这种行为上的不确定性的相应的规制结构的存在。交易频率在时间序列里表现了交易的状况。交易发生的频率是影响交易的成本和收益的一个重要因素，通常可分为一次、数次和经常三类。

在企业内部，知识交易同样也存在交易成本问题。交易成本是因知识共享主体的有限理性、机会成本和环境的不确定性与复杂性等原因产生的。下面笔者主要分析由知识共享的不确定性和知识资产特殊性引起的交易成本。

首先，知识共享过程存在不确定性。不确定性有两种：一种是因知识共享主体的有限理性，对知识共享未来各种情况及变化无法预期而导致事后偶发事件产生的不确定性；另一种则是因为信息不对称导致的可能遭受对方欺骗的机会主义行为。由主体的有限理性产生的不确定性表现为，知识共享主体双方无法将共享过程中所有可能出现的情况都纳入知识共享的协议中去，不完全契约使双方又无法准确预知或是控制知识共享过程的变化，导致知识共享成本上升。由信息不对称引起的不确定性主要表现为，知识的内隐性导致主体双方无法预测以及无法衡量知识价值而可能产生的机会主义行为。从知识源的角度看，自己具有的特殊专业知识是高度复杂的，共享这些知识所获得的报酬很难量化，并且知识接受方有可能滥用知识并且无法充分满足其需求；而从知识接受方的角度看，知识源可能会夸大知识的水平和有效性。

其次，知识资产具有特殊性。资产特殊性是指花一笔金额投资于某一种特殊的交易活动，而当该投资的资产缺乏市场流通性或是一旦契约终止时，则必须负担庞大的成本。区位特殊性、实物资产特殊性、人力资产特殊性，是资产特殊性的三种表现形式。知识资产主要表现为知识的实物资产特殊性。如德朗认为，知识本身的性质包括知识的隐性、群体性、因果模糊性和冗余程度。蒂斯（Teece）认为，知识本身的属性，即根植于组织流程、程序、惯例、结构中，使其难以传播。存储在组织知识库中的显性知识毕竟是有限的。知识共享的主要对象是隐性知识，其共享难度也比较大。对于隐性知识，演示是最好的共享方式，因为只有高度情境化，才能避免编码化对隐性知识造成的损耗和歪曲[146]，但是演示的方式相对书面文件的方式意味着成本的大幅增长。Simonin 指出，知识模糊程度是影响知识转移的主要因素。显性知识容易传递，而隐性知识常常通过隐喻、类比、概念和模型等，或者是通过观察、实践来传递。[147]但不管是隐喻、类比、概念和模型还是观察到的现象、操作过程，都仅仅是隐性知识的表现。当接受方通过这些表现去学习隐性知识时，往往只能认识到隐性知识的一部分因素，而无法一下子把握住其本质和全貌，或者说全部的知识因素。此外，学者们关于知识性质对共享的影响还包括知识的复杂度、形态、专用性、数量。[148]为解决一个既定的创新相关问题而所需共享的知识的数量构成了知识共享的又一影响因素。[149]

二　知识交易成本与关系约定

知识具有许多属性，而且这些属性会随着知识共享的数量、质量等因素的变化而变化。由于这些属性没有被定价，它们的使用规模也没能达到边际条件下的最优规模。这不仅增加了度量这些知识的成本，也增加了知识共享双方的道德风险。

（一）知识的多重属性与知识共享关系缔约过程

在知识交易过程中，知识的属性会随着环境的变化而变化，主体双方要使交易收益最大化，就需要有合约来明确每个参与者在此过程中的权利、义务以及惩罚措施。但知识的多重属性使合约只能写明一部分条款，并且测度、制定及执行这些条款是有成本的。此时我们需要考虑，知识共享主体在缔约时应该将何种情况写进合约，怎样的行为是双方所期望的，双方的交易收益最大化又是如何实现的（结果是一种纳什均衡）。

为突出合约本质，首先不考虑企业在知识共享关系合约执行中的监督作用，缔约者之间的关系仅仅由合约本身来约束，也不考虑诸如声誉、习俗等因素对知识共享关系的影响。其次，为避免委托—代理理论中不可观察的偏好等的困难，本书在此假设风险是中性的。最后，笔者假设知识共享过程中知识主体是相互竞争的，这些竞争会对知识共享主体行为以及合约条款产生一定的约束。

在知识共享过程中，知识各种属性的缔约要求各不相同。交易收益最大化的约束条件是对知识的不同属性及共享各类知识所需要投入要素进行分类的成本。如果度量成本过高，就无法对知识属性做更精细的分类。考虑这样几个问题：（1）企业的员工生产能力是有差别的，但同一层级的员工收入差别不大。（2）在共享过程中，相同的知识通常存在是否表达准确，是否遗漏等问题，在此我们仍将其看作同样知识进行交易。（3）企业间的知识共享环境存在差异，部分企业鼓励知识共享，而另一些企业则强调成员间的竞争。在不同的环境下，知识共享成本是不同的，但知识市场对同样知识的定价可能是相同的。

在这里笔者将知识共享交易看作是严格对称行为，即主体双方都拥有共享的意愿，共同投入，并且知识共享的效果随双方投入量的增加而提高。双方都享有知识共享的剩余索取权，都会积极利用自己掌握知识的不明属性的控制权获取收益，却无须向别人支付报酬。为了收益最大化，缔约双方致力于设计出能使无效率最小化的合约。达文波特认为，信息的不完善性、知识的不对称性和知识的地域性常常导致知识市场效率低下。[110]笔者认为，尽管知识共享主体面临着成本约束以及在无法明确的知识属性上双方地位的不平等，但在知识共享过程中主体间存在竞争，竞争性因素使主体自觉地选择能使他们交易收益最大化的合约，因此低效率行为是可以避免的。

若双方确定了某项知识的共享关系。知识接受方会利用这些条款直到尽可能理解某项知识的内涵。对知识源而言，只要双方关系合约未写明的知识属性的边际成本为零，知识源就低水平地提供他们能控制的属性，即这些属性的边际产品价值大于边际成本。这些对双方边际收益相等原则的扭曲最终会降低知识共享的收益。

（二）主体对知识共享关系约定的反应

这里主要研究固定收益下的知识共享行为。在固定收益状态下，知识的吸收程度是由知识接受方控制的，而知识源则负责共享知识的质量，双方都没有完全按照边际价格定价。

如图3－12所示，横轴表示每项知识的共享程度，纵轴表示每项知识的价格。L_K 表示共享使知识源拥有的该知识的价值下降的边际值。虽然知识接受方控制知识吸收过程，但吸收程度受到共享成本的约束，比如为充分理解某项知识进行模拟，C_K 是知识吸收的成本，是递增的。C_K+L_K 是上述两种成本之和。D_K 是知识的需求，当知识共享程度加深时，知识共享的绩效也增加。知识接受方若自主学习、吸收 K_0 量的知识，由 D_K 和 C_K+L_K 的交点决定。由于知识共享合约中通常只就共享某项知识作详细说明，没有对共享程度进行规定，知识接受方可以通过努力加强对该知识的吸收能力，而不需要再付费。知识接受方将吸收 K_R 的量，处于 D_K 与 C_K 曲线相交点位置，也就是在度量成本既定条件下，知识接受方预期再吸收部分知识的收益与成本的差值为零时为止，C_K 是知识接受方所要负担的成本。这样知识接受方利用未明属性获得了知识共享的收益（如 U_0 所示），他将以 K_R 的比例努力吸收知识。而自主学习的成员将以 K_0 这一最优比率学习该知识。

虽然知识接受方可以控制知识吸收的程度，并能利用未明属性过度吸取知识源的知识，但收益部分被其成本所抵消。如果一个接受方只理解 K_0 单位的知识，则其产出水平会有所减少。但他必须支付的知识酬金的减少量会始终大于由于产出降低而造成的收益减少量。他的净收益

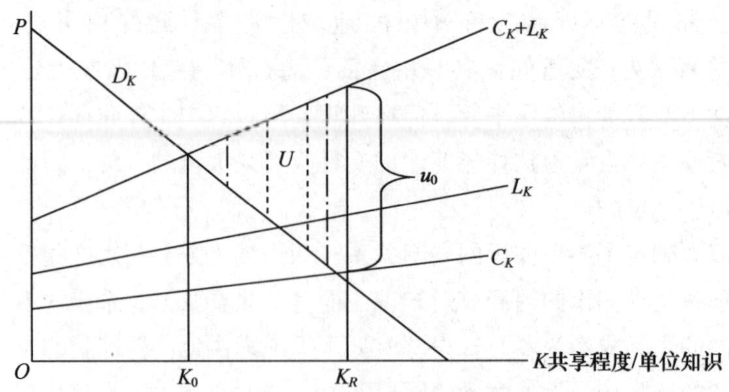

图 3－12　知识共享需求与吸收成本

资料来源：笔者整理。

将增加到图中 U 区域。平均来看，在竞争情况下，那些想“免费”获得知识收益的人必须为其特权支付费用，而且支付水平超过了其预期的特权价值。

图 3－13 主要描绘知识源表达知识的情况。横轴表示每项知识的表达程度，C_M 是知识源表达知识的成本，它将影响知识共享的绩效。D_M 是合约期内对知识的需求。对自主学习者而言，他将在 C_M 与 D_M 的交叉点上进行学习，承担 M_0 数量的知识理解成本。而在两人知识共享过程中，由于不可能就知识表达写明各种可能出现的情况，因此知识源只提供 M_R 的表达程度。这使知识源也同样可以利用知识的部分属性获得收益，直到图 3－13 中的 t_0 为止。这样，在 M_R 水平上双方知识共享的损失是 T 表示的阴影部分。

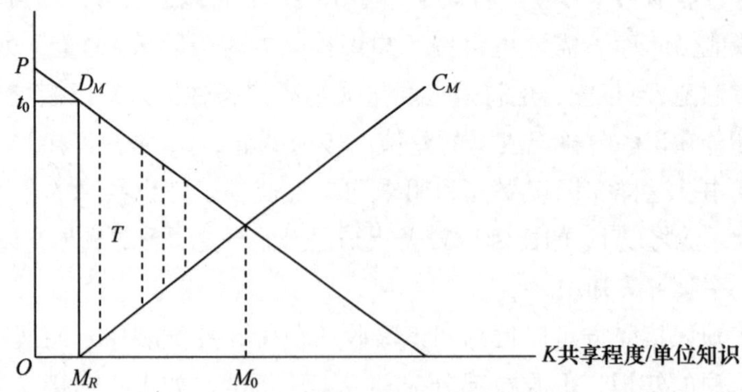

图 3－13　知识共享需求与表达成本

资料来源：笔者整理。

在没有明确鼓励知识共享行为的企业中，职员的薪金通常不包括因知识共享获得的奖金，但任何企业内部都存在知识的流动，这类企业就像如图 3 - 14 所示的那样，是一个固定工资下的企业内部知识市场。若边际相等原则得到满足，D 与 S 就是知识需求与供给曲线，而 Q_0 是均衡数量。由于知识的部分属性不可能明确定价，因此知识的需求与供给之间存在一个缺口。这是交易成本的一部分。若交易成本仅发生在知识表达和吸收上，$U+T$ 就是双方总的损失。如果平均损失与边际损失是相等的，需求曲线超过供给曲线的高度是 $U+T$，Q_R 是知识源提供的知识数量，$U+T$ 是每项知识的边际损失。$(U+T)\times Q_R$ 是共享知识的总损失。此外，阴影三角形 W 的面积显示因价格太少而产生的损失。

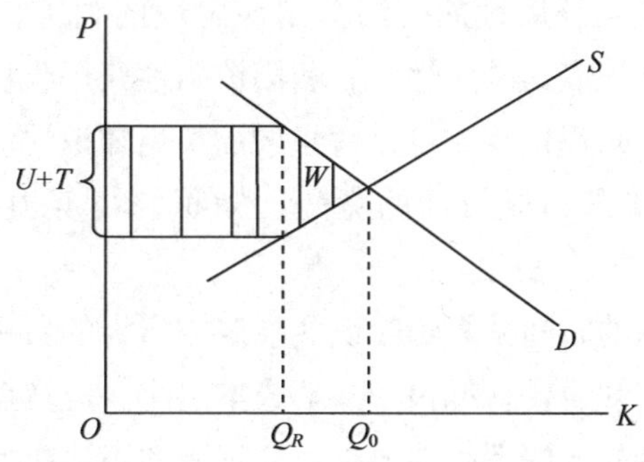

图 3 - 14　固定工资的企业内部知识市场

资料来源：笔者整理。

在图 3 - 14 中，隐含的一个假设是每单位知识的交易是被准确度量的，并且缔约双方的签约与履行的成本为零。然而，通常度量会发生错误，签订与履行合约也需要成本，对于属性的分析也是这样的，这就是说，知识共享任何一方只要能够准确地度量知识的某种属性，他就拥有该属性的更多控制权。

另外，对共享效果的评估与监督是知识共享过程必不可少的，当合约赋予某一方监督的权利时，他就拥有了对另一方提供的一部分属性的控制权，从而免费获得了知识的部分属性。当然，监督也是有成本的，监督者将会利用这些为他所控制，直至净边际收益为零，例如对另一方努力程度的监督等。

（三）降低知识共享无效率的方法

知识包含很多属性，成员之间可以对知识共享简单地规定期限和报酬，也可以根据双方意愿将合约规定得更加详细。但并非所有的属性都值得作出规定并加以监督。没有规定又可以变化的属性就成为双方可能利用并取得额外收益。那么，合约如何控制知识的每一个属性，怎样的合约能使知识价值最大化呢？一般可以通过两种方式来避免无偿属性带来的损失：改变合约中有关过度利用或供应不足的属性；转向一个完全不同的合约，直接控制第一个合约未被控制的属性。

当知识价格和数量发生变化时，知识共享意愿也会发生变化，根据这一现实情况，我们可以控制知识共享过程中无偿属性的过度利用。例如，利用对替代属性或互补属性的控制抑制该属性的利用。在知识共享过程中，知识源控制知识表达的属性，并利用该属性获得收益，从而使知识共享过程成本上升。知识接受方可以适当增加某类知识的价格，由于企业内部存在拥有相同知识的成员间的竞争，知识源将努力提高知识表达的能力。

传递某项知识的时间是影响知识共享双方行为的另一合约内容。知识接受方可能认为，知识转移越快，共享成本越小。但在短时间内完全理解此类知识与知识接受方的理解能力以及知识源的表达能力相关，假设接受方的理解能力不变，对短时间内提供容易理解的同类知识提供奖励，则可以促使知识源重视知识表达问题。

控制相关属性的价格可以抑制未被表明的知识属性的过度利用，但不可以直接消除此类问题。任何合约都有不能达到的最佳利用状态，也没有一个合约适合所有情况。因此，当某一知识共享合约不能很好地解决企业知识共享的某一问题时，适时地转变合约形式是必要的。

三　交易成本理论解释的不足

本书认为交易成本理论是一个有力的分析工具，在解释主体在知识共享过程中的决策方面有一定优势，较成功地分析了企业成员在知识共享过程中如何利用未标明的知识属性来获取自身利益。但由于其静态特征，难以分析企业内部知识共享的动态演进过程。

（一）机会主义行为假设的局限性

机会主义行为假设是交易成本理论的重要概念，它在威廉姆森范式中被视为一个先验假设。当个人利益受到损害时，诚实和自我约束力会失去作用，威廉姆森将人的这种行为属性称为“机会主义”，人类行为的机会主义属性大大增加了经济活动的不确定性。他认为正是由于人类行为的有限理性和机会主义特性，才使得一切合作或协议都变得不稳定，使得一切合同都不完备，一切承诺都不可信。[150]但是，近年来西方一些经济学家认为，机会主义行为假设没有能很好地解释人类行为的本质。Noorderhaven认为，人内在的核心是分裂的，既有可信任的部分，也有机会主义部分。周围的交易情境，会或强或弱地引发这两种特性。[151]许多人会认为，自己是可信任的，但是，可信任的人未必在任何情况下都会遵守承诺。人的核心不能完全改变，但是情境可以改变，例如，互动的过程就可能改变主观信任的程度。当双方能够考虑公平与团结，而抑制各自利益极大化的行为时，信任可以增加，或者对方累积了相当的信息后，能够判断出要不要信任。信任的基础是信任者与被信任者对彼此的认知，然而影响彼此认知基础应归咎于每个个体对未来的可预测性，以及对合作对象的可依赖性。格兰诺维特（Granovetter）对这一点做出了清晰的陈述，他认为个体和组织总是选择那些与他们有过交易往来的、通过过去的绩效已经建立起信任关系的个体和组织进行商业交易。通过观察身边的现实，我们可以发现，同一个人，在朋友和熟人关系中，表现出很高的可信度，但与陌生人交易时，却可能做出机会主义行为。所以，人们倾向于与朋友、熟人和群体内成员在进行交易，以诱导信任行为从而抑制机会主义行为。本书认为，这种由信任带来的关系契约是交易成本经济学的机会主义模型所无法解释的。交易活动双方的关系是影响人类行为的重要因素，只有对行为者之间的各种关系进行周密细致的考察，才能为完善的契约关系的达成提出有用的建议，不加区分地将机会主义看作人类行为的一贯倾向的观点是片面的。

（二）交易成本的社会“嵌入性”问题

交易成本经济学认为，资产专用性能带来严重的机会主义问题，强调事后契约实施机制的研究而忽视对契约前的许多因素的分析，同时它用资产专用性这个交易最重要的特性来解释交易双方的技术依赖从而形成关系契约，所以对于由人际关系所形成的关系契约缺乏解释力。从这个角度看，把关系契约作为隐含的自我实施机制的解释是一种个体理性主义方法论，用这种方法来分析经济与社会生活，将走入以单个理性行动来解释现实的谬误。把关系契约作为隐含的自我实施机制的解释也是不足的，这种忽略社会关系对交易影响的交易成本方法，被社会学家称为社会化不足。学者刘世定认为，威廉姆森的交易成本理论忽略了人际关系存量对交易的影响，约前关系是关系契约的一个重要条件。[152]

格兰诺维特提醒人们注意工业社会中社会结构和经济活动之间的交互作用，因为“所有市场过程必须服从社会学的分析并且这种分析显示了市场过程的中心而非外围特征”。嵌入是指社会关系塑造经济行为的过程，个人经济行动与所处社会现实的关系。正如格兰诺维特在阐述嵌入性问题时指出的那样，人类的行为既不可能孤立于社会结构之外，完全按照个人意图展开；也不可能奴隶般地依附于结构赋予人类个体的脚本。人们具有目的性的行为实际上是镶嵌在真实、正在运作的社会关系系统之中的。[153]格兰诺维特所说的社会关系系统在现实的情境中就表现为具体的社会关系网络。本书认为，企业内的知识共享实际上也是镶嵌在真实、具体运作的社会关系系统之中的，知识共享过程也受到社会关系的影响。作为先赋因素和后天诸多因素的综合积淀物——个人人际关系存量，影响了成员在知识共享过程中对于知识信息的搜寻、共享伙伴的选择以及核心知识的共享。

第三节　基于社会资本的知识共享分析

交易成本理论忽视了社会结构对个人知识共享过程的影响，对于解释个体知识共享前期决策方面也显得不足。社会资本正是企业内部关系网络与知识共享行为的一座概念桥梁，以社会资本为理论工具的研究有可能使得以往只可意会难以传授的知识逐渐显化。因此我们还需要借助社会资本的概念来研究，企业成员是如何凭借个人社会网络、信任和承诺将个人知识扩散为企业知识的。

一　知识共享的社会嵌入性

随着社会化程度越来越高，人类知识共享活动也越来越频繁发生，这表明人与人之间的劳动关系日益紧密。

在知识共享过程中，共享主体存在于社会环境中，个体的决策和行动既不可能固执地坚守其已有的社会规则与信条，也不可能随意地按自己的意愿进行。个体嵌入具体的、当下的社会关系体系中，因此个体的理性选择同样受到非经济动机和因素，尤其是社会结构因素的影响。实际上，知识共享作为一种社会现象，它首先表明一种关系，是具有目标和任务的人群，围绕有价值的知识资源，相互之间协调行动，并形成或松或紧的组织架构，在此基础上进行知识资源的重新分配过程。从此意义上说，知识共享存在这样一些特点，它是所有成员分担、协作和共同参与的围绕知识传递的一些活动，需要成员在此过程中同舟共济、相互配合。

企业内部知识共享过程嵌入于社会网络之中，企业成员在不同时间和地点，都可能成为知识源和知识接受方（见图3－15）。企业每一个成员的知识存量及其认知结构是完全不同的，当他需要获得某方面知识帮助时，该成员就是一个知识接受方；而当他向别人提供知识时，他就成为一个知识源。实际上，企业内部存在一个知识流动的人际网络（见图3－16），知识通过这个网络流动，并达到知识资源的共享。

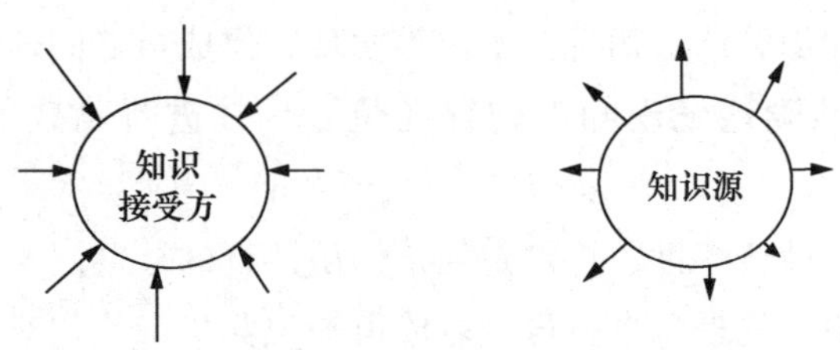

图3－15　知识共享中的知识角色

资料来源：笔者整理。

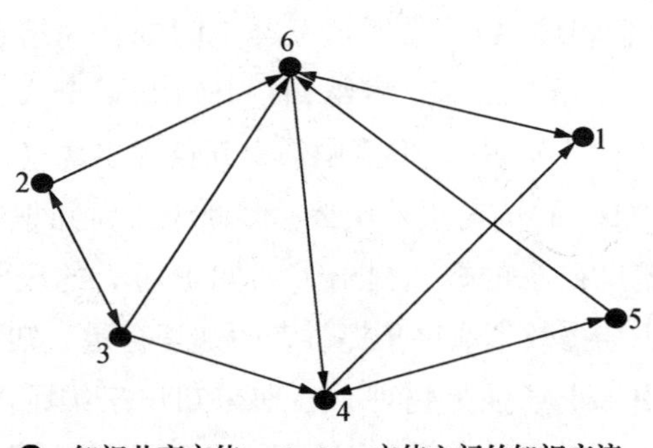

图3－16　企业内部网络知识流动

资料来源：笔者整理。

知识共享过程的社会嵌入性使我们看到企业成员进行知识共享时社会结构特征的影响。例如，企业成员之间存在身份和地位上的差异，将造成知识共享主体间地位的不均衡。企业中，地位较高的成员可以凭借掌握的权力向较低地位成员提出分享隐性知识的要求，低职位的成员为维护或提升地位也有分享自身隐性知识的需要。比较而言，同等职位的成员为了在竞争中取得优势，会隐藏自身的知识。这样，企业就缺少使知识横向或向下流动的机制，企业的隐性知识呈现向上流动的特征。

知识共享过程的社会嵌入性同时也强调知识共享主体具有一定的能动性。知识共享过程是主体对各种知识的协调与整合的过程，所以知识共享本身就是社会性活动。在知识共享的网络中，每个个体都是认知主体，由于他们都是“在场者”，因而是企业特定时间和地点知识的掌握者，他们比那些“不在场者”拥有这种知识上的优势（关于“特定时间和地点的知识”这一概念是由哈耶克所认识到的）。一般情况下，对于企业成员拥有的复杂隐性知识，通过信息技术很难发现，但成员之间通过有目的的社会交流，可以准确地发现知识的存在位置，并进行高效的知识转移和吸收。

知识共享的社会特性，特别是复杂知识共享的社会嵌入性，需要一种能够关注社会关系的理论来解释企业成员知识共享行为。对此，野中郁次郎在《组织知识创新的理论：了解知识创新的能动过程》一文中提出了场（“ba”）的概念，他指出“场”并不单单指物质空间（如一间办公室），它也指虚拟的超物质空间（如电子邮件、电话会议）和精神空间（共享的经验、观念和理想），或者这三类空间的任何组合……就其相互作用而言，与其说“场”是一个容纳知识和有知识个人的物质空间，不如说其本身就是一种“知识”。但野中郁次郎仅提出场（“ba”）的概念，却没有指明场（“ba”）的对象是什么，因此无法对知识创新过程做进一步研究。陈娟借鉴电磁场的概念提出了“知识场”的概念，并认为两个知识源之间的知识传播效率取决于提供者的知识存量、知识场强、接收者的知识存量，其中知识场强是物理、心理与知识三维距离的函数。[154] 实质上，知识共享并不同于电磁场中的电子，它更多地体现为复杂的社会过程，特别是那些非常有价值的知识具有社会嵌入性。根据帕特曼（Putnam）的定义，社会资本是“社会组织的特征，例如信任、规范和网络，它们能够通过推进协调行动来提高社会的效率”。事实上，目前企业内部知识共享问题已经转化为企业内部成员的知识资源整合问题，因此，社会资本理论提供了了解和解释知识共享的有价值的期望。

二 知识共享过程的社会资本模型

运用社会资本理论分析知识共享问题，一方面，可以避免单纯地从交易成本的经济角度来看待知识共享主体间的关系，充分认识到社会网络成员间的互动对知识共享的影响；另一方面，社会资本可作为事前治理的工具，很好地解释了人们在知识共享前对共享伙伴的选择。

根据第二章对社会资本的分析，社会资本可以划分为结构、关系和认知三个维度。Nahapiet 和 Ghoshal 将社会资本的三个维度与知识创新的对象、价值期望、动机和组合能力联系在一起，指出社会资本在这三个维度上推动了知识资本的共享，并创造出新的知识资本。[71] 柯江林利用 Adler 和 Kwon 关于社会资本的概念模型，将社会资本的三个维度与知识转移的机会、意愿和能力连接起来，认为结构性社会资本决定了知识转移机会，关系性社会资本会改变知识发出者的知识转移意愿，认知性社会资本决定了知识接受者的知识转移能力，因此社会资本与知识转移具有良好的匹配性。[155] 在此，Nahapiet 提出的共享对象与柯江林所说的机会是一致的，而共享意愿与价值期望和动机相同，因此柯江林所讲的共享条件实质上与 Nahapiet 是一样的。不同点在于，柯江林认为，社会资本的三个维度与共享的三个条件是一一对应的，而 Nahapiet 则认为，社会资本的三个维度是相互关联的，它们并不孑然划分为并排的三个变项，结构和认知社会资本偏向事实，而关系构面的社会资本则是中介的、隐晦的、变动的，却也是关键的。

笔者认为，知识共享要顺利进行，除了要满足上述学者所述条件，还需要解决知识共享过程中的知识质量、共享过程的可靠性和持续性问题。而社会资本通过企业成员之间的关系性缔约、共同认知等对于上述问题的解决将起到关键性作用（这将在后面的章节中具体分析）。知识共享是成员之间基于知识的社会互动过程，也是其社会资本增长的过程，它们是相互促进、相辅相成的（见图 3 - 17）。

企业成员之间的知识流动随着成员间互动进行，知识通过成员之间的社会网络得到共享，并逐步从个人知识转变为企业知识。对企业而言，知识共享不仅体现在个人层次和群体层次，更重要的是通过组织学习过程实现企业知识的更新，从而促进企业核心竞争力的形成。野中郁次朗将组织

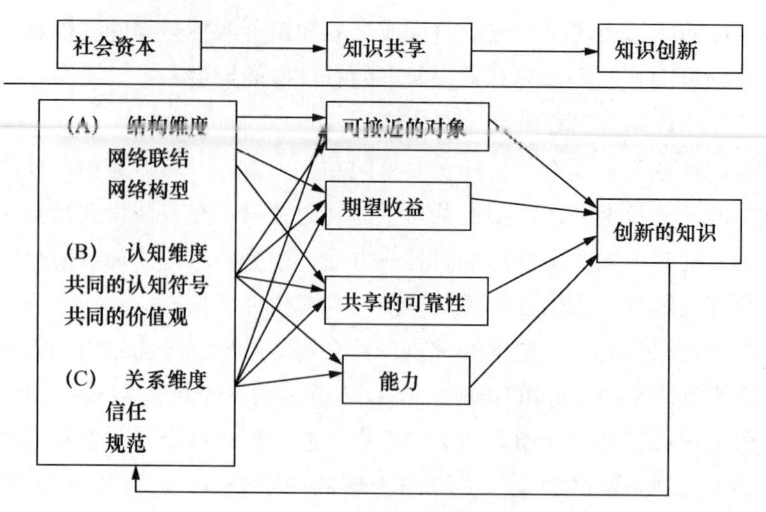

图3-17 知识共享过程的社会资本模型

资料来源：笔者整理。

的知识创造过程看作知识在个体、团队、组织和组织间螺旋上升的过程，克罗森也指出了知识在个体、团队和组织各层次的转化。但是，学者们对于知识如何实现层级转化则缺少分析。

笔者认为，社会资本在实现企业内部个人知识向企业知识转化方面发挥关键作用。通过人际互动，企业成员的知识得到共享；社会资本的结构化视角，即社会网络对知识共享起着重要作用，推动了企业内部知识共享网络形成，使微观个体的知识转换成群体的知识；而企业的知识共享是组织学习过程，其中企业的社会资本起到了优化知识共享环境的作用。这样，在社会资本的推动下，企业内部知识共享过程不仅在各层次内部进行，还沿着各个层次螺旋上升，这形成了知识共享过程的空间转换形态（见图3-18）。因为网络内成员的社会资本是不同的，所以，知识在网络中的传递也是不均衡的。社会资本越多的成员，获取知识的能力就越强。就企业整体来讲，每个企业的组织结构存在差异，企业内部的社会资本也存在差异，因此每个企业内部的知识分布和流动是不同的，从而使得各个企业的竞争能力各不相同。

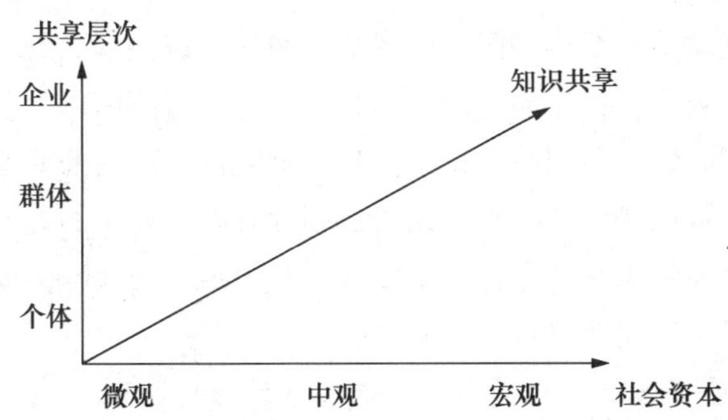

图 3－18　基于社会资本的知识共享层次转换

资料来源：笔者整理。

三　社会资本创造知识共享的可能性分析

社会资本源自社会关系所造成的资源流动，使个体及组织能够获得期望的资源，当然也包括组织中存在的知识。而知识共享作为一种社会现象，它首先表明一种关系。因此，本书结合社会资本和知识共享的观点，从以下几方面分析它们之间的关系。

（一）社会资本的网络结构对知识共享的影响

在企业内部成员的网络结构中，各节点拥有或产生信息及资源，通过此网络，知识得以在各个节点间进行交流与共享。因此社会资本对于企业的知识共享有两方面的作用：一是准确定位隐性知识；二是影响着隐性知识流动的途径以及隐性知识在企业中的分配。

首先，企业内部知识共享存在一个准确定位隐性知识“在何处”的问题。比如，在现实中，企业的研发工作日益复杂，研发部门的一项重要工作就是寻找企业内部与产品开发相关的知识。这些隐性知识要得以发现，只有借助企业成员间的社会资本。克拉克哈特提出了强连带优势的概念，认为密集的互动网络中，网络的凝聚力及团结性将相当高，有助于内部成员之间的互助、合作与协调。[156]邝宁华重点研究了强联系在跨部门的复杂知识共享中的作用。[157]笔者认为，为增强组织竞争力，企业需要迅速地发现组织内隐性知识并加以利用。成员或部门之间的联系不是静态的，始终处于动化之中，而企业成员之间的弱连带因为强调信息的多元性和异质性，对于准确定位隐性知识应该有所帮助。

其次，社会资本改善了企业内隐性知识的分配状况。在传统组织结构中，知识的流动受到结构的限制，成员之间的知识共享受到自身地位的影响。企业隐性知识往往呈向上流动的趋势，并且跨部门以及基层员工在隐性知识共享方面处于不利的地位。但是，个人具有行动的能动性，人通过有目的的行动可以获得社会资本或使之朝着有利于自己的方向流动。企业成员之间的社会资本在一定程度上弥补了组织结构的缺陷，使得隐性知识可以通过非正式结构得以传递和共享。

（二）社会资本的信任关系对知识共享的影响

企业成员的知识共享行为受到个人意愿的影响，但在缺乏信任前提下，即使通过激励、制度等手段也无法产生积极的知识共享意愿。周密借用 Rajeev 和 Thmothy 的结果信任模型得出，组织成员知识共享意愿受到双方对共同行为预期的影响。[158] 笔者认为，周对信任的分析过于关注个人短期策略，忽视了成员交往的频率与时间因素在信任机制形成中发挥的作用。组织成员之间的信任机制是自发形成的，在长期而频繁的交往中，成员之间彼此逐渐熟悉，为实现长期的利益，他们会放弃短期的投机行为而进行合作。再者，如果知识不进行共享，知识就得不到承认、得不到广泛的实践应用，从而也不可能得到迅速发展和更新。但是，如果双方采取合作的方式，那么双方获得的不仅是两人知识的简单总和，更重要的是双方都有可能在此基础上创造出新的知识，而这才是知识共享的核心，也符合成员长期的利益目标。简单地说，信任作为社会资本的一种形式[159]，提供了维持与扩展组织内秩序的保障，从而增强了组织隐性知识流通的稳定性。

信任同时也降低了企业内部知识共享的交易成本。知识作为市场中的一项特殊的商品，交易过程非常复杂，防止交易过程中的欺诈、破坏行为和争端处理所付的成本也很高。但是，企业成员间的信任关系可能使这种特殊的交易变得相当便捷、容易，因而也就降低了知识共享的成本。从社会资本的观点来看，信任是我们衡量社会资本的一个重要维度。通过对成员信任程度的测量，我们能够发现企业员工关系的紧密程度，进而可以衡量企业知识共享的程度。因此，成员之间信任程度的高低直接关系到组织内隐性知识流动的质量、数量以及效率。

Cross、Parker、Prusak 与 Borgatti 研究发现，当人们需要信息时，34%是由其他人处去取得信息；16%来自计算机档案；10%来自网际网；4%由 K – Base；4%来自其他方面。[95] 由此可以发现，相对于其他来源，企业成员更倾向于从同伴处获取知识。

（三）社会资本的认知共识对知识共享的影响

社会资本的认知维度有高低之分。低层次认知主要是指企业成员拥有的共同的语言、符号。语言和符号是成员互动的基础，是知识交流的媒介。企业成员通过长期、持续而频繁的接触，形成了共同语言和符号，成员相对容易地发现其他成员的知识，并能快速地理解与吸收和应用。

高层次认知是从低层次认知基础上发展而来的。存在于日常工作中的共享语言和符号，由成员在互动中自发形成，得到成员的普遍认可，形成了类似行为规范的特征。体现在知识共享过程中，企业成员会逐渐增强对组织的认同感与归属感，产生愿意为企业奉献的价值认同。共同的价值观是组织学习的前提，它有助于成员从整体上认识隐性知识，把握其要领与精髓，识别共享知识对组织的潜在价值[28]，从而提高了知识共享的效率。

第四节 本章小结

本章主要对知识共享过程进行分析。首先对知识的定义、分类和特征做了详细分析，在此基础上，对国内外知识共享过程模型进行了评析，并得出一些有价值的研究启示，提出企业内部的知识共享过程分析。第二节从交易成本的角度，对知识共享过程中主体双方的知识交易策略及交易成本进行了分析，并对交易成本分析知识共享过程的优点和缺点进行了说明。笔者认为，交易成本很好解释了共享主体利用其控制知识的未明属性进行获得收益情况，但是，由于该理论忽视了社会结构对个人在知识共享过程的影响，因此不能很好地解释个体在知识共享前期的决策行为。第三节引入社会资本理论，着重分析了基于社会资本的知识共享过程。介绍了知识共享的社会嵌入性，提出了知识共享过程的社会资本模型，指出企业成员是如何凭借个人社会网络、信任和认知将个人知识扩散为企业知识的。

第四章　基于社会资本的企业成员知识共享策略

企业成员的知识共享对于知识跨团队边界的流动，提高个人工作效率，促进企业和组织的技术创新具有重要意义。如果把知识共享看作人的一种行为方式，根据行为科学，行为是指个体在一定的生理因素、心理因素和社会文化因素的指引下，由个体需要引发足够强度的动机而自觉进行的能够产生某种影响和结果的社会活动。本书认为，知识创造始于人际间的互动，而知识共享则建立在人际关系的基础之上，受到个体社会资本存量的影响，个体在社会网络中的位置、个体拥有的社会网络规模、成员间的关系品质都影响成员知识共享的效率和效果。不过，我们在重视社会资本对个体知识共享影响的同时，不能忽视个体在知识共享过程中具有的能动作用，这种能动性具体表现为个体在知识共享过程中进行策略的过程。

根据第三章分析，企业成员的知识共享过程包括三个不同阶段：知识寻找、知识转移以及知识整合，每个阶段面临不同的任务。社会资本作为一种个人的社会联系存在和承载的社会资源，个人可以使用社会资本来实现行动的特定目的，但社会资本同时也可能是一种结构性限制。因此研究企业成员如何充分利用自身拥有的社会资本资源，根据特定阶段的情况进行策略，以争取自身知识共享效用的最大化，我们才能获得关于个人知识共享行为的更加贴近实际生活的现实理解和理论解释。

第一节　社会资本对企业成员知识共享过程的影响

社会资本的微观基础是个人行为。在现实生活中，社会资本研究能够超越社会网络的结构性存在而开始以一种动态情境模式对个人知识共享行为产生限制性作用。社会资本是社会网络中个人行为意义的进一步体现，而且，对于个人行为来说，社会资本不仅仅是一种摄取资源的工具和手段，也是一种类似于格兰诺维特社会网络情境的客观限制性存在。

一　社会资本的工具性使用

社会资本是通过发展和维持社会关系产生的。一旦建立关系，对方的资源就成为你的社会资本。Nahapiet 认为，频繁的、强的、对称的联系促进了情感关系的发展，进而促进个体投入这种社会联系中，因此产生知识交换。[71]社会资本提供了个体间知识共享的意愿。[35]

笔者认为，社会资本实质上发挥了个体知识共享策略的辅助功能。企业成员之间隐性知识的共享，需要通过直接的、面对面的沟通。这个条件告诉我们，隐性知识共享受到企业成员社会资本的制约，通过企业成员直接和间接的关系网络的支持才得以进行。这些知识的共享质量、范围，取决于企业成员可以支配的社会资本的数量、社会关系的性质和范围。在知识共享的各个阶段，企业成员面临的任务是不同的，所以社会资本发挥的辅助功能也不相同。

在知识寻找阶段，企业成员需要从企业内部大量知识中筛选出目标知识，确定知识源具体位置，并评估知识源是否愿意共享知识、可能的成本和收益主观评估等问题。在一个组织内，各行为主体（组织成员）因各种原因频繁接触，其组成的关联网络是知识寻找的主要来源。个体获取知识的活动受到对他人技能的识别、路径的长度和潜在成本的影响。根据认知心理学理论，行为主体为了达到一个既定的目标，总是倾向于采取那些路径最短、能耗最低的方法。社会资本提供了成员知识共享的机会和范围，企业成员对于知识共享对象的选择首先在自己的社会关系范围内进行的。

在知识转移阶段，企业成员面临共享的可靠性、知识的质量等问题。社会资本降低知识共享主体双方转移知识的决策成本，共享主体利用双方的关系性缔约，提高知识转移过程的可靠性和转移知识的质量。

在知识整合阶段，企业成员一方面需要将转移的知识进行吸收、理解和应用；另一方面有将知识共享规范化的需求。通过知识寻找和知识转移阶段的频繁交流和接触，知识共享主体双方的社会资本都得到提高，双方对以后的知识共享预期也会提高，这促进了主体双方持续地合作，也有利于知识调整和共享规范化得以顺利进行。

总之，在企业成员的知识共享策略中社会资本发挥了重要作用。社会资本作为一种便利个人行为的工具，在企业成员知识共享过程中有着工具性的便利辅助作用，企业成员使用社会网络和资本去完成知识共享各阶段的不同任务。

二　社会资本的结构性限制

前面讨论了个人如何使用社会网络和资本去实现知识共享的特定目的，是从社会网络和社会资本作为一种为个人行为提供便利的工具角度展开的。

超越作为工具的存在，社会资本作为一种个人的社会联系存在和承载的社会资源，是一种客观的外在存在，也同时构成了对个体行动的规制。现实社会中的具体生活现象表明，社会资本作为一种结构性的客观存在，对个人知识共享行为具有相当重要的影响，而并不仅仅是一种理性原则的思考：社会资本不仅仅体现在对个人行为提供便利上，更多地，社会资本自身的特征参数对于行为中心个体来说，是一种具体的行为情境。因为在个人所拥有的社会资本形成过程中，社会资本会受到文化、价值、规范、习惯、心理偏好等具体情境因素的影响，企业内部特定网络群体总是附带着具体的规范与角色期望集，它潜含着对成员在各种情境下行为反应的“合适性”规定。因此，当社会资本参与到个人知识共享过程的时候，它并不仅仅是一种提供行为便利的理性运作工具，而是作为一种结构性的影响因素存在并相应地影响个人知识共享策略过程。

从现实来看，社会资本的结构性限制表现为企业成员知识共享行为的路径依赖和嵌入性依赖，两者相结合，从而引发企业成员知识共享的锁定效应。

嵌入在社会网络中的知识搜寻具有路径依赖和自锁效应。人们在遇到新问题需要解决时总是首先考虑自己的以往经历中是否有解决类似问题的经验；如果没有，则搜索网络中其他成员中是否有类似经历和经验；若两者都没有，人们才会进行逻辑思考。上一次向某人寻求帮助的结果（如获得的信息是否准确快速）又会影响下一次搜寻决策。因此知识搜寻的范围受限于先前的经验累积，搜寻者按一定的惯性选择相似网络进行发展，使知识寻找最终限于有限的几个节点之间。

嵌入性依赖具体体现在成员的结构性依赖和关系性依赖两方面。结构性依赖是指行动者网络所嵌入的文化结构、信仰体系一旦形成某种特征与内涵，其未来演进与发展便具有不断保持、强化这些体验、内涵，从而很难被其他潜在，甚至更优的结构性特征替代的倾向。个人所属的结构的封闭性，对网络中的成员提出了更高的要求，而且限制了成员的知识共享活动。关系性依赖是指成员所嵌入的关系网络一旦形成某种特征及规模，便具有沿着既有节点，不断自我增强、扩张，从而使成员很难再选择其他甚至更优网络关系的特性。关系性依赖总是与特定的个体相联系，突出表现在个人很难从其已有网络关系中摆脱出来，而是倾向于不断强化已有关系或是在已有关系基础上进行知识共享网络拓展。即使成员认识到要信任以及合作的义务性，他们也只能在自我网络中和其他成员联系，而不是与整个组织之中的其他成员联系。所以，企业内部的网络、信任同样导致企业成员知识共享效率的损失以及知识共享灵活性的丧失，由此引发知识共享过程的诸多风险。

总之，企业成员知识共享过程的三个阶段面临不同任务，企业成员的策略一直是研究重点。社会资本对企业成员的知识共享策略过程有着重要影响，只有超越对社会资本的工具性使用，并将其作为一种行为的即时性限制进行研究。通过社会资本来更深刻、更全面、更真实地理解并解释个人的知识共享策略过程，将是一个更加全面和贴近个人知识共享行为的分析架构。

第二节　知识寻找阶段企业成员的策略

企业内的知识是由分立的个人所持有的，具有分布性。明晰知识容易转移，而企业内的许多知识并非是明晰知识，而是默会知识。默会知识难以通过语言得以表达，只有通过实践和应用才可明晰。因此，默会知识的寻找过程是缓慢的、成本昂贵，且是不确定的。对于知识接受方而言，知识寻找过程是明确企业内谁拥有自己需要的知识，并促使知识源愿意共享知识的过程。本书认为，企业成员知识共享关系的确立是个体和企业知识共享能否成功进行的基础。

一　企业成员知识寻找的策略原则

在现有的知识共享主体选择策略原则分析中，有经济理性和社会关系理性两种观点。

（一）经济理性原则

主流经济学理论是以“经济理性”的假设为前提的。它假定企业行动者与企业本身具有“经济理性”上的一致性，无论企业、还是企业行动者，都将按最大化目标行动，而其他实际因素则被忽略掉。经济理性坚持，人是理性的人，是追求私利、利己的经济人，即人们的行为原则是个人利益最大化，同时个人损失、成本最小化。经济学鼻祖亚当·斯密认为在经济活动领域，人的本性是利己的，每个人都在追求着自身的利益，“我们每天所需的食料和饮料，不是出自屠户、酿酒家或烙面师的恩惠，而是出自他们自利的打算。我们不说唤起他们利他心的话，而说唤起他们利己心的话。我们不说自己有需要，而说对他们有利。”斯密认为，资本使用的“唯一目的”是“谋取利润”，为此资本投资者必须竭尽全力使他的产品具有“最大的价值”。根据这样的假设，企业成员在企业中仍然像在市场中一样，理性地运用各种策略行事，他有时并不和企业融为一体。在此，企业仍然是一种特殊的市场组织，人们在其中讨价还价。表现为企业成员在进行知识寻找时，首先会计算个人的利益得失，并以此作为策略依据。

希普尔·A. 卡特和 S. 施雷德等（Hippel A. Carter and S. Schrader etd）认为，如果知识共享会损害自身或团队的经济利益，个体间的知识转移行为就会中止，或者知识转移的内容和方式受到制约。希普尔认为，非正式知识转移不仅灵活，而且节省了交易成本，其交换的内容主要是私人在工作过程积累的技艺和诀窍，因此知识转移使知识源处于丧失竞争优势风险和在未来可能获得对方私有知识资源的两难境地。[161]施拉德认为，员工跨组织知识转移是一种“有来有往”的交易行为，在严格的经济利益标准下，针对不同交换对象，个体在知识资源的选择方面存在差异，从长期来看，这种行为有利于企业的经济利益。[162]

经济理性视角的观点很好地解释了企业成员是工作中的竞争对手但仍然可能存在知识共享行为的现象。因为作为知识资源交换的唯一标准是经济利益，它既是个体间知识寻找的动机来源，也是影响知识共享内容和最终影响知识共享效果的原因。但经济理性的观点没有把社会维度纳入研究视野，忽视了行动者建构理性行为过程中的社会结构因素。实际上，当行动者决定知识寻找时，社会关系已经决定了行动者的行为策略。因此，经济理性受到各方面批评，并导致经济学理性假设的转变。

（二）社会关系理性原则

持社会关系理性原则的学者们认为行动者的理性行为更多的是关系理性，关系才是最重要的。在价值理性和工具理性的框架下，基于关系理性的行动取向于工具理性的范畴。因为在这样的行动中，手段和目标是很明确的，即通过非制度性的资源——“关系”来获取利益。这一理性行动在手段的选择和行动结果的理性审定中，突出地表现了行动者对“关系”的自觉。[163]

在关系理性视角下，格兰诺维特研究发现，个体间的交换行为往往嵌入其社会关系结构中。[153]利文和克罗斯（Levin and Cross）研究证实，基于能力的信任更有利于有用知识的吸收。[27] Szulanski（1996）的研究表明，个体社会关系强弱是知识黏性的三个重要影响因素之一，直接影响个体间的知识转移效果。

林南分别从交换的关注点、效用、理性选择等方面对两种理性进行了分析（见表4－1）。[72]林南认为，经济理性和关系理性在一定的条件下是互补性的和相互增强的。在这种情况下，存在一个对关系和交易都适应的同构效用函数，使某一关系既有利于实现关系目的，又有利于实现交易目的。

表4－1　　经济交换理性与社会交换理性

要素	经济交换	社会交换
交换的关注点	交易	关系
效用（最优化）	交易中相对于成本的收益 （付出成本的交易）	关系中相对于成本的收益 （付出成本的关系）
理性选择	可供选择的关系 交易成本与降低交易成本	可供选择的交易 关系成本与降低关系成本
短暂性的报酬	货币（经济信用、经济债务）	认可（社会信用、社会债务）
一般化的报酬	财富（经济地位）	名声（社会地位）
解释逻辑	自然法则：行动者 生存；收益最优化	人类法则：群体 生存；损失最小化

资料来源：林南：《社会资本——关于社会结构与行动的理论》，上海人民出版社2005年版，第157页。

笔者认为，企业成员的知识寻找行为应建立在经济理性和关系理性综合作用的基础之上。企业员工在进行知识寻找策略时，不仅要计算经济成本与收益，还应计算社会关系的成本与收益。

经济理性驱动行动者对知识寻找中的成本和收益进行计算，将经济投入纳入成本计算，使经济利润最大化；关系理性则驱使行动者对关系投入与关系收益进行计算，将交易视为关系成本收益计算的一部分（考察可供选择的交易），即使在交易不是最优的情况下，也会维持和促进关系（损失最小化）。在特定的时间和环境，企业员工的个体特征往往决定着其知识寻找行为主要受哪种理性支配。

本书研究企业内部的知识共享，企业成员一般以利润最大化为原则，于是把经济理性为主、关系理性为辅的原则作为企业成员知识寻找策略的基本原则。

二　知识寻找的成本/收益分析

在进行知识寻找前，企业成员需要对成本收益进行估计，只有当预期收益超过成本时，知识接受方才有积极寻找知识的动力，而知识源才有意愿提供自己的知识。对知识接受方而言，主要包括寻找知识、吸收知识和整合知识等各项成本；对知识源而言，成本主要包括表达知识、转移知识和管理知识的各项成本。知识共享发生在企业员工的互动过程中，尤其是隐性知识的共享更需要员工之间进行面对面的交流，因此预期成本还包括社会关系的成本。

知识能够在人际或组织中得到传播，原因在于该项知识相对于其他知识存在一定的比较优势，即个人通过知识共享能够获得一个“效用差”。双方是否达成知识共享关系取决于知识源和知识接受方对进行知识共享的成本和收益的预期。

（一）主体的预期总效用函数

某项知识被共享后，将给知识接受方和知识源带来经济收益和社会关系收益两方面收益预期。因此，对主体双方而言，某项共享知识的总效用可以表述为：

$$U = aE^{\alpha} + bE^{\beta}S^{\gamma} \tag{4.1}$$

其中，U 为知识共享主体的预期收益；E 为主体共享知识后的经济收益；S 为主体共享知识后的社会关系收益；α、β、γ 表示不同行业、不同地区和不同企业内部的调整参数。

由上式可知，当社会关系预期收益 $S=0$ 时，效用函数中就只有经济收益起作用，说明主体只追求经济效益；当预期经济收益 $E=0$ 时，$U=0$，主体没有进行知识共享的动力。当 $S>0$ 时，E 和 S 互为补充决定知识共享主体的总体判断。因此，预期经济收益是影响主体决策的主要因素，但是社会关系的收益可以在预期经济收益不足时起到一定弥补作用，从而影响主体的策略。

为便于理解，我们假设，$aE^{\alpha}=U_e$；$bE^{\beta}S^{\gamma}=U_s$，因此，式（4.1）也可写为：

$$U=U_e+U_s \tag{4.2}$$

（二）主体的经济收益预期

在知识寻找阶段，主体的经济收益预期是主体经济资本的增量，可以用“经济收益”减去“经济成本”差值来表示，当预期经济收益大于0时，主体才可能进行知识寻找。这里令主体的经济收益和经济成本分别为 R_{ei}、C_{ei}。则主体的预期经济收益为：

$$U_{ei}=R_{ei}-C_{ei} \tag{4.3}$$

这里，R_{ei}为知识共享主体预期获得的利润现值之和，C_{ei}表示共享需要主体付出的经济成本。

对知识接受方而言，预期经济成本包括知识寻找成本和知识吸收成本。企业内部知识庞杂且存在于若干个体，企业员工需要确定知识源的具体位置，并对若干拥有相似知识的知识源进行筛选，以确定知识共享的对象，这需要花费大量的搜寻成本；同时知识接受方还需要付出理解和吸收知识的成本。

对于知识源而言，预期经济成本主要包括机会成本、传递成本和沟通成本。机会成本主要指知识源丧失知识专有优势而造成的利益受损。例如，知识源将知识尤其是关键技术和诀窍传授给他人将给个人带来利益损失。传递成本是将知识整理、外化为接受方易于理解和吸收的形式所花费的成本。对于系统化、理论化的知识，知识源常常需要以大量的语言、文字、符号、图像的形式反复演示，成本较高。沟通成本是指知识源为使知识接受方理解知识内涵而花费的成本。针对特定的知识，如果知识接受方的领悟能力和吸收能力较强，知识源以较少的表达能力就能达到转移知识的目的，沟通成本相应地就比较低；反之就比较高。

（三）主体的社会关系收益预期

在知识寻找阶段，知识共享主体的预期社会关系收益预期可以用“社会关系收益”减去“社会关系成本”差值来表示，当主体的社会关系预期收益大于0时，才可能投入社会关系成本进行知识寻找。这里令主体的社会关系收益和成本分别为R_{si}、C_{si}。则主体的社会关系收益预期为：

$$U_{si} = R_{si} - C_{si} \tag{4.4}$$

社会资本收益R_{si}表示，主体预期在知识共享后是社会资本收益的现值之和。知识共享是一个主体的交互行动，在共享过程中双方不仅获得知识的收益，还可以获得互信和价值观认同，这就增加了主体的社会关系收益，并为以后的知识共享带来便利。社会关系成本C_{si}表示，主体双方在寻找、传递和吸收知识过程中需要投入的社会关系成本。为寻找所需知识，接受方必须首先在个体所能涉及的社会网络范围内，通过人际沟通寻找知识，然后才扩展到整个企业甚至跨企业范围。随着知识寻找范围的扩大，接受方为建立共享关系付出的成本投入就越多，由此带来的社会关系收益也越大。反之，知识接受方将知识寻找限定在有限范围内，虽然可以得到同样的知识，但维持共享关系的费用将超过社会关系的收益。对知识源而言，在有限的范围内参与知识共享虽然也能获得收益，但失去了与其他成员建立共享关系的机会。

综上所述，主体的预期总效用函数可以用如下公式表示：

$$U_i = R_{ei} + R_{si} - (C_{ei} + C_{si}) \tag{4.5}$$

令，$R_i = R_{ei} + R_{si}$；$C_i = C_{ei} + C_{si}$，化简式（4.5）得：

$$U_i = R_i + C_i \tag{4.6}$$

（四）知识寻找的成本/收益均衡分析

在经济理性和社会关系理性共同作用下，知识共享主体存在一个知识寻找的策略标准和均衡。

根据式（4.6）定义的效用函数，知识共享有利可图是企业成员寻找知识的前提条件。考虑到在用知识的替代作用，当新知识与在用知识效用相差不大时，成员之间将缺乏知识共享动力。对知识接受方而言，维持现状是比寻找新知识更优的选择；而知识源则不存在这样的问题，其仅考虑共享知识带来的效用。知识共享主体之间要进行知识共享，必须使其预期总效用达到某个临界效用水平（记为U_i^*），即：

$$U_i > U_i^* \quad i \in n \tag{4.7}$$

主体之间采取知识寻找行动（知识源的 $U_2^*=0$）。将式（4.7）变形，令 $u_i=U_i-U_i^*$，u_i 称为“相对效用”，表示预期效用与临界效用的差值。则主体进行知识寻找的必要条件为：

$$u_i \geqslant 0 \tag{4.8}$$

即当相对效用 $u_i \geqslant 0$ 时，主体有可能进行知识寻找；而当 $u_i \leqslant 0$ 时，主体暂时不进行知识寻找行动。

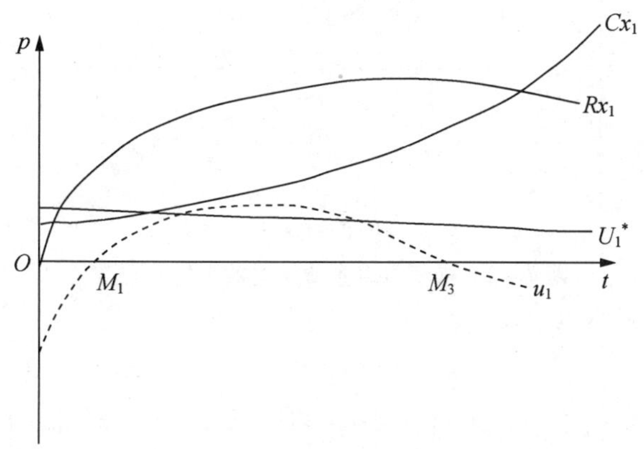

图 4－1　知识接受方的预期效用动态变化

资料来源：笔者整理。

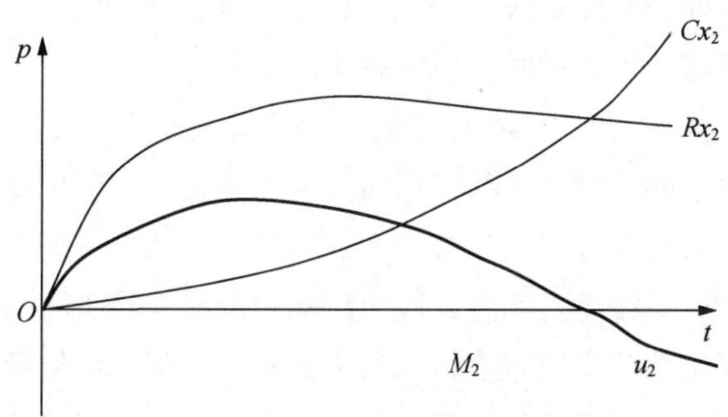

图 4－2　知识源的预期效用动态变化

资料来源：笔者整理。

图 4－1 和图 4－2 说明，主体双方知识共享效用的动态变化是有区别的。知识接受方在没有充分了解某项知识时，由于风险和不确定性较大，

对其预期收益的估计也会偏低。而知识源也可能会利用对方对知识不熟悉，索要高出市场的价格。因此，在知识寻找初始，主体双方知识共享动机是不同的，而随着知识寻找过程的逐步深入，双方基于成本/收益计算会导致其知识共享意愿发生变化（见图 4－3）。

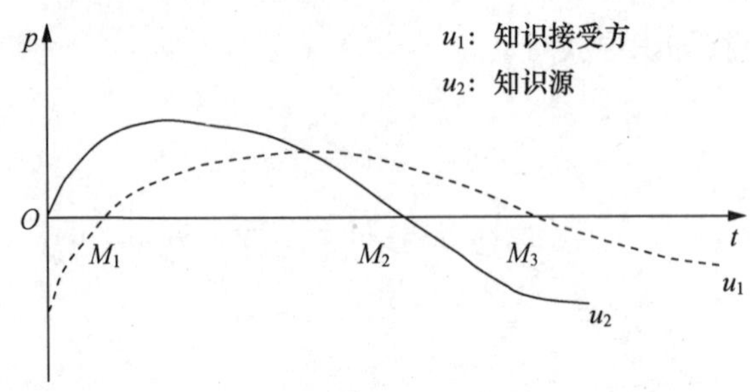

图 4－3　知识共享主体相对效用的动态变化

资料来源：笔者整理。

阶段 1 在区间（0，M_1）范围，知识源 $u_2>0$，对知识比较熟悉，利用接受方对市场环境不明确的情况，知识源的知识出价较高。而接受方由于对知识不熟悉，且市场存在许多不确定性因素，接受方可能付出较多的经济成本和社会关系成本，因而 $u_1<0$，接受方缺乏寻找知识的动力。此阶段知识寻找处于萌芽阶段，知识接受方对是否进行知识寻找犹豫不决、左右权衡，没有外界的激励知识寻找难以发生。

阶段 2 在区间（M_1，M_2）范围，知识源 $u_2>0$，知识接受方 $u_1>0$，此阶段知识共享能够顺利进行。但需要注意的是，该阶段知识共享的主要内容是那些不需要双方付出较多成本的知识，对知识源而言，该知识显性化的成本较少；对接受方而言，吸收该知识的成本较少。因此，此阶段共享的知识主要是那些交流难度低、付出成本少、附加值较低的知识。在该阶段知识寻找能够自发进行，是成员间无意识知识共享阶段。

阶段 3 在区间（M_2，M_3）范围，知识源 $u_2<0$，知识接受方 $u_1>0$。此阶段知识共享的主要内容是隐性程度较大、附加值较高的知识。对知识源而言，进行知识共享可能会导致其在企业中的知识权威受到削弱，经济收益减少；并且随着知识共享程度的加深，隐性知识外化和社会化的难度和成本加大，知识源逐渐缺少知识共享的动力。对知识接受方而言，虽然知识隐性程度增加带来了吸收成本的增加，但知识接受方已经对该知识的价值有了更准确的了解。在该阶段，知识接受方对收益的预期大于成本的预期，愿意付出知识寻找成本。

当知识源不再愿意进行知识共享，知识接受方必须重新寻找企业内其他具有类似知识，且愿意分享知识的同事。这很好地说明了企业中经常发生的现象：企业成员经常从与其关系较好的同伴或同事处获得需要的知识，虽然那有可能不是最好的知识，但获得该知识付出的搜寻成本和社会关系成本较少，给企业员工带来的相对效用就比较大。随着知识共享进一步深入，共享知识的附加值增加，直接威胁到临近同事的知识权威，该同事将敷衍甚至拒绝进行知识共享。那么，知识接受方必须重新寻找其他知识源。只要该知识的相对效用大于0，那么知识接受方的知识寻找过程将一直持续下去。

阶段4在区间（M_3，$+\infty$）范围，此时知识源 $u_2<0$，知识接受方 $u_1<0$。企业内部已经不存在具有相对效用 $u_2>0$ 的人，企业成员拥有某项知识，但隐性知识是企业成员的关键资源，且知识显性化的成本较大，知识源不愿意知识共享。而在此阶段，知识接受方因为吸收和寻找知识的成本增加，相对效用 $u_1<0$，也就不会再进行知识寻找。

三　知识寻找策略的社会资本影响因素

对于企业成员来讲，个体在企业中地位的获得不仅取决于自身拥有的知识资源，个体的社会资本资源也是非常重要的。

知识寻找就是要知道知识存在于什么地方以及谁拥有这些知识。知识是高度人性化、观念化的东西，最有价值的知识与人、与具体的环境联系着，因此成员间亲密的人际互动可以促使成员弄清楚这一问题。这就是说，关系资本有利于搜寻所需知识。

（一）个体知识寻找的困难

首先，知识寻找困难源于知识本身的复杂性。存在于个体成员的知识，尤其是复杂知识，与其学习和工作的经历密切相关，具有高度的个性化特点，很难用语言或书面材料进行准确描述，即使员工自己也很难表达清楚。波兰尼在《个人知识》以及他20世纪50年代的一系列著述中，也一直强调个人知识的“默会性”。再加上企业成员之间存在认知上的差别，个人往往没有意识到某方面技能的重要性，从而使知识接受方很难判断所需知识“在哪”。

其次，企业内部知识数量庞大，知识质量良莠不齐，知识价值难以衡量。受知识接受方能力的限制，即使他确定了知识存在的地点，但众多相同及相似的知识哪些对自己更有用，需要大量成本去了解、搜寻信息以及"筛选"知识，这也增加了知识寻找的困难。

最后，在知识寻找过程中，知识源和接受方共享知识的意愿很重要。对知识源而言，个人知识是稀缺资源，是其获取地位，声誉和收入的基础，因此是企业成员竞争优势的来源。与他人共享知识，并且使他人因此获得能力的提升，个人对组织的价值将因此受到挑战。[164]对于知识接受方而言，从何处、以何种方式获取知识首先要考虑付出的代价和成本。高的代价会阻碍知识接受方获取知识的意愿；其次，人们潜意识中的自我肯定和自尊倾向会导致员工不愿轻易接受他人的观点；对特定对象能力的认可程度往往也会影响与其共享知识的意愿。

上述个体寻找知识时面临的困难，个体需要解决"向谁寻找知识"、"知识存在的地点"、"获取知识的可靠性"三个问题。社会资本理论认为个体行为是嵌入在一个具体、实时的社会联系系统中的。并且，知识作为资源，也是嵌入在社会网络与社区中的。社会资本正是通过其动员网络中资源的能力，有效地解决了识别知识方位、知识获取可靠性等问题。这样，社会资本就成了个体搜寻知识的主要路径和平台。

（二）个体社会网络对知识寻找的影响

成员从企业内部网络中寻找知识过程受到嵌入网络之中的个体社会资本丰裕程度影响。社会网络中的个体通过密切的社会互动和合作，成员间增进了对彼此的了解，也包括对对方知识的了解。这构成了个体在寻找知识方面的一个知识存量，有利于企业成员形成非物质形式表现的、个人头脑中的"知识地图"，并且该"知识地图"随着企业成员动员社会网络资源能力的不同而发生变化。

个体在网络中的位置影响其对于企业内部知识了解。Tsai 和 Ghoshal 发现，处于网络中心位置的个体在知识资源交换中更加活跃。结构效果体现于一种关于"谁知道什么"的意识，扩大了个体通过私人网络获取知识资源能力。[281]笔者认为，网络中心成员在"向谁寻找知识"方面存在优势，因为他与网络中其他成员联系较多，互动过程便利了中心地位成员形成网络成员的"知识地图"，即使中心位置成员本人无法获知"知识存在的地点"，但仍可通过他人处获取知识的相关信息。笔者认为，网络中心位置是一个社会关系的统计概念，并不能代表网络中心成员在企业科层结构中也一定处于中心性位置。例如，达文波特所讲到的企业资料室管理人员在企业内部知识市场中发挥的知识经纪商的作用。[110]虽然企业资料室管理人员处于网络中心性位置，但实际上，他在知识寻找中更多发挥的是信息员的作用，还不能更好地解决“获取知识的可靠性”问题，因此他动员和利用这些知识的能力也是有限的。

处于结构洞位置的成员具有控制网络内信息流动的作用。如果成员处于结构空洞的跨越者——桥的位置，那么成员在获取和控制高质量知识和信息方面具有一定优势。在寻找知识过程中，个体成员若靠近桥的位置，将优先获得高质量知识的相关信息。并且由于结构洞的存在，其他成员只有通过占据桥位置的成员才能与知识源沟通。总之，占据桥位置的成员得到的不仅包括“知识存在的地点”和应该“向谁寻找知识”的高质量信息，即桥位置的成员在知识寻找范围上有比较优势；而且他对知识源共享知识的意愿也能有很大程度的把握。

网络密度也影响着企业成员的知识寻找过程。处于紧密联系的网络团体中的成员，能够比较熟悉地了解网络成员拥有知识的状况。在寻找知识过程中，紧密型网络赋予成员有效获取的能力，由于彼此拥有共同背景以及语言符号系统，在知识共享的质量上和效率上具有明显优势。另外，在这种封闭的紧密型网络中，不合作信息很容易得到快速传播，会对“不合作”成员产生更有效的惩罚，有利于合作规范的形成。因此，紧密型网络增加了知识共享的可靠性。但紧密型网络也有缺陷，紧密型网络内成员的身份、地位相似，工作经历相似，成员间的知识相似性程度较高，这就造成成员在网络内寻求异质性知识时获得的帮助较少。

相比而言，在松散的社会网络内，成员之间知识差异性较大，可共享的知识资源相对丰富，知识接受方能寻找到大量异质性知识。但松散的社会网络也有缺点，表现为成员之间联系较少，形成准确的网络“知识地图”比较困难，“谁拥有知识”和“谁掌握知识存在的位置”这些信息比较模糊，不确定程度很高，成员要寻找到知识存在的位置需要花费较多的搜寻成本。即使能准确找到知识源，但由于成员间关系较松散，要有效动员该网络成员进行知识共享仍比较困难。

（三）人际信任对知识寻找的影响

许多学者都对信任做过研究，但至今没有形成对于信任的统一解释。

在此，本书借用麦卡利斯特（McAllister）的观点，将信任分为情感基础信任和认知基础信任。[101]其中，情感基础信任是指双方建立了密切的情感联系，相信对方的行为不会损害自己的利益，从而给予的信任。情感基础信任产生于特定的关系或频繁的社会交往，成员间有高度的信任，彼此可分享敏感的个人信息、观点和知识；认知基础信任是根据所收集到的信息，对对方行为的可信性做出推断后，给予的信任。认知基础信任一般建立在工作关系中，互动角色中表现出的可靠性和职业能力，是双方产生信任的共同基础。

两者的相同点在于它们都产生于人际互动过程，成员之间为获得某方面收益都存在权利让渡，因此存在一定的风险。它们的不同点在于，两者建立的基础不同，由此产生的风险和收益程度也不同。因此，在知识共享过程中，情感基础信任和认知基础信任所产生的影响是不相同的。

格兰诺维特发现，个体间关系强度的差异导致信息交流的差异。[165]由于强联结是在社会经济特征相似的个体之间发展起来的，相似度高的个体所了解的事物和社会经历在很大程度上相同，因此在强联结维系的同质群体内部，知识以固有形态存在，个体难以获得新的知识。同时，弱关系相对强关系更有利于新信息的转移。原因在于，弱联结所联系的是两个社会经济特征不同的个体，它们嵌入在不同社会网络中，拥有异质的信息源。作为群体之间的联结，弱联结可以跨越不同的信息源，起到沟通和连接网络中异质群体（如不同职能部门）的桥梁作用。弱联结的存在降低了获取知识的难度和成本，使人们可能将更多的时间和精力关注于核心任务。汉森（Hansen）研究了项目开发中个体关系强度对知识转移的影响，认为强关系对转移编码和非编码知识比弱关系更有成效。[162]布蒂（Bouty）也在对法国各类机构研究者的访谈中发现，个体间的熟悉度、竞争度和信任程度是影响跨组织个体间知识共享的三个关键变量，它们对知识共享的内容选择产生复杂的影响。[167]

笔者认为，在知识寻找过程中，知识接受方首先面临的问题是“谁拥有自己需要的知识技能”，并对其掌握程度有一个主观评估，才能开始向潜在的目标搜寻、索取所需要的知识。这个过程也就是知识接受方头脑中形成“知识地图”的过程。由于个体获取知识的活动受到对他人技能的识别、路径的长度和潜在成本的影响。在个人可触及的社会网络中，知识接受方为了达到一个既定目标，总是倾向于找到对自己不构成利益威胁，并与自己建立了情感基础信任的同伴或同事。因为这样不仅可以控制自己的弱点暴露在有限范围内，不会带来无法估量的影响，而且还可以准确掌握哪些人拥有自己需要的知识。若无法达成这样的目标，知识接受方才会考虑搜寻成本，这时，那些路径最短、能耗最低的知识源就进入接受方视线。

向谁寻找知识的过程还是一个可靠性选择的过程。若与自己建立情感基础信任的同伴或同事拥有自己需要的知识，基于双方长期利益的考虑，知识接受方获得帮助的可能性将得到提高。即使对方没有自己需要的知识，也可能会提供寻找知识的方向，帮助知识接受方节约筛选冗余信息的时间和成本。

在解决了“向谁寻找知识”问题之后，知识接受方已经大致了解了知识存在的地点、获取知识的可靠性。此时，知识接受方面临的问题就变成“确立知识共享关系”的过程。知识接受方将会对知识源的能力进行主观评估，并发出共享知识的请求，认知基础信任是主要影响因素。在这个过程中，知识源考虑的是能否从共享中获益，若知识接受方与其关系紧密则换得的是长期利益，若知识接受方与其关系一般或存在相互信任的第三方，则获得的是短期利益。

本书认为，在知识寻找过程中知识接受方拥有主动权。在决定向谁寻找知识的过程中，知识接受方受到情感基础信任影响较大。在确定知识共享关系的过程中，知识接受方受到认知基础信任影响较大。

第三节　知识转移阶段企业成员的策略

当企业成员利用个体的社会资本成功找寻到需要的知识，并与知识源达成知识共享关系后，个人的知识共享过程进入知识转移阶段。在此阶段，成员之间达成知识共享协议，但由于知识的隐性特征，转移知识的数量和质量并不能得到准确衡量。随着知识接受方对所转移知识的了解程度逐渐加深，知识接受方对知识源传授知识的能力以及知识的质量提出更高的要求；而知识源也可能利用知识共享关系对接受方实施“敲竹杠”行为。

一　知识转移过程存在的风险

知识转移是指知识从知识源转移到组织中其他人或部门的过程。[2]它是知识共享的一个重要阶段，主要强调在知识共享主体控制环境下，知识从拥有者到接受方的传播，实现个体间知识差距的缩短，因此知识转移是知识的单向流动（见图4－4）。

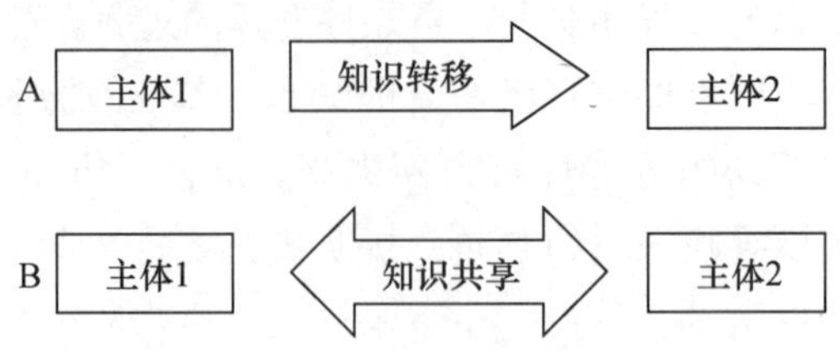

图4－4　知识转移与知识共享的区别

资料来源：笔者整理。

企业成员间的知识转移在任何时间都有可能发生，甚至在吃饭的餐桌上，一个公司电话便开始了成员之间的知识转移。企业或个人要想完全界定清楚知识转移过程中双方当事人的权力、义务、相应的处理措施及所要达到的最终结果，是不可能的事情。即使成员之间建立了比较正式的知识转移关系，也可能因为知识转移过程中出现无法完全预测的情况，如主体的有限理性、企业内部知识市场的不确定性以及双方信息的不对称等，而导致知识转移过程存在诸多不确定性。

（一）知识转移过程中的机会主义

在企业内部，成员之间长期交往使他们比较清楚地了解对方拥有的知识以及对方的知识共享意愿。但是，人们面临的环境是不确定的，且由于有限理性的存在，很难保证合作会给双方带来一定的收益。第三章已讨论过知识的特性，知识的特征包括内隐性、复杂性、不确定性、专用性、路径依赖性等。因此，企业成员间的知识共享关系协议中知识未明属性是客观存在的，当未明属性越多，知识共享双方就越有可能利用这些未明属性，在知识转移过程中采取机会主义行为以谋取自身的最大化利益。这就造成了知识转移过程存在诸多不确定性因素。

企业成员出于工作需要或个人感情，会存在密切联系和频繁互动，形成密集的人际关系网络，而这种人际关系网络同时也是企业成员之间技术知识转移和流动的主要渠道。在进行知识转移时，知识共享主体需要考虑他们之间的关系，关系资本可以增强知识转移的信心。对伙伴机会主义行为的猜疑常常导致对知识源缺乏共享知识的信心。现有研究表明，伙伴之间的相互信任可以减少这种对机会主义行为的担心。当决策者感到不再为伙伴的机会主义行为过分保护自己时，就会增加合作的透明性与开放度，从而引发更加自由、丰富的知识交流。

在知识转移过程中，机会主义行为主要表现在：

第一，逆向选择。由于异质专用性导致知识质量的不确定性以及交易各方信息不对称，知识接受方无法及时识别知识源的能力以及可靠性等行为特征，使得在选择时面临低质量伙伴参与知识共享而高质量伙伴不参与共享的困境。在企业成员就知识共享关系达成协议之前，知识接受方需要对掌握某方面知识的潜在知识源的能力、价值取向、知识转移意愿等情况进行细致的考察，以准确衡量知识源准备转移的知识的质量。但同时，知识的资产专用性特征给知识接受方察觉、识别这种知识增加了难度，知识接受方对知识源只有有限的了解。这就使拥有低附加值知识的知识源具有实施机会主义行为倾向的可能性。

第二，道德风险。知识共享主体双方进行知识共享的动机在于从知识的共享中获取收益（这里的收益可以是经济收益，也可以是关系收益）。因此，当知识共享主体不需要为自己的行为承担全部后果时，他就有可能做出违背双方约定的行为。例如，在知识转移进行过程中，知识源表现出消极被动，故意拖延，提供低质量的知识；知识接受方则可能表现为，一旦他获得了所需的知识并在企业内部获得竞争优势，有可能会强制中断知识共享关系。如果知识接受方采取机会主义行为，那么对于知识源来讲就丧失原有的知识竞争优势，在企业中的地位也受到威胁。

因此，对知识转移双方而言，知识转移过程时刻存在机会主义风险。一旦某方成员觉察到对方有机会主义行为倾向，与对方的信任关系将受到破坏，知识转移的质量也随之下降。

（二）知识转移过程中的公平性问题

知识转移过程顺利进行需要双方遵守公平的利益分配机制。虽然有些企业没有关于这些公平性原则的具体规定，但是，许多企业知识转移的实际案例说明了公平原则的重要性。

一般而言，企业成员在知识转移过程中投入越多，所获得的收益（经济或关系收益）也越多，知识共享主体双方对公平原则的认同有时超过经济利益。然而，现实生活中，知识转移公平性原则的实施却没有想象的那么容易。科层制以权力控制为导向，成员之间的社会地位存在差异。当决策层需要某方面知识时，企业成员会竭力将详细的工作方案及时送递到决策层办公桌前，这样的知识传递一般属于企业日常工作的一部分，企业成员会因此得到奖励。但也存在这样的现象，决策层会向成员咨询关于个人知识方面的问题，成员碍于情面或由于等级地位的差异无法推辞，而此类知识的转移往往得不到适当的回报。在这种情况下，双方即使存在知识共享关系，双方的地位也是不平等的。基于成本和收益的考虑，员工可能表现为对上司的知识转移请求故意拖延，或者选择转移低质量的知识。在科层制中，核心决策层远离第一线，这与知识的实践性并不相符，因而无形中降低了知识的利用效率。

成功的知识转移依赖主体双方的互动与合作，如果知识共享主体认为在知识转移中获得的收益与付出的成本相比极不均衡时，就会产生不公平感，继而影响其知识共享行为。对知识源而言，把知识转移给知识接受方付出的成本太多，包括知识表达、沟通和管理成本。他们有可能抱怨收益太低，希望知识接受方支付更多的报酬，若要求得不到回应，知识源就有可能终止知识转移过程。从知识接受方来讲，他认为自己已付出了大量成本（主要成本包括寻找知识和吸收知识的成本）而要求知识源提供更多高质量知识。如果知识源认为这个要求不合理，那么知识转移过程也可能就此中断。因此，知识转移过程中知识源和知识接受方都有他们基于成本和收益的考虑，成本/收益不均衡将破坏知识转移的公平性原则。知识转移中双方越是不平等，知识转移的风险性就越高。

（三）知识专用性带来的风险

资产专用性，是指因资产被移作他用所带来的损失。就知识资产而言，是指某项知识用于其他方面时产生的价值比用于特定用途产生的价值小得多，因此这种知识只能适用某特定用途，改作他用将价值低微甚至不能产生价值。

在知识转移过程中，知识的专用性越强，知识源就越有可能实施“敲竹杠”的机会主义行为。对于知识接受方而言，专用程度很高的知识若无法顺利地转移吸收成为自己的知识，那么所付出的知识寻找、理解、吸收的成本将变为沉没成本，一旦知识转移过程中断，知识接受方将无法收回沉没成本。知识专用性给知识源带来了可占用专用性准租，而知识接受方不得不出更高的价格来获取这类知识，这就产生了“套牢”问题。“套牢”问题是在资产专用性的条件下，交易一方利用契约不完全去占用另一方准租金的事后行为，是交易费用、非对称性信息和事后机会主义行为的结果。[168]

知识源既有可能在知识接受方寻找知识时利用信息的不对称以及契约的不完全特征，隐蔽知识专用性特征，实施“套牢”行为；也可能在知识转移过程中要求增加共享收益，否则就中断知识转移过程，这就是利用知识专用性带来的“捆绑”效应。两种行为不仅降低了知识转移的效率，还增加了知识交易的成本。

实际上，当知识接受方向知识源提出共享知识的要求时，双方就面临“套牢”的风险。为防止对方实施“敲竹杠”行为，双方可能在专用知识上的投入较少，仅与通用知识上的投入相当，所以专用性知识的转移通常是低效率的。

二　知识转移过程的关系博弈分析

（一）知识转移的类型

麦克内尔认为，契约是有关规划将来交换过程当事人之间的各种关系，是对交易当事人各种关系的约定。他区分了三种类型的契约：古典型契约、新古典型契约和关系型契约，并详细分析了这三种契约分别对应于三种类型的交易。威廉姆森也根据资产的专用性、不确定性，把交易活动分为六种类型，从交易成本理论出发，对相应的制度安排做了分析。

从知识转移的角度看，知识转移本身也是一个交易的过程。根据知识的专有程度，可以分为通用型、混合型和专有型三类知识。再结合知识交易的频率，知识交易有以下几种类型（见图4－5）。

<table>
<tr><td colspan="2" rowspan="2"></td><td colspan="3">知识的特点</td></tr>
<tr><td>通用</td><td>混合</td><td>专有</td></tr>
<tr><td rowspan="2">频率</td><td>数次</td><td rowspan="2">市场规制
（古典契约）</td><td colspan="2">三方规则
（新古典契约）</td></tr>
<tr><td>经常</td><td colspan="2">双方规制　统一规制
（关系性缔约活动）</td></tr>
</table>

图4－5　知识转移与交易类型

资料来源：根据威廉姆森（2001，中文版）修改。[169]

从图4－5可以发现，通用性的知识不受交易频率影响，只需极少交易成本即可实现知识的转移，因此适合于古典契约，即市场规则；而在知识专用性较强，交易次数较少的情况下，知识转移的中断会给知识共享主体带来损失，所以利用企业的正式规章制度或网络成员的第三方压力，可以合理地控制知识转移的成本；在知识专用性较强，且转移次数较多的情况下，出于规模经济和节约交易成本的目的，知识交易更适合在企业内进行，企业成员需要缔结关系性契约。

考虑知识转移中的不确定性。在知识专用程度不高的情况下，不确定性增加不会影响双方对知识转移策略的选择，因为专用程度不高的知识大多为显性知识。即使对方中断知识转移过程，另一方也可以从企业内部知识市场以较低成本获得相同或者类似的知识。对于此类知识的转移，只要企业内部知识市场合理运行，知识转移就可以发生。

知识的专用性程度增加时，知识的隐性程度也在增加，此类知识的共享对知识共享主体双方的契约提出了要求，双方的知识共享关系将由新古典缔约方式向关系型缔约转变，共享主体需要对知识转移过程制定更详细和更灵活的实施机制，加强对彼方的约束。当然，双方也有可能牺牲知识的专用价值，对知识转移进行统一规制。

从交易成本理论出发，我们能够对知识转移过程有更深刻的认识。知识转移是有成本且存在风险的，尤其对于隐性知识的转移，不仅需要企业成员双方具备较强的知识表达、吸收能力，还需要成员之间关系网络的协调才能更加有效地进行。

（二）市场交易下的知识转移博弈模型

在不考虑成员之间的相互关系情况下，知识源有两种可供选择的策略：提供高质量的隐性知识和提供一般知识。由于知识的价值难以衡量，且知识接受方掌握的市场信息是不完全的，所以知识接受方仅采取简单的处罚措施，处罚的金额远不及知识源付出的知识转移成本。这样，我们就可以建立一个不考虑成员间关系约束的知识转移博弈模型。

假设知识源提供一般知识所需成本为 C_1、提供高质量隐性知识所需成本为 C_2，$C_1 < C_2$；不考虑知识接受方的吸收能力，其吸收一般知识获得的收益为 V_1、吸收高质量知识获得的收益为 V_2，且 $V_1 < V_2$。知识接受方对对方提供的知识进行监督的成本为 E，对知识接受方违反约定只提供一般知识的行为处罚为 F，$F > E$。如前面所说，由于信息的不完全和知识价值难以衡量，$F < C_1$，且 $F < C_2 - C_1$。

表4－2表明，在该博弈模型下，存在纯战略纳什均衡，即无论知识接受方是否监督知识的价值，知识源的占优战略都是提供一般知识。由于 $F > E$，知识接受方的占优战略是监督。因此，该博弈模型的纯战略纳什均衡为（监督，一般知识）。

表4－2　　　　知识转移的简单博弈模型

		知识源	
		一般知识	高质量知识
知识接受方	监督	$V_1 + F - E$，$-C_1 - F$	$V_2 - E$，$-C_2$
	不监督	V_1，$-C_1$	V_2，$-C_2$

资料来源：笔者整理。

在实践中的合理解释是，知识源为保持在企业中的知识权威，在知识转移中往往只愿意转移一般知识，并且由于高质量的隐性知识转移成本较大，转移一般性知识也节约了知识源的时间和精力。即使接受方发现知识源提供的是一般性知识，由于其无法准确衡量知识的价值，其处罚也远低于提供一般知识所节约的成本。因此，知识源宁可接受处罚，也不愿投入相当精力进行高质量的知识转移。而知识接受方没有适合的约束机制可以采用，只能进行象征性处罚。结果就表现为许多企业的知识共享通常是一些显性知识的共享。

为此，许多企业加大对员工提供一般知识（即显性知识）行为的处罚力度，以促使员工提供高质量的知识，即 $F > C_2 - C_1$，则此时该博弈模型不存在纯战略纳什均衡。

假设，知识接受方监督的概率为 α，知识源提供一般知识的概率为 β。则知识接受方选择监督的（$\theta = 1$）和不监督（$\theta = 0$）的期望收益分别为：

$$u_1(1,\ \beta) = (V_1 + F - E)\beta + (V_2 - E)(1 - \beta) = (V_1 - V_2 + F)\beta + (V_2 - E) \tag{4.9}$$

$$u_1(0,\ \beta) = V_1\beta + V_2(1 - \beta) = (V_1 - V_2)\beta + V_2 \tag{4.10}$$

由 $u_1(1,\ \beta) = u_1(0,\ \beta)$ 解得：

$$\beta_1 = \frac{E}{F} \tag{4.11}$$

即：如果知识源提供一般知识的概率小于$\frac{E}{F}$，知识接受方最优的策略是不监督；如果知识源提供一般知识概率大于$\frac{E}{F}$，知识接受方最优的策略是监督。

对知识接受方监督的概率α，知识源提供一般知识（$\beta=1$）和高质量知识（$\beta=0$）的期望收益分别为：

$$r_1(\alpha,\ 1) = -(C_1+F)\alpha - C_1(1-\alpha) = -F\alpha - C_1 \tag{4.12}$$

$$r_1(\alpha,\ 0) = -C_2\alpha + (-C_2)(1-\alpha) = -C_2 \tag{4.13}$$

由 $r_1(\alpha,\ 1)=r_1(\alpha,\ 0)$ 解得：

$$\alpha_1 = \frac{C_2 - C_1}{F} \tag{4.14}$$

也即，如果知识接受方监督概率小于$\frac{C_2 - C_1}{F}$，知识源的最优策略是提供一般知识；如果知识接受方监督的概率大于$\frac{C_2 - C_1}{F}$，知识源的最优策略是提供高质量知识。

因此，企业内部成员知识转移的简单博弈模型的混合战略纳什均衡是$(\alpha_1 = \frac{C_2 - C_1}{F},\ \beta_1 = \frac{E}{F})$。在假设的条件下，知识源以$\frac{E}{F}$概率选择提供一般知识，而知识接受方以$\frac{C_2 - C_1}{F}$的概率对转移过程的知识进行监督。

在实践中，知识源倾向于提供“亚隐性知识”，而知识接受方对“亚隐性知识”不熟悉，增加了其识别知识价值的成本，且受资金、时间、信息技术等条件的限制，知识接受方不可能随时对知识共享行为进行监督。这就导致知识接受方缺乏衡量知识价值的积极性。

（三）关系缔约的知识转移博弈模型

上述知识转移博弈模型忽视了企业成员处于一定社会环境，受成员间关系的约束。实际上，在知识转移过程中，知识共享主体在做出各种决策时，不仅受到经济利益的驱动，还受到双方关系的制约。

笔者认为，知识转移双方处于一定社会网络中，受网络成员间规则的制约，若某成员违背共同遵守的规则，则不仅要受到知识转移伙伴的经济处罚，还受到被剔除出网络的处罚以及赔偿因其“示范效应”而给网络带来的损失。与此同时，知识接受方损失了知识源作为网络成员时所能获得的“知识溢出”的收益。

在此（见表4-3），V_1、V_2、C_1、C_2、F、E 与表4-2相同，若知识接受方发现知识源提供了一般知识，则不仅要对其做经济处罚，还需要承担因其恶劣影响带来的网络效益损失 S；此时知识源除遭受经济处罚外，因被剔除出网络而损失 D。当然，知识接受方也损失了知识源作为网络成员时的“知识溢出”收益 T，且 $2S>T$。假设，$C_2>F+D+C_1$，$2S+F>E+T$，在这种假设下，该博弈模型不存在纯战略纳什均衡。否则该模型存在纯战略纳什均衡（监督，一般知识）。该假设的现实意义在于，知识接受方防范知识源的机会主义行为所挽回的损失远大于监督的成本和知识溢出的收益，但由于隐性知识的价值难以准确衡量，知识共享主体只能以现有手段，对违反知识共享规则的行为做出经济和关系处罚。

表4-3　知识转移的关系博弈模型

		知识源	
		一般知识	高质量知识
知识接受方	监督	$V_1+S+F-E-T$，$-C_1-F-D$	V_2-E，$-C_2$
	不监督	V_1-S，$-C_1$	V_2，$-C_2$

资料来源：笔者整理。

因此，仍假设知识接受方监督概率为 α，知识源提供一般知识概率为 β。则知识接受方选择监督的（$\theta=1$）和不监督（$\theta=0$）的期望收益分别为：

$$u_2(1,\beta)=(V_1+S+F-E-T)\beta+(V_2-E)(1-\beta)=(V_1-V_2+S+F-T)\beta+(V_2-E) \quad (4.15)$$

$$u_2(0,\beta)=(V_1-S)\beta+V_2(1-\beta)=(V_1-V_2-S)\beta+V_2 \quad (4.16)$$

由 u_2（1，β）$=u_2$（0，β）解得：

$$\beta_2=\frac{E}{2S+F-T} \quad (4.17)$$

即如果知识源提供一般知识的概率小于$\frac{E}{2S+F-T}$，知识接受方最优的策略是不监督；如果知识源提供一般知识的概率大于$\frac{E}{2S+F-T}$，知识接受方最优的策略是不监督。

对知识接受方监督的概率 α，知识源提供一般知识（$\beta=1$）和高质量知识（$\beta=0$）的期望收益分别为：

$$r_2(\alpha,\ 1) = -(C_1+F+D)\alpha - C_1(1-\alpha) = -(F+D)\alpha - C_1 \tag{4.18}$$

$$r_2(\alpha,\ 0) = -C_2\alpha + (-C_2)(1-\alpha) = -C_2 \tag{4.19}$$

由 r_2（α，1）$=r_2$（α，0）解得：

$$\alpha_2 = \frac{C_2 - C_1}{F+D} \tag{4.20}$$

也即，如果知识接受方监督概率小于$\frac{C_2 - C_1}{F+D}$，知识源的最优策略是提供一般知识；如果知识接受方监督概率大于$\frac{C_2 - C_1}{F+D}$，知识知识源的最优策略是提供高质量知识。

因此，企业内部成员知识转移的简单博弈模型的混合战略纳什均衡是 $\alpha_2=\frac{C_2 - C_1}{F+D}$，$\beta_2=\frac{E}{2S+F-T}$。在假设的条件下，知识源以$\frac{E}{2S+F-T}$概率选择提供一般知识，而知识接受方以$\frac{C_2 - C_1}{F+D}$的概率对转移过程的知识进行监督。

（四）两种博弈模型纳什均衡比较

对于以上两种博弈模型，可以发现有两个共同点。第一，如果知识接受方的收益大于衡量知识的成本，知识接受方将提高衡量知识价值的投入。第二，只有在对违反知识共享契约的经济和社会处罚大于知识源提供一般知识获得的收益时，两种模型才存在混合纳什均衡，才可能使知识源惧怕高昂处罚代价而遵守知识共享关系约定。

对比两种博弈模型的混合纳什均衡结果 α_1 和 α_2、β_1 和 β_2，可以发现：第一，由于 $F+D>F$，在处罚金额相同的情况下，由于 $\alpha_1>\alpha_2$，即一旦知识源违反知识共享协议，网络成员将知识源剔除出网络的情况下，知识接受方可以适当减少衡量转移知识的价值的概率，这样既节约了成本，又使监督更有效。第二，对知识源而言，由于 $2S>T$，即 $2S+F-T>F$，在同等罚款金额情况下，$\beta_1>\beta_2$。也就是说，在社会网络规则的压力下，知识源提供一般知识的概率小于简单市场交易。

以上分析证明，成员之间丰富的社会资本资源不仅可以促进知识源提供高质量的隐性知识，而且还降低了知识转移成本。

三　社会资本与企业成员知识转移风险控制策略

借助数学模型证实了社会资本对于知识转移的重要作用。个体或组织的社会资本可以约束知识转移主体双方在转移过程中的机会主义倾向，提高转移知识的质量。下面就企业成员基于社会资本的知识转移风险控制策略进行具体分析。

（一）个体社会网络与知识转移风险控制策略

社会网络对隐性知识的转移影响显著，有资料表明，员工知识的70%来自非正式团体成员的交流和沟通，而非信息网络（包括知识库和知识管理系统）。隐性知识的不可编码性使得记录符号系统、信息网络和自动机器无法独立地承担转移中介和转移媒介角色，转移主体只能借助于社会网络中关系渠道和社会资本进行“干中学”或“师徒相传”。

从社会网络视角出发，如图4－6所示，企业内部网络由不同的主体A、B、C、D、E……及其相关的正式与非正式组织网络Ⅰ、Ⅱ、Ⅲ、Ⅳ、……共同组成。在图4－8中存在这样几个关键位置：结构洞位置（主体C所在位置）、网络中心性位置（主体B所在位置），边缘位置（主体E所在位置）。

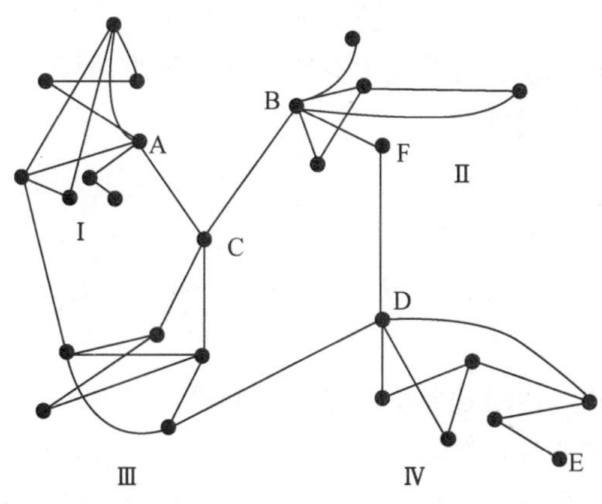

图4－6　企业内部成员社会网络模拟

处于结构洞位置的企业成员C在网络内处于非常重要的位置。成员C非属于Ⅰ、Ⅱ部门，但同时与两组网内部的重要主体A、B保持着强联系（也许C是非正式组织或职能领导），从而使这两个没有直接联系、相互独立的网络联系起来，具有结构洞，两个网络的知识信息必须通过 C 才可以交流，所以 C 是组织内非常重要的位置。在知识转移过程中，位置优势可以帮助成员 C 有效降低知识转移过程中的交易成本。成员 C 对于企业内部跨部门知识信息有较强的控制优势，能相对准确地衡量知识市场中某项知识的价值。另外，即使其在知识转移过程中遭遇过程中断的风险，成员 C 也可以利用位置优势迅速和其他成员建立起知识共享关系。

其次，结构洞位置可以增强知识转移过程的稳定性。在上一节，笔者已证实在知识转移过程中，关系特征可以防范知识源的机会主义行为。对处于结构洞位置的成员 C 而言，在日常的知识共享活动中，C 的桥梁功能为三个部门网络（Ⅰ、Ⅱ、Ⅲ）内的知识达到共享提供了便利，C 就对成员之间的关系具有控制优势。这样网络中其他成员对 C 产生了一种依赖，这增加了其和 C 进行知识转移的机会主义成本。如果 B 在与 C 之间的知识转移中存在提供低附加值的知识或中断知识转移行为，则在下一次 B 需要从 C 处获得某项知识帮助时，C 的控制作用将花费 B 更多成本，甚至 C 根本不与 B 进行知识转移。

最后，处于结构洞位置的成员还拥有获取优质知识资源的优势。Kimberly 和 Evanisko 研究发现，与组织外部专业人士进行联系，将会有利于个人的创新表现。[170] 从图 4-6 可以发现，C 成员能及时地知晓Ⅰ、Ⅱ、Ⅲ部门网络的最新知识，并将这些知识应用于研究领域，有利于提高个人自我组织和自我创新的能力。

网络中心性位置成员（成员 B 所在位置）在知识转移过程中可以有效地降低转移成本。成员 B 与组网Ⅱ内的每一位成员都保持着强联系，因此，他与组网内成员转移知识，尤其在转移隐性知识时就存在明显的优势。并且，由于日常工作中 B 与组内其他成员联系较多，当知识转移过程遭遇中断，他也可以迅速建立其他知识转移的途径。

当然，网络中心性位置也存在劣势。组网Ⅱ内成员联系紧密，成员 B 尽管拥有中心性位置优势，但优势主要体现在转移同质性知识方面，成员 B 无法获取大量异质性知识。并且由于与其他部门网络成员联系较少，缺少背景知识和共同语言，成员 B 与其他部门网络成员进行知识转移就比较困难。为了知识意图可建立联系或强化联系由弱变强，如 B 想从Ⅳ组网获取知识，可通过本组网络的 D 与组网中的 F 进行接触，通过与 F 保持频繁的联系或吸纳 F 为组网顾问或通过借调等手段，使组网的知识信息被 B 及其网络共享、导用。

Ⅳ组网较内避，与其他部门的沟通联系少，尤其主体 E 既不处于网络的重要位置，又只有极少的联系。E 要改变自己在网络中的地位，与其他成员达到知识共享，可强化原弱联系关系，增加交往频度使弱联系变为强联系，或直接主动与本网络中的领袖人物 D 进行沟通，建立联系。

（二）人际信任与知识转移风险控制策略

Kaj 认为，知识转移有面对面的接触与交流、电话交流、私人书面材料、正式书面材料、正式数据材料五种类型，如图 4－7 所示。[171] 不同的渠道在传递不同类型的知识方面存在差异，越是复杂的隐性知识，越需要通过人际沟通的形式进行交流。

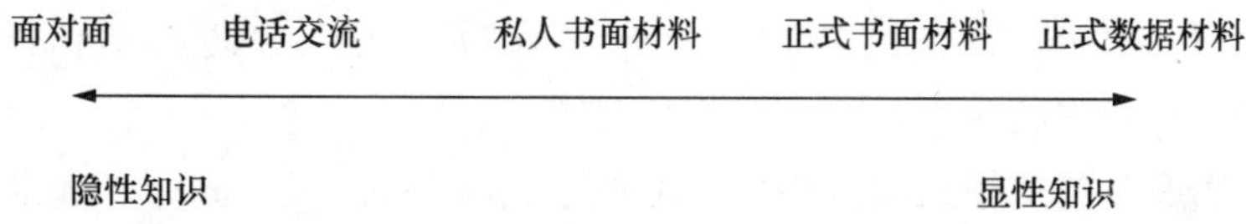

图 4－7 知识共享渠道与知识类型

资料来源：Kaj U. Koskinena，Pekka Pihlanto，Hannu Vanharanta，Tacit Knowledge Acquisition and Sharing in a Project Work Context［J］. *International Journal of Project Management*，2003，（21）：281－290。

默顿（Morten）认为，人们在选择知识转移方式时，主要考虑成本或便利性、质量两个因素，成本或便利性要求在知识转移过程以最少努力原则获取知识；而质量原则要求考虑从知识源获取的知识质量的高低。[172] 笔者认为，知识接受方在进行知识转移时，除了考虑上述转移成本和质量两个因素外，还要考虑知识转移过程的稳定性。充满不确定性的知识转移过程，不仅影响转移知识的质量，还增加知识转移的成本。因此，企业成员之间的知识转移受到双方信任关系的影响，信任是嵌入在人际关系结构中的，信任能促进知识的转移、理解、吸收和应用，降低知识转移成本，从而确保知识转移过程的顺利进行。在此，本书仍采用上节的研究角度，将人际信任区分为情感基础信任和认知基础信任，分别探讨企业成员在人际信任的影响下做出知识转移风险控制策略的过程。

首先，情感基础信任有助于提高共享主体知识转移的意愿。知识接受方向他人求助有可能让同行认为自己不能胜任现有工作，所以知识接受方面临风险。对知识源来讲，将自己拥有的知识转移他人也是有风险的，尤其是当这种知识是独特的且非常有价值的时候。[173] 当知识源感到将知识转移给他人的风险很大时，他或她将采取防御性的行为来减小风险[174]，例如提供方将隐藏、歪曲那些暴露其弱点的信息和知识，或者干脆拒绝转移知识。这种防御性行为将使知识的转移变得非常困难，甚至不可能发生。

其次，情感基础信任通过促进认同的产生，使知识源采用形式多样的知识转移方式。隐性知识难以理解，在转移过程中需要双方反复沟通，及时纠正错误的理解，这导致隐性知识的转移成本非常大，且在瞬息万变的环境中存在诸多不确定性。而人际信任是促进知识有效地转移的一个重要因素，基于情感信任考虑，知识源可以采用多种多样的表达形式，相对灵活的知识转移时间，引起并维持知识转移行为。因此，情感基础信任有助于复杂隐性知识的转移。

事实上，基于情感的信任关系类似于共有关系[175]，同时，麦卡利斯特也证实了基于情感的信任与人际公民行为之间具有正相关关系。[101] 知识源对接受方的基于情感的信任促进其对接受方认同的产生，从而促使知识源更愿意将知识转移给接受方。认同不仅影响知识源，同样也影响接受方，接受方对提供方的认同使其更愿意接受提供方的知识。接受方对提供方的认同使其感到自己与提供方的目标和价值观有更多相似之处[176]，因而接受方更有可能将知识的提供方看作“自己人”，从而减少了“不是自己的，就不用”的态度。

下面分析成员基于认知基础信任做出知识转移风险控制策略的过程。在开始知识转移之前，知识源会依据过去与接受方的互动过程中收集的信息线索来判断接受方运用新知识能力的高低，以此来决定是否转移以及转移何种知识给接受方。知识源越是相信接受方运用新知识的能力，则其感到转移知识的风险越小，从而防御性行为的水平越低。因此，在这种情况下，基于认知的信任水平越高，知识源转移知识的意愿就越强。拥有独特的知识对个人来说是一种竞争优势，将自己拥有的知识转移给他人是有风险的。对于知识接受方来讲，知识转移的双方之间往往存在着心理契约，即必须尊重知识源对知识的所有权。在此背景下，“尊重知识所有权”往往被双方理解为：接受方不应将通过所得知识获得的收益完全据为己有，而应在公开或非公开的场合下，以正式或非正式方式对知识源进行足够的利益补偿。但如果接受方破坏了这种心理契约，那么知识源将损失本应获得的收益。知识源会依据与接受方的互动过程中收集的信息线索来推断接受方遵守心理契约的可能性，从而做出是否转移以及转移何种知识的决定。[174]知识源越相信接受方会遵守双方的心理契约，则其感受到蒙受损失的风险越小，防御性行为的水平也就越低。并且对于知识源来讲，如果接受方因为误用了从知识源处获得的知识而造成了不利的后果，那么不仅接受方将很有可能被同行们认为是没有能力的，而且给予其建议、帮助或指导的人也很有可能被同行们认为是没有能力或是不怀好意。因此，如果知识源对接受方运用新知识的能力缺乏足够信任，那么他或她将减少甚至停止知识转移活动，以此减小自己面临的风险。

认知基础信任的积极意义在于，知识转移过程中双方的适当防范促进了企业成员知识共享契约关系的建立，推动企业知识共享制度建设。对知识共享双方权利和义务的明确划分，对知识转移过程中不负责任行为的约束，事实上将提高整个知识共享过程的效率。企业成员间基于认知基础信任建立起的知识转移行为，扩大了企业成员知识共享的主体范围，使原本属于小群体的知识扩展成为企业的知识。

本书认为，人际信任是人的一种心理状态，因而，从根本上讲，它应当是通过影响人们的情感、认知等心理过程来调节人们在知识转移活动中的选择和行为，进而最终实现其促进知识转移的作用。

（三）认知与知识转移风险控制策略

企业成员间拥有相似背景，在态度或个人特征上具有相似性，他们的思维和行为模式的一致性就越高，从而形成具有明显特征的、能够涵盖各方共享利益和策略并被各方接受的合作文化的可能性也越大。这种共同的文化能减少成员间的矛盾和冲突，强化成员行为的连续性和一贯性，保证关系资本受到最小的干扰和破坏。反之，没有共同的认知框架，个体就无法发现、理解和交换独特的知识。

Nahapiet 和 Ghoshal 提出了社会资本的认知维度。[28]在吸纳这些成果基础上，结合比较成熟的、可测量的概念，笔者认为，共同愿景可以作为反映高层次的结构性知识，而共同语言则可以反映低层次的组件性知识。共同愿景主要指组织成员对组织使命以及目标等认同，而共同语言则是在专业知识方面的共通。共同语言是沟通的基础。当成员之间有共同语言时，就很容易对他人的知识发生兴趣并能很快理解与吸收，这有利于成员之间进行快速的、大量的显性知识转移。反之，缺乏共同语言的个体很少能够认识到新知识的价值，增加了知识转移的成本。但当成员转移更系统化、抽象化的隐性知识时，共同愿景就十分重要。它为其提供了一个"顶层概念"，有助于成员从组织系统的角度理解知识的结构，从而有能力识别所交换与整合知识对组织的潜在价值[28]，并且只有从整体上认识隐性知识，才能把握其要领与精髓，才有利于知识的吸收与整合。[177]

建立统一认知的有效方法是在不同背景文化的企业成员之间进行良好的沟通。在通过跨文化的管理培训、鼓励非正式接触基础上，提高行为和策略的透明度等措施消除彼此的隔阂和陌生，使各种文化在合作中相互渗透和相互交融，最终通过相互学习，取长补短，形成成员企业都能接受的、既融合各种文化特色又有鲜明的合作特征的处事原则和方法，从而确保企业成员有一个统一的，并为各方所信任的文化基础来增强关系资本。

第四节　知识整合阶段企业成员的策略

当个体之间的知识成功转移后，知识共享进入知识整合阶段。知识接受方需要对新知识实施情境化处理，将吸收的新知识与其原先掌握的知识进行融合，使其在组织环境之中能够正常运行并发挥作用。整合的知识而非知识本身形成核心能力[178]，只有新知识真正内化为知识接受方自身所拥有的知识，并在实践过程中予以应用时，知识整合才能顺利完成。

Inkpen 认为，知识整合就是指个人与组织间通过正式或非正式关系促进知识的分享与沟通，并使个人知识转变为组织知识。[179]在企业中，随着个人之间知识共享和互动联系的数量和规模不断增大，知识共享的复杂性日益提高，企业成员有不断调整知识结构适应组织环境的需要。从企业角度看，新知识常常是以知识碎片、隐性形式分布在每个角落，知识整合就是要将不同来源、层次、结构、内容的知识与实践相结合，并通过实践将原本单一、零散的知识整合提升为新的知识体系，形成企业的竞争能力。因此，知识整合包括两个层次，即个体层次的知识整合和企业层次的知识整合。

一　知识整合的两个层次

知识整合的两个层次是由知识共享目标决定的。成功转移的知识是能够更有效率解决目前的问题，需要知识接受方对新知识进行评估、验证和应用，是企业成员进行知识调整的过程；伴随该过程的发生，知识共享主体双方还需要对本轮的知识共享方式和效果进行评估，以决定下一轮或今后的知识共享该如何进行，这是企业知识共享机制规范化的过程。

知识调整过程是知识主体将新知识运用到实践中去验证，消化、吸收并使之成为日常工作惯例的过程。对知识接受方而言，除了自身的知识存量影响其知识整合的能力外，新知识的类型、知识共享主体实践活动和结构位置的相似性、对知识源知识背景的熟悉程度等因素也影响接受方知识调整的效率。

从方式上看，知识调整是一个试错过程，也是一个互动过程。受知识复杂性限制，接受方不可能一次就完全把握复杂知识的全貌和本质，在试错中及时反馈问题，以从知识源获得进一步的帮助。同样知识源也不可能在短时间内清晰而全面地表达某项知识，因此试错过程是间断的、琐碎的。对于知识调整过程中新知识表现出来的问题，知识接受方需要考虑是新知识的本身的缺陷还是情景变化导致的知识适应性问题。知识接受方需要在知识源的帮助下，不断试错、纠正，从开始低效率地使用新知识到最后逐步达到双方满意的水平。一旦新知识有效地解决了目前的问题，知识接受方将接受新知识并运用到日常的工作中去，逐渐形成运用新知识的惯例。反之，若仍然无法解决此类问题，知识共享主体双方将向其他掌握此类知识的企业成员寻求帮助，这就形成了知识团队共同研究解决知识实践运用问题的局面。

知识共享规范化是知识共享主体双方在整合过程中面临的另一个重要问题。当整合知识尤其是复杂知识时，成员间频繁、双向、及时的知识交流和合作非常重要，这时候就需要有更复杂的协调机制，即知识共享规范化。对知识接受方而言，与知识源达成的知识共享规范不仅可以降低知识共享中存在的不确定性，而且为以后的知识共享节约寻找、表达和理解知识的成本。对知识源而言，知识共享规范化扩大了知识源的知识影响力，提高其在企业中的知识声望，为知识源获取潜在收益增加了机会。因此，知识共享双方都有意愿将知识共享过程中的表达、沟通方式正常化、规范化。

知识共享规范化也是企业的需要。企业已有的知识不一定都符合企业的长期战略目标，时刻需要将无用的知识彻底摒弃，将与企业发展战略密切相关的知识融合到企业的知识系统中来，这个任务伴随着企业的整个生命周期。[180]并且，在企业内部，不同员工和部门拥有不同的知识，这些呈无序状分布，影响企业在市场中的竞争力。企业必须对现有知识和新获取的知识进行筛选和整理，使之具有较强的柔性、条理性、系统性，以形成企业动态能力的过程。在此过程中，一方面企业为达到知识整合的总体目标，需要将该目标分解为各个层级的子目标，由具体企业部门的成员完成；另一方面企业成员之间也存在许多随时发生的知识共享行为，这些知识共享行为是实现企业整体知识整合的基础，构成企业整体知识共享的重要组成部分。但是这些知识共享行为是以局部的、零散的形式发生的，要对此过程做具体规制的成本较大，因此企业有促进成员之间知识共享规范化的需要。

二　社会资本影响下企业成员的知识整合策略

知识整合既是一个知识实践活动，也是一个个人社会资本拓展过程。企业成员只有基于社会资本对知识整合进行优化策略，才能提高知识整合的效果。

（一）知识调整策略

在知识调整过程中，知识接受方将新知识运用到实践中去，验证新知识与现实环境的适应情况，努力发现可能存在的问题并作及时调整。在此过程中，由于知识接受方面临的问题通常是一些未曾遇到过的新情况，加之他对新知识的运用还很不熟练，所以在知识转移过程完成后，知识接受方仍将尽力维持与知识源的关系。

与知识源维持知识共享关系，虽然需要社会关系成本的投入，但相比寻找新的知识源还是花费较少的。知识接受方一方面不需要花费重新寻找知识源的成本；另一方面，通过前面知识转移阶段的合作，双方信任关系不断加强，对彼此的知识共享行为就有较为准确的预期。那么，在知识整合阶段知识源实施机会主义行为的可能性大大降低，这就有利于知识接受方减少知识整合的成本。

对知识源而言，成功的知识转移不仅为其带来经济收益，还提高个人在网络中的声望。“知识卖家的良好声誉能够使其成为有效的知识买家。”[110]这为下一次的知识共享行为带来了经济收益，若知识源需要某方面的知识帮助，可以不费太多的成本。另外，知识声望提高了知识源的可信任度，有更多的知识接受方会与其建立知识共享关系，知识源则可以获得更多的个人利益。Telser 认为，丧失未来收益的威胁使双方缔结的合同自动实施，即使每一方都意识到另一方是狭隘自利的，出于声誉的考虑，包含潜在机会主义行为的交易也会持续下去。在知识整合阶段，即使知识源获得少于预期的收益，但考虑到成功的知识转移以及后期的知识支持，并且知识声望带来的收益将可能超过可见的经济收益，知识源仍会最大化合作收益。

知识的产生和分享无法脱离环境背景、社会、文化和历史[181]，因此，知识的产生和分享需要特定的情境空间，情境空间决定了参与的对象和参与的方式。野中郁次郎等认为，知识的产生和分享必须要有一个情境空间作为基础，将 Ba 定义为知识产生和分享活动的情境空间。[182]知识总是特定情景下人的认识，若知识源与知识接受方之间的工作环境存在较大差异，则从知识源工作情景转移过来的知识不一定适合知识接受方的工作情景，并且会出现一些意想不到的问题，这些问题甚至连知识源都无法解决。换句话说，如果没有交流主体的共同在场，就不可能形成一个经济便利的语言交流条件，也无法创造一个供交流者进行观察、示范、模仿的环境。

知识整合过程逐渐由知识单向流动转变为知识双方交流和互动过程。知识是多维的，只有将语言与当时情境结合才能有效理解说话者的真实意思表达。[42]牵涉合作双方的知识整合背景由知识源的知识背景、知识接受方的知识背景以及双方合作者互动创造的知识背景三部分组成。双方合作者互动创造的知识背景主要指合作关系，合作关系越紧密，知识整合成功的可能性越大。知识共享主体需要将自己的工作环境详细地介绍给对方，双方运用各自的知识存量，共同研究分析知识在新环境中运用时出现的问题。通过这个过程，双方的知识都得到增长，并形成了基于共享知识的共同语言和符号系统，使得知识共享的成本下降。并且随着知识共享的频繁发生，双方的关系更为密切，这有助于双方更深入地讨论出现的问题。直至新知识在新环境中应用达到一个令双方都满意的结果，知识整合过程才告一段落。

知识整合成本主要包括成员双方的时间成本和机会成本。如果双方对知识整合的时间成本和机会成本投入超过了社会资本的投入，或因双方知识整合目的不同导致成本/收益极度不均衡，那么知识整合过程将不能持续下去。知识源可能会与知识接受方维持现有关系，但拒绝对方知识整合的要求；知识接受方考虑到知识整合的实际成本与可能取得的收益之间存在较大差距，将放弃知识整合，知识接受方的知识实践将回复到原来的状态。

如果知识共享主体双方预期知识整合能产生很好的收益，他们将运用各自的社会资本，将网络内拥有高质量知识的企业成员纳入知识共享关系中来，形成多主体的知识共享关系。当参与的企业成员越来越多时，知识在网络内部得到了充分的传播，并且基于知识的语言和符号系统及认知文化也在更大的范围内得到承认，逐渐形成企业组织层次的知识共享。

这一方面说明，企业组织层次的知识共享是企业成员知识共享的目标。在企业内部，个体成员之间基于日常工作的知识共享行为，是有目的的企业知识整合行动的一部分，企业基于知识的动态能力构建直接影响企业成员知识共享的方向。另一方面，企业成员的知识共享行为又是企业组织层次知识共享的基础。在个体知识共享过程中，成员具有能动性，总是依据特定情况选择适当的知识共享伙伴，并在知识转移和整合过程中相互博弈合作，最终实现双方满意的知识共享效果。

可以看到，社会资本在推动微观个体层次的知识共享向宏观企业层次的知识共享转化过程中发挥了重要作用。个体社会资本避免了知识市场交易中的机会主义风险，节约了由知识的许多未名属性带来的交易成本，使个体层次知识共享成为可能。但此时仍然只是个体的知识共享行为，还没有融入企业知识共享目标中去。企业的知识共享是一个复杂的社会过程，涉及企业内部的各个部门和成员之间的协同、合作。而在知识整合阶段，共享知识在新环境中的应用过程推动了企业成员社会资本的增长，并且在企业社会资本推动下，企业成员之间的知识共享行为开始从单一主体向多主体演进，使更高层次企业的知识共享成为可能。

（二）知识共享规范化策略

在完成知识调整过程后，个体成员还需要将知识共享过程中双方形成的共享关系惯例化、规范化。

将已经形成的知识共享关系惯例化、规范化是个体成员知识共享的需要。其一，企业成员在经过一次知识共享后，已经就知识寻找、转移和整合过程找到了适合自己的方法和手段，并进行一些社会关系的投入。将知识共享关系惯例化、规范化，可以为下一次的知识共享行为节约知识搜寻、知识传递和吸收的成本。其二，经过一次知识共享过程，主体双方已经熟悉了双方的知识背景、理解知识和表达知识的方式，并形成双方都能够理解的共同语言符号。这些共同的认知既构成下一次知识共享的基础，也增加了成员之间社会资本的存量。因此，维持这种知识共享关系并将之规范化，可以减少双方在以后的知识共享过程中烦琐而复杂的程序。

从企业层面看，成员之间的知识共享关系惯例化、规范化可以促进企业知识共享制度的形成。很多企业知识管理制度来自企业成员的实践，从上而下制定的各种知识管理制度因缺少实践性，常常得不到推行，甚至遭到企业成员的抵制。尊重企业成员之间现有的知识共享关系，并使之规范化，可以促进企业知识共享目的的达成。成员之间的知识共享关系是从实践中形成的，体现了双方成员的知识共享意愿，将之规范化既体现了对企业成员知识创造的鼓励，也简化了知识共享的各种程序。因此，将知识共享关系规范化，不仅有助于企业建立统一的知识共享语言和符号系统，也推动了企业内部社会资本的增长，长期来看，知识共享关系规范化将促进成员之间的知识交流与创新。

实际上，将知识共享惯例化，规范化的过程就是知识共享主体双方社会资本维持的过程。规范是一种社会系统成员约定成俗的行为规则，是人们对行为做出价值判断的依据，它直接影响和决定系统中人们的行为界限。当知识共享主体双方形成基于知识共享的统一的语言符号系统，并达成知识共享的共同认知时，成员双方的社会资本得到了加强。正如科尔曼所说，有规范存在并有效的地方，它就构成了社会资本的一个强有力（虽然有时是脆弱的）的形式。[159]维持成员双方的社会资本不需要太多的经济和时间的投入，但其收益却是在企业成员需要知识支持时能够提供及时有效的帮助。

第五节　本章小结

本章主要从微观层次，分析了个体在知识共享过程的各个阶段，如何利用自身的社会资本资源，避免社会资本的结构性限制，争取知识共享的经济与社会效用最大化的决策过程。本章研究了个体知识共享中三个阶段面临的不同问题，指出在知识共享的各个阶段，社会资本对个体共享策略影响不同，进行具体分析十分必要。

在知识寻找阶段，个体成员以经济理性为主、关系理性为辅，以经济和关系利润最大化为原则作为企业成员知识共享决策的基本原则。通过将社会资本因素纳入个体知识寻找的成本/收益分析发现，知识共享主体相对效用的动态变化存在四个阶段：第一阶段，知识接受方由于对知识不熟悉，预期知识共享成本大于收益而缺少知识寻找的动力；第二阶段，为知识“溢出”阶段，共享知识主要是那些交流的难度低、付出成本少、附加值较低的知识；第三阶段，共享知识的隐性程度较大、附加值比较高，知识源的表达成本和潜在利益损失较大，缺少共享知识的动力，因此知识接受方在知识接受收益大于接受成本前提下，将持续地寻找新的知识源；第四阶段，知识主体双方知识共享成本均超出收益，知识寻找停止。在此基础上，笔者分析了知识寻找的困难，以及个人的社会网络，人际间的信任影响其知识寻找的范围和知识共享伙伴的选择。

知识转移阶段首先分析了知识转移过程中存在的风险，接着通过市场交易与关系性缔约的两种知识转移博弈模型对比分析，发现企业成员之间的社会资本有效地降低了知识转移过程中的风险，对知识源提供的知识质量和数量起到了约束作用。最后就企业成员基于社会资本的知识转移风险控制策略进行具体分析。

在知识整合阶段，本书认为，知识整合包括两个层次：个体层次的知识整合和企业层次的知识整合。基于此，本书分析了企业成员基于社会资本进行知识整合的两个优化策略，即知识调整策略和知识共享规范化策略。

第五章　企业内部知识共享网络的形成

在考察企业成员知识共享行为时，我们将社会资本理解为一种蕴藏于个体网络之中的资源，分析了个体知识共享行为是社会互动行为，以及在社会资本影响下企业成员的知识共享策略。在现实中，企业成员的知识共享行为受特定的组织结构和社会网络双重约束。因此，希望能在社会网络的框架下探讨知识在企业内部社会网络中共享的机理，否则很难理解个体知识共享行为是如何和企业的知识共享目标互动的。并且，笔者认为，企业成员的知识共享行为和企业组织层面的知识共享不应该是相互独立的过程，而是一个双向交互影响的过程，而对于社会网络的结构以及过程的理解可以很好把握其交互影响的规律。

社会资本不仅是一种个人拥有的资源，而且是一个组织、一个社区乃至整个社会所拥有的资源。从结构化形式的社会资本，即社会网络来看企业内部的知识共享，使我们不再拘泥于自我网络中获取、分享知识能力的考察，还拓展到企业作为一个整体共享知识的能力。格兰诺维特指出，社会资本乃是一种“结构性资源”，人们具有目的性的行为实际上是镶嵌在真实、正在运作的社会关系系统之中的。社会关系系统在现实的情境中就表现为具体的社会关系网络。社会关系网络一方面连接着那些结构性因素；另一方面又可以具体化为行为赖以展开的具体社会脉络。正如 Inkpen 和 Dinur 所指，“个人所拥有的隐性知识会通过这个过程被放大并内化为组织知识基础的一部分”。[183]

本章从社会资本结构化视角，即社会网络视角具体分析了其对知识共享的重要作用，揭示企业内部知识共享网络形成的基本规律。从而为企业如何创建一个企业内部知识共享网络提供理论指导和一定的操作建议。

第一节　企业社会资本的结构化形式

当考察社会资本理论发展的历史时，会发现社会资本理论的产生是建立在社会关系网络研究基础之上的。布朗持一种系统主义的观点，认为社会资本是按照构成社会网络的个体之间的关系类型在社会网络中分配资源的过程系统。社会关系状态中的社会资本呈结构性的分布状态，一是存在于正式的社会关系网络中（以显契约联结或科层式组织为主要特征），一是存在于非正式的社会关系网络中（以隐契约联结或非正式制度联结为主要特征）。前者必须通过正式的社会成员的身份去获取；后者则需要人们通过非正式制度的规则去获取。他还认为，社会网络是微观和宏观层次上的结果，而不是自在生成的力量，作为中观层次的社会资本，社会资本特定网络的结构化分析，有利于我们与各种社会结构和力量理论进行比较。

一　从网络结构出发研究社会资本的合理性

中观层次的社会资本研究主要关注行动者所在的社会网络整体的结构性特征及网络内部的互动对个体社会资源获取能力的影响。社会资本虽源于社会网络，但两者仍属于不同层次的概念，社会网络是一种客观的关系结构，为个体间的互动关系联结，而社会资本则是由于个体占据特定网络位置，或群体网络结构具有某种特性，而能产生的资源及优势。两者的联系在于社会关系网络的资本化就是社会资本，而企业内部的社会关系网络则是企业社会资本的依托和表现形式。如果企业内部的社会关系网络不能为企业“增值”，那么对企业而言，也就失去了建立和维系社会关系网络的价值。

（一）联结微观行为和宏观现象

中观层次社会资本研究力图把微观层次的个人选择与宏观层次的集体和社会选择结合在一起，以说明个人与组织之间的互动以及组织结构的转型。这个任务一直是新制度经济学努力从事的工作，但由于研究范式框架的限制，两个层次之间的矛盾难以轻易化解。

借助社会网络分析，中观层次社会资本研究在方法论上完成了从个体主义到结构分析的转化。在传统的社会研究中，微观研究主要集中于符号互动理论，很少关注宏观社会现象。宏观的分析则视社会结构为群体的集合，以阶层、种族、性别和宗教等加以区别。一旦某人被划为某个族群，则其行为就被贴上该族群的标签，成为社会结构决定下的傀儡。因为忽视了个人行为的能动性，自然也就无法看到个人行为对集体行动的影响。社会网络理论视社会结构为一张人际网络结构，研究着重于网络中的个人如何通过互动关系相互影响的动态过程。它既重视个人行动所处的人际网络，又承认个人行动存在一定的自由空间，认为人的理性选择是在一个动态互动过程中做出的。通过与社会关系网络内的成员互通信息，人的选择也在不断变化。因此，个体的行动既是自主的，又受到网络结构的限制。在人际间的互动与断裂中，网络结构发生变化，进而影响到集体行动的结果。

通过把价值判断和文化纳入网络，中观社会资本在解释社会行动者的行为动因方面更全面、更深入，增强了宏观层次上的集体行为和长期选择描述和分析上的说服力，也使微观的分析能够合理地解释宏观现象。

（二）兼容个人理性与社会制约

20 世纪 50 年代，哈佛大学经济学者杜森伯里说：“经济学研究的是人如何去选择，而社会学则研究人如何无法做选择。”经济理性的传统强调经济主体在从事经济活动中的预期假设、选择决策、推断演绎并追求效用最大化的过程。其突出的特征在于个人性、自在性。社会学的研究则强调社会规范、社会结构等社会因素对人的制约。

实际上，经济理性和社会制约是同时存在的个人行动的两面。社会网络分析在概念上就充分肯定了社会对个体行为选择的约束和推动，避免了以往一些范式中存在的个人与社会之间难以调和的紧张。

个人行为能否实现个人理性与社会理性的和谐，以及宏观社会制约能否解决集体行为的困境，不仅取决于个人和社会本身，还取决于双方联系的中间媒体——社会资本。社会网络作为连接、控制和黏合社会行动者和组织的力量，可能不是最有效的机制，但却解释了行动者与组织的内部团结和外部分化。

（三）沟通正式组织与非正式组织

在企业内部，既有严格的科层等级组织，各部门层级结构明晰，职能分工明确，按一系列规章条例协调部门以及职位之间的关系，各部门之间的边界明确而封闭；又存在无正式结构的非正式组织，它们自发形成，主要由一定的认同态度、观念习惯和默许规范来协调联系，无固定的等级、边界模糊不清，但却对人的行为产生实在的影响。多年来，学者们对企业内存在的这种正式组织与非正式组织的研究，一直在不同的理论框架中进行，形成了二元对立的趋势。

法国学者克罗齐耶和费埃德贝格在吸取韦伯、梅约、默顿和西蒙等研究的基础上，从行动的角度对传统的二元对立提出了挑战。任何群体行动都存在着行动之间的某种协调，离开了行动的协调，便不成为群体行动。通过对行动协调，形成一个相对稳定的模式或结构和相对稳定的社会关系体系，这就是组织。从这个意义上说，正式组织与非正式组织的差异仅仅是协调的程度而已，是从控制比较严密、比较强制的行动背景，到相对比较松散、比较自由的行动背景的一个连续变化的行动序列之中。费埃德贝格认为，“离开对成员行动的观察，对于体系的认识只能是一种缺乏活力的认识。任何对于‘体系’特征的假设或结构的假设，只能借助它们对行动者的经验行为的影响来得到证明，只有此时，该体系也即行动领域的结构，才能成为具体的东西。因此，优先考虑的研究既不是结构，也不是行动者，而是在行动的经验领域中的行动与组织过程。”[184]因此，组织是对行动领域进行构造和再构造的过程。从行动的角度固然可以融合正式组织与非正式组织，但专注于行动而忽视行动者所处的社会结构，使我们不能看到结构对人的行动的制约；并且专注于行动还会使我们忽视由行动引起的结构变化。

社会网络分析视角兼顾了行动者的行动和行动者所处的正式与非正式组织结构。从社会网络角度出发，个体之间的互动联系形成了网络群体，在网络中行动的单位不是孤立与封闭的个体，而是处于人际互动中的个体。网络像是一张无形的大网，将正式的组织结构与非正式组织包括其中，并借助正式制度与非正式的群体认知规范不断地向行动者施加影响，并使个体行动者获得情感与物质上的满足。因此，网络是行动单位（包括组织）生存的常态与基本环境，也是正式组织与非正式组织相互影响、相互制约的桥梁。

通过网络结构视角，中观层次的社会资本就能够突破企业森严的科层结构约束和个人的经济理性，并且为企业内部的知识共享、知识共享网络状况、知识共享网络结构形成过程及分配结果提供一个新的研究视角。

二 社会网络的若干理论范式

社会网络研究通常有两个研究视角：第一个研究视角是从个体出发，集中研究个体的自我中心网络，借此进行社会网络分析；第二个研究视角是从整体出发，主要研究组织整体社会网络关系的综合结构。

本章主要从整体网络视角分析企业知识共享行为，把人与人、组织与组织之间的纽带关系看成是一种客观存在的社会结构，分析这些纽带关系对人或组织的影响，这些纽带关系不是抽象的关系，而是现实发生的联系。下面介绍几个具有代表性的社会网络分析理论范式，以便借助这些分析工具来研究企业知识共享网络的具体特征。

（一）怀特的市场即网络思想

怀特的社会网络理论来自新古典经济学关于市场的论战。他认为，新古典经济学的无摩擦市场模型不是市场的真实反映。在其 1981 年的著名论文《市场从何而来》中指出，市场并不是由消费者定义的，生产者并不是根据消费者的欲望和判断的推测采取行动的，市场是从社会关系网络发展而来的，“社会网是经济交易发生的基础”。怀特就此认为，第一，生产经营者们从一开始就处在同一社会关系网络之中，他们相互接触、相互观察对方在同类和相关产品上的定价，所以生产经营者的社会网为他们提供了必要的经营信息。第二，同一社会关系网络中的生产经营者们相互传递信息并相互暗示，建立了一种信任关系。在这种信任关系的制约下，大家共同遵守同一规则，一起维持共识，从而使商业往来得以延续。第三，市场制度事实上产生于同处一个社会关系网络圈子中的生产商间，而不是按照纯粹的市场规律来行事。换言之，市场制度只是生产商社会关系网络内部相互交往产生的暗示、信任和规则的反映。[185]

（二）格兰诺维特的弱关系力量假设和“嵌入性”概念

格兰诺维特是社会关系网络理论主要创立者，1973 年他在《美国社会学杂志》发表的《弱关系的力量》一文，对社会网络分析产生了重大影响。他认为，社会关系是指人与人、组织与组织之间由于交流和接触而实际存在的一种纽带关系，这种关系区别于传统社会学分析中所使用的表示人们属性和类别特征的抽象关系（如变量关系、阶级阶层关系）。他首次提出“关系力量”概念，并从互动的频率、感情的力量、亲密程度和互惠交换四个维度上区分了关系的强弱。他认为，强关系是群体、组织内部的纽带，而弱关系是群体、组织之间的纽带。在此基础上，格兰诺维特认为，“弱关系充当信息桥”的著名判断。在他看来，社会经济特征相似的个体发展起来的关系大多为强关系，由于群体内部相似性较高的个体所了解的事物、事件经常是相同的，所以经由强关系获得的信息具有较高的重复性；与之相反，社会经济特征不同的个体之间发展起来的关系则多为弱关系，由于弱关系多建立在不同群体之间，因此信息常常通过不同群体间的弱关系得到传播。格兰诺维特强调，虽然所有的弱关系不一定能充当信息桥，但能够充当信息桥的必定是弱关系。[165]弱关系充当信息桥的判断，是格兰诺维特提出“弱关系力量”的核心依据。

“嵌入性”分析是社会学研究企业网络的主要视角，关于嵌入性研究的有关文献和进展可参见达辛等的综述性文章。[186]波兰尼最早在《大变革》（*The Great Transformation*）一书中引入了“嵌入性”一词[187]，嵌入性是指经济行为都要受各种因素（制度、文化、社会关系等）的影响，这些因素塑造了经济行为过程，被嵌入或植根于经济活动中。主流经济学方法忽视了这个问题，因为它们假定社会关系仅在很小的程度上影响经济行为。[153]波兰尼认为，经济从来不是一个独立的领域，在前工业社会中，像贸易、货币和市场这样的现象是由谋利以外的动机所激发的，并和具体的社会现实结合在一起，也就是说，经济是嵌入于社会、宗教以及政治制度之中的。在现代社会中，事情发生了根本性变化，决定经济生活的是价格和市场，个体在市场中按经济理性方式行事，经济交易不再由社会义务或亲缘义务决定。

格兰诺维特认为，嵌入性始终存在于前工业社会和工业社会，只不过是程度上的差异而已。网络嵌入理论要点在于，不管从何种角度出发研究经济现象，都必须考察经济行动者所处的社会关系网络以及个人或群体之间的互动。在此，格兰诺维特区分了“关系性嵌入”和“结构性嵌入”，“关系性嵌入”是行动者嵌入于个人关系之中，而“结构性嵌入”则指许多行动者嵌入其中的更为广阔的社会关系网络之中。两者的差异在于，关系性嵌入关注个体行动者面对的社会各种规则，而结构性嵌入则关注许多其他行动者的经济交换与更大范围的社会结构的关系。他指出，交换行为得以发生的基础是双方必须建立一定程度的相互信任。在以物易物的原始交换中，双方首先必须相互了解，相信对方有交换的诚意，信任对方对交换条件的认可，然后才能进行实质性的交换。而在现代社会交换中，信任同样起到降低交易成本的作用，若双方在交易中缺少信任，在每一次交易中，双方都必须在获得了必要的监督保证之后才能进行，那么，交易成本就会大大提高。格兰诺维特认为，信任来源于社会关系网络，信任嵌入于社会关系网络之中，而人们的经济行为也嵌入于社会关系网络的信任结构之中。[153]

同弱关系假设相比，嵌入性概念强调的是信任而不是信息。而信任的获得和巩固需要交易双方长期的接触、交流和共事，因此，嵌入性概念隐含着强关系的重要性。格兰诺维特自己并没有对嵌入性问题进行第一手实证证明。他的学生布兰·乌兹（Brian Uzzi）对一家芝加哥的银行的贷款业务进行了嵌入性问题调查证实，银行与长期客户浓厚的人情关系和信任感，以及携手处理突发事件的历史背景，使银行往往更愿意贷款给要求降低贷款利率的长期客户，而不是较高贷款利率的陌生客户。[188]

（三）林南的结构嵌入性资源

林南在发展和修正格兰诺维特的“弱关系力量假设”时认为，社会结构包含四个基本要素：地位、权威、规则和代理人。地位表现个体行动者对资源的占有，或者说是嵌入社会网络中的资源通过个体聚结成的网结；权威体现地位之间的关系，是控制与取得资源的权力；规则制约和引导在一定地位上的行动者或代理人如何取得有价值资源，它可以起到维持行动者在一定秩序中获取有价值资源的作用；代理人是占据那些蕴含资源地位的人。个体社会网络的异质性、网络成员的社会地位、个体与网络成员的关系力量决定着个体所拥有的社会资源的数量和质量。在一个分层的社会结构中，当行动者采取工具性行动时，如果弱关系的对象处于比行动者更高的地位，他所拥有的弱关系将比强关系给他带来更多的社会资源。

在林南看来，弱关系联结着不同阶层拥有不同资源的人们，所以资源的交换、借用和摄取，往往通过弱关系纽带来完成。而强关系联结着阶层相同、资源相似的人们，因此，类似资源的交换既不十分必要，也不具有工具性意义。为此，林南提出了七个命题：（1）社会资本命题：成功的行动在于积极地联结社会资本。（2）地位力量命题：出身地位越好，越有利于行动者获取或利用更好的社会资本。（3）强关系力量命题：关系越强，社会资本越可能积极地影响表达行动的成功。（4）弱关系力量命题：关系越弱，行动者越有可能为了开展工具行动而获得更好的社会资本。（5）位置力量命题：个体离社会网络中的桥越近，他们越容易为开展工具性行动而获得更好的社会资本。（6）位置对地位的依赖性命题：

对于工具行动来说，靠近一个桥的位置的力量依据不同桥的资源而定。(7) 结构的不确定性命题：对于那些处于层级结构顶部或者底部的行动者来说，网络化受到层级结构的限制。[72]这样，社会网络研究突破了资源具有通过占有才能运用的地位结构观，认为资源不但可以被个人占有，而且也嵌入社会网络之中，通过关系网络可以摄取。弱关系之所以比强关系更重要，是因为前者在摄取社会资源时比后者更有效。

（四）罗纳德·博特的结构洞理论

罗纳德·博特认为，社会网络是一种资本，是工具性的，具有重要功能：第一，有网络的人得到的信息和没有网络的人得到的信息差异很大；第二，传递信息的时间性、内容的丰富性也与网络有关；第三，网络还具有推荐的作用，网络中的关系伙伴可以帮助说话；第四，网络可以帮助你控制局势，提高讨价还价的地位。[189]因此，关系强弱与社会资源、社会资本的多寡没有必然的联系。从个人或组织的社会网络表现来看，一是网络中的任何主体与其他每一主体都发生联系，不存在关系间断现象，从整个网络来看就是“无洞”结构；二是社会网络中的某个或某些个体与有些个体发生直接联系，但与其他个体不发生直接联系。无直接联系或关系间断的现象，从网络整体来看好像网络结构中出现了洞穴，因而称作“结构洞”。

从效率角度看，重复性的网络使个人获得的信息雷同，为有效率建立网络和信息资源，个人只要建立某些主信息源以打通各个异质信息群体，并通过主信息源来维持和管理次信息源，得到更多信息。

例如在 ABC 网络中，如果 AB 之间有关系，BC 之间有关系，而 AC 之间没关系，则 AC 是一个结构洞。AC 如果要发生联系，必须通过 B。格兰诺维特认为，B 与 A、C 的联系必然是弱关系。博特则认为，B 与 A、C 的关系可能强，也可能弱，但这不是重要的。重要的是，假如 A、B、C 处于资源竞争的状态，AC 结构洞的存在为 B 提供了保持信息和控制信息的两大优势。[66]

“结构洞”理论对市场经济中的竞争行为提出了新的解释。它认为，作为一种网络构型，结构洞既可以是企业间的一种关系结构，增加企业家的市场竞争优势，也可作为一种个人间的关系结构，为个体在组织中的提升创造有利条件。经济组织的竞争优势不仅来源于资源优势，更重要的是

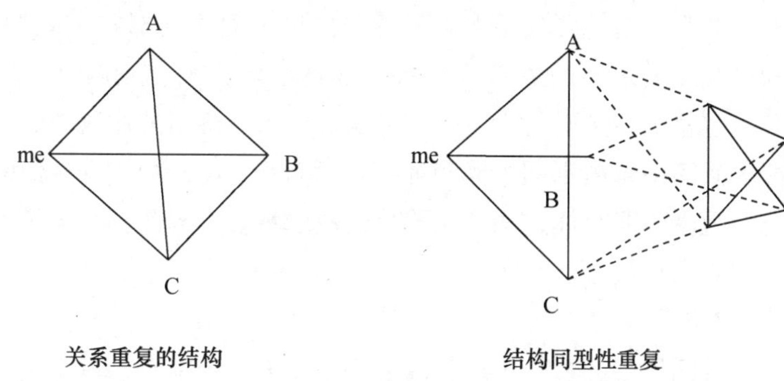

图5-1　重复结构的类型

资料来源：Burt，Ronald E.，*Structural Holes：The Social Structure of Competion*［M］. Cambridge Harvard University Press，1992。

来自关系的优势。任何个人或组织，要想在竞争中获得、保持和发展优势，就必须与相互无关联的个人和团体建立广泛的联系，以获取信息和控制优势。

社会网络理论发端于怀特对市场中人们之间交易行为的关注，交易双方所处的社会关系网络对交易规则的影响，格兰诺维特则进一步研究了社会关系网络中关系强度和信任对信息和交易方式造成的不同结果。林南的研究扩展了社会关系网络的范围，将社会结构、个体的选择行为和资源等要素也纳入社会网络中来，分析个人或群体运用社会网络获取资源的能力，罗纳德·博特对结构洞的研究则将从关注网络中的关系强度转向了网络本身的结构特点，更注重个体在网络结构中的不同位置资源获取的能力差异。

由此可见，社会网络理论的研究正从概念化形式向网络内部要素、结构等具体形式方向发展，这就为学者们探寻微观行为与宏观结构之间的互动提供了有力的分析工具。

三　企业内部社会网络的构成要素及特征

本书所说的网络是一种结构化的概念，可以定义为一种由不同个体间的关系构成的动态的、相对稳定的系统。就企业社会关系网络而言，我们从其连接的范围可以分为企业内部的社会关系网络和企业外部的社会关系网络。企业外部社会关系网络主要包括企业与企业之间，企业与供应商、客户之间，企业与研究机构之间，企业与政府、社区之间的关系等。而企业内部社会关系网络主要包括企业与雇员之间、雇员与部门之间的关系、部门之间以及雇员之间的关系等。由于本书主要研究企业内部的知识共享，因此，这里笔者主要讨论企业内部的社会关系网络的构成要素。

社会关系网络是由不同个体间社会互动而建立起来的相互交织复杂的网络形态，是由不同个体之间关系连接组成的集合。因此，社会关系网络主要由下列要素构成：

（一）节点

社会关系网络中的单个个体构成了网络中的一个节点。这个单个个体可以是经济领域的个人，也可以是企业内部的某个部门。

（二）网络联结

节点及其相互联结是网络组织的基本构成要素，不同节点之间既独立又相互联结的关系构成网络，而不同的联结方式形成各不相同的网络结构形式。网络组织中的关系与市场和层级组织中的关系的区别在于，层级组织中的关系是任务导向，市场组织中的关系是利润导向，而网络组织中的关系则是互动导向。节点之间的联结关系是彼此进行互动合作的基础，不同节点之间的互动合作推动了网络组织整体架构的演化。由此可见，网络组织的核心在于企业内外能够诱发各种交互作用的网络关系及其构造上。

社会关系网络的联结包括联结的强度、多元性、持久性和互换性四个方面。

（1）联结强度。联结强度是指构成社会关系网络的行动者彼此间关系的强度。网络联结的强度是一个相对的概念，在不同文化国度，强联结和弱联结的作用是不相同的。格兰诺维特强调了弱联结的强作用，而在我国，费孝通在对比了中西方社会结构的基础上提出了“差序格局”[81]的概念，也就是说，在我国主要体现的是强联结的力量。此后，中国台湾学者黄国光、中国香港学者边燕杰等对中国各地的研究也证实强联结是中国人际关系的主要取向。

实际上，联结强度在不同场景作用不同，因此不应将强弱联结绝对化，务实的方法应当置联结强度于动态的过程。同时，人际间的关系联结在不同时期也是变化的，强关系可能弱化，弱关系也可能强化。因此，强弱联结的力量不仅在于对网络的运作把握，而且还为建立微观与宏观桥梁，更好解释社会秩序何以可能提供分析工具。

（2）联结的多元性。联结的多元性是指社会关系网络中联结关系的同质性程度。在这里需要将连接的多元性与社会关系网络中的结构组合区别开来，社会关系网络的结构组合主要就行动者之间连接关系的社会性质的比较，包括网络的节点，而连接的多元性则主要考察节点之间的连接关系。一般而言，社会关系网络的连接强度与其连接的多元性存在关联性，具有多元关系的网络关系是强关系，但强关系不一定就是多元关系。

（3）联结的对称性。联结的对称性是指两个节点之间的相互关系的对称程度。例如，A、B 相互承认对方是自己的好友，则 A 与 B 之间关系就是对称的。正如认为，我们不能用一条直线来表示节点 A 和 B 之间的某种网络关系，而应该用两条直线来表示节点 A 和 B 之间的某种网络关系。对称性在社会关系网络的功能方面发挥重要作用，一般来说，对称性越高，则个人利用社会关系网络中的关系得到帮助和获得利益的可能性也越多；反之则不然。在现实生活中，连接关系的强弱并不完全反映对称性，有时两个不太熟悉的人之间的对称性也很高，因而可以通过这种关系互换双方的有效资源。

（4）联结的持久性。联结的持久性指的是个体之间的关系保持不变的性质。如果个体之间连接关系很强，此时的社会关系就较为持久和稳定，网络的整合性也就高。影响持久性的因素很多，如工作的变动、居住环境、个人经历等等，因此较难以用经验指标来操作。

（三）网络的构型

网络的构型是指网络中节点间关系的构成所呈现出的结构特点。由于网络中各个节点之间的相互作用关系不同，由此产生网络不同的结构。而网络节点之间关系的变化也带来了网络构型的改变。网络关系的结构特征我们可以用以下几个指标来刻画。

（1）网络密度。网络密度定义为网络中实际存在的直接关系的数量与最大直接关系数量的比值。密度是一项重要变量，因为在紧密关系的企业内部成员的社会行为与疏松关系的企业成员的社会行为是明显不同的。网络关系的密度同关系的“冗余”以及“结构洞”密切相关。

（2）网络中心性。中心性表示在网络中，某些节点比其他节点有更多的直接关系。当行动者介入网络中所有的关系时，行动者就是中心位置的。衡量中心性就是将行动者的关系加总除以该网络中最多关系数的比值。中心性是一个重要的个人结构位置指针，衡量行动者职务的地位优越性或特权，以及社会声望多用此指标。

（3）稳定性。稳定性意味着网络中节点间的关系不断发生的变化程度。一方面不断有新关系建立，另一方面不断有老关系消失。网络关系的稳定性还与网络成员的不断进入和退出有着密切关系。

在简单介绍了社会网络的含义和特征要素后，我们要分析，网络是如何影响和推动企业知识共享机制形成过程的，与市场制度和正式的层级制相比，社会网络存在哪些有利于企业内部知识共享的因素。

第二节 企业内部知识共享网络的动态演化

上节我们了解了企业社会资本的结构化形式即企业内部社会网络的基本特征。那么企业内部社会网络与知识共享二者之间又是什么关系呢？

一 社会网络的知识共享优势

企业内部社会网络是一种不同于市场和层级制的资源配置安排。它之所以得到越来越广泛的发展，主要是与其他的资源配置方式对比，它具有比较优势。也就是说，企业内部社会网络安排对某些交易的治理更有效。本节着重分析社会网络的知识共享优势。

（一）市场方式下知识交易的利弊

市场对知识交易的协调主要依靠价格和竞争机制。通过知识主体之间的买卖关系或各种合作和协作，实现企业间的自由公平和互惠互利。达文波特在《营运知识：工商企业的知识管理》一书中提出了“组织内部知识市场”的概念，并对知识市场内一些关键要素进行了分析。他认为，市场机制像作用于有形商品一样推动知识的“运行”。[110]

企业内部知识市场的存在和交易说明：（1）知识和其他商品一样，也存在规模经济和范围经济。当企业内部成员对某项知识的投入不足以达到规模经济效益时，依靠其他成员的知识供给就可以节约自己学习所需的时间和成本投入。从知识源来讲，与多位知识接受方进行同类知识的交易能够实现知识的规模经济。对众多知识接受方而言，若某个知识源知识开发的成本低于自己时，从外部获取知识就可以降低自己开发知识的成本，因此知识市场同时也存在范围经济。（2）充分竞争的企业内部知识市场对企业的知识开发和核心竞争力的创造也具有重要作用。高度竞争的市场有利于激励成员努力掌握各项知识技能以获得在企业内部的知识优势和地位，这就给企业带来了大量新知识，并形成企业持续的竞争优势。

市场交易的形式往往只对显性知识交易存在优势，对隐性知识的交易则存在一定风险。前述优点分析隐含了成员之间的知识交易不存在交易费用，但现实中，企业知识市场大多不完备，现实情况的不确定性、人的有限理性以及契约条款的不完备等增加了知识交易的成本。（1）市场通常采用的是古典契约，需要完备的交易合同、准确的交易价格，但在信息不对称的情况下，知识交易双方很难确定知识的价值及交易价格，从而导致隐性知识难以交易。（2）隐性知识交易是琐碎的、不完整的，需要知识交易主体双方频繁互动，要求双方通过专有性知识投资才能顺利进行。这就给交易过程中的机会主义行为提供了可能，一旦知识共享主体利用掌握在自己手中的知识属性剥削对方的准租金，则居于从属地位的知识主体将面临“套牢”的风险。因此，隐性知识交易存在多种不确定性。（3）知识的隐性特征增加了知识表达和吸收的成本。知识交易双方在表达和理解知识方式和能力方面的差异，在知识交易之前双方无法判断由此带来的成本，因此知识的市场定价只是一般知识的价格，无法将表达和吸收的成本包含在内。

总之，知识特别是隐性知识的市场交易需要支付很高的交易成本，从而使高质量的隐性知识通过市场交易方式无法进行。换句话说，我们很难找到一种有效的市场机制对知识价值进行准确衡量，在市场上很难发现高质量的隐性知识。

（二）知识共享一体化的利弊

市场交易方式对隐性知识的低效率，自然使人们想到通过企业来代替市场，采用权力、命令、监督、晋升、奖罚等手段避免知识市场交易的先天不足，发挥企业协调的长处。余光胜认为，在企业内通过企业的权威机制能够较好地进行转移和共享。[190]

企业用行政手段对知识交易进行协调，其优点在于：（1）降低知识资产专用投资风险。在生产过程中，一个部门生产的知识有可能转移到下一部门，成为该部门的生产投入。知识的专用性将使得专用性较强的一方受到机会主义的威胁，而知识交易的内部化则有助于防范机会主义风险。另外，企业内部存在的“准道德”气氛，也有助于降低人们的机会主义倾向，减少知识交易成本。[191]（2）降低知识交易的信息成本。通过在企业内部推行知识地图，激励员工展现自身的隐性知识，不仅使知识主体知道知识在哪里，而且对彼此之间的知识结构能力也有大致了解，从而为知识共享表达和理解减少难度。（3）降低表达和理解费用。如果我们把企业看作是一个集中并交换知识的手段，那么，它与市场的重大区别就在于企业在知识转移过程中不仅形成了相似的文化背景、知识结构，从而可以降低知识交易成本。更重要的是企业内部形成了一套共同知识。这些共同知识往往体现在企业的惯例之中。惯例可以看作是一个组织技能的集合，包括了一个组织得以建构和在其中得以运营的行事方式、规则、程序、习惯、战略和技术。这些企业惯例可以提高组织协调的时效，降低或代替市场的交易费用。由于企业有效降低知识转移的表达和理解费用，因而与市场相比，企业转移隐性知识更具有优越性。总而言之，企业的出现是对知识交易成本存在的一个回应，它有助于降低知识交易的成本。

但是，利用企业组织方式协调知识共享同样存在缺陷，最大缺陷是丧失市场交易固有的激励作用。知识的价值衡量成本很高，企业无法对很多知识尤其是隐性知识做准确衡量，通过权威进行知识共享的协调，不能准确反映员工在知识共享过程中的贡献，从而使员工失去提供高质量隐性知识的动力。

其次，以组织命令的方式协调企业各部门之间的知识共享失去了市场交易的灵活性。尽管某部门提供的知识与市场上同类知识相比质次价高，但相关部门由于缺乏动力以及经济制约只是被动地采用对方提供的知识，而不会主动寻求更好的知识共享伙伴。

最后，对于大型企业而言，内部管理层次增加，知识共享协调日益复杂，庞大的机构中各部门之间总存在或多或少的利益冲突，知识共享过程中相互摩擦和“扯皮”现象增加必然带来知识交易的水平低下。并且，各部门之间知识共享的利益冲突还带来了监督成本的增加，对某企业成员知识共享的监督与处罚不仅涉及个人，还涉及部门，因此企业有时难以做出有效的监督和处罚决定。T. Wenpin 通过实证研究论证了在一个多事业部门的组织内，水平部门之间的知识共享的效率同非正式的社会协调机制呈正相关关系。从而佐证了在权威机制的作用下，企业内部的水平部门间知识交易效率低下的结论。[192]

通过以上分析发现，企业依靠行政权力进行知识共享协调管理，具有提高效率、降低知识共享风险和成本的好处。但是，其不利因素也是明显的，内部权威式的协调不仅降低了企业成员之间知识共享的积极性，还失去了通过市场方式进行知识交易的灵活性，从而不利于企业基于知识的动态能力的形成。另外，企业内部各部门间知识共享的利益冲突也会导致监督成本上升。总体而言，行政命令式的企业内部知识共享是低效率的。

（三）社会网络对知识共享的优势

由于存在很多未明属性，知识尤其是隐性知识采取市场交易形式存在较多不确定性，从而导致高质量隐性知识退出市场。而知识交易一体化虽然提高了效率，却常常以牺牲成员的激励为代价，降低了知识共享的灵活性，监督成本也节节攀升。

社会网络是与市场和科层组织不同的组织结构形式，约翰逊和马特森（Johanson and Mattsson）认为，在网络组织中主体间关系是互为导向的。[193]这意味着网络成员一方在做出行动时也期望对方能做出预期的行为。从知识共享的发生过程来看，知识共享表现出群体联结的性质，即“网络”特性；从知识共享发生的本质来看，知识共享更多地表现出非正式性质，即“社会”属性。[24]因此，在如何建立有效的知识共享机制问题上，社会网络更成为研究企业知识共享的学者们关注的热点。但是，大多数的研究均从企业的外部网络研究知识共享的效率，而忽视了企业内部社会网络在知识共享和知识创造方面的推动作用。本书认为，企业内部社会网络在推动知识共享方面有以下优势。

1. 促进企业内部知识流动与共享

企业内部成员之间的关系网络主要由工作关系和情感联系建立，不一定是自发形成的，却是基于企业成员的个体选择。

个人与被求助对象之间的关系联结，即形成工具性网络，其特征为人们以人际关系作为一种达到目的的“手段”，而个人建立情感性网络的目的便是“关系本身”。网络结构中的每个成员均有工具表达和情感表达的需要。企业内部成员之间的关系网络为企业内部知识共享提供了特殊的便利渠道，尤其是对于复杂隐性知识的共享。共享隐性知识，不仅需要成员间频繁的互动，还需要成员间具有高度的信任关系，因此用权威式的命令无法解决成员之间的知识共享利益分配。而在网络中，成员之间的隐性知识共享却可以自发进行。网络中的知识共享主体同样是具有理性的行动者，但是理性不仅体现在对于经济利益的选择、获取，而且是多维度的、互惠的，主要包括关系理性的，基于关系理性的成员之间的知识共享关系更有利于促进隐性知识的共享。同时，成员在网络中的互动关系可能是双边的，也可能是多边的，这使得企业内部知识共享可以在两人之间进行，还可以通过第三方甚至经过更多网节点进行，这就促进企业内部知识流动与共享。

2. 降低企业内部隐性知识的搜寻成本

前面已经论述了企业成员固然可以借助现代信息技术手段，建立知识地图，以减少知识搜寻的成本。但由于隐性知识存在表达障碍，这种经验类知识存在员工的头脑中或组织的结构文化中，很难用语言或文字进行准确描述，不易被他人所知。同时，由于企业的知识具有数量巨大、鱼龙混杂、价值难以衡量等特点，进行筛选、甄别需要大量成本，因此这些隐性知识不易在企业知识地图中全部体现出来。并且，隐性知识的可靠性难以验证。“接受方在评价知识的可靠性时，往往是评价提供方本人能力的可靠性，而非知识本身。”[173] 对所获知识进行验证不但需要付出额外的资金、时间、精力等，而且也可能无法进行验证。但如果知识共享主体有密切的情感联系，则其越是敢于减少对所获知识的验证，从而不仅使接受方获取知识的成本更低，而且也因更低的成本使接受方更愿意向外部寻求知识。社会网络在联结成员之间工作和生活关系的同时也传递成员个人的知识信息。研究发现，成员的大多数信息不是通过现代信息技术得来的，而主要是依靠人际间的沟通。成员之间通过长期交往，相互熟悉彼此的知识，较容易发现对方拥有的隐性知识。因此，网络是企业成员寻找知识，尤其是隐性知识的重要工具。

3. 降低隐性知识转移成本

社会网络中的成员通过互惠和网络成员共同遵循的认知规则，可以有效地监督知识共享主体之间的机会主义行为。同时，成员之间彼此的信息沟通，使知识共享主体大致了解对方的知识结构和个性特征，有利于知识转移过程中双方对知识的表达和理解，从而提高了知识共享的效率。

不难看出，社会网络在促进企业内部知识共享方面具有非常重要的意义。通过企业内部社会网络的联结，员工之间得以进行知识共享的表意性行动和工具性行动，促进了知识的共享和流动。网络成员之间通过日常工作的知识交流，彼此熟悉对方拥有的知识，节约了隐性知识的搜寻成本。并且，网络成员通过对共同认知规则的遵守，降低了知识共享过程中的监督成本和交易风险，提高了隐性知识共享的效率。

因此，重视企业内部社会网络的建设，不仅有利于改善企业的知识管理效果；同时也有效地降低了企业内部知识共享的成本，促进了企业成员之间的知识共享。

二 企业内部知识共享网络的演化博弈均衡

把知识共享纳入社会网络进行观察的重要依据是知识共享行为主体都嵌入在一个具体、实时的联系系统中，并且知识也包含在网络与社区之中。知识管理的主体是人，知识交流、知识共享都离不开人的参与。一个组织能否完全实现其知识的交流和共享，取决于其成员之间联系的强弱。那么，我们认为，企业内部知识共享网络是指由两个或两个以上的企业成员通过正式契约和隐含契约所构成的以共享知识为目的的一种长期合作的组织模式或制度安排。

尽管成员之间的社会关系网络在促进企业内部知识共享方面具有信息和成本优势。但企业成员获得的信息是不一致的，且每个员工的理性程度也不相同，所以企业内部网络中的知识共享行为不会自然而然地发生。从现实情况来看，每个企业内部社会网络结构是不同的，网络内成员的认知也存在很大差异，这就造成不同企业成员的知识共享行为存在较大差别。

下面通过一个不完全信息条件下的演化博弈模型，探讨企业内部知识共享网络形成的一般规律。

（一）演化博弈论研究知识共享形成机制的优点

在前面第四章分析个人知识共享策略选择时，我们采用了理性人（经济理性和关系理性）假设，采用理性假设的好处在于我们可以最大限度地解释现实生活中成员的知识共享行为。个人的现实行动是理性的，总是力图通过行动实现某方面的价值最大化目标。但这有可能只是主观上合乎理性的行动，行动在客观上的正确性却无法得到完全的保证，因为他的行动不可避免地会产生难以预料的后果，从而损害行动的合理性程度。

当从群体角度研究知识共享问题时，需要对此做适当的调整。最简单的例子在于，个人的理性行为无法解释集体行动的困境。知识以及共享过程的复杂性，使个人无法做出准确的判断，在知识共享过程中，个人不仅受到多方面因素的制约，而且处于变动之中乃至矛盾状态。正如西蒙所说，个体的知识、信息、经验和能力都是有限的，他不可能也不期望达到绝对的最优解，而只以找到满意解为满足。[194] 所以，个人在知识共享过程中是有限理性的。按照新古典经济学的完全理性假设，即要求个体在复杂的环境中，对于博弈的结构、各博弈方的情况和特征，包括信息和知识结构等有准确的认识、分析和判断能力，特别地，还要求这种理性是所有参与人的共同知识，在此基础上能够以利润最大化作为其决策行为的唯一目标，准确地进行推理。这在现实世界里是难以满足的。

演化博弈理论主要研究某一群体随着时间变化的动态过程，解释为何群体将达到目前这一状态以及如何达到。通过群体的知识共享选择过程和突变过程，表现出网络内成员知识共享演化过程的规律性。演化博弈论摒弃了完全理性的假设，从系统论出发，把网络内成员之间知识共享行为的调整过程看作一个动态系统，对群体中个体与群体的共享关系进行刻画，从而将群体行为形成的机制及各个影响因素纳入演化博弈模型中，更真实地反映了知识共享主体的多样性和复杂性。因此，演化博弈模型兼具宏观特征和微观基础，比博弈论更深刻、更贴近实际、更有说服力。

知识共享过程是一个主体模仿和学习的过程，通过模仿和学习，知识共享主体的行动被不断得到修正和调整，成功的策略逐渐成为主体的优先行动标准，并进而产生群体的规则或制度。这一方面克服了完全理性的假设，另一方面演化博弈论认为，纳什均衡需要经过多次博弈的动态调整后才可能达到，且均衡是有路径依赖的，从而强调了知识共享博弈过程分析的重要性。

（二）理论与假设

在实际知识共享过程中，个人行动者受到很多非理性因素干扰，从而使其无法准确判断知识共享的结果，同时个人行动者所获得的是关于知识共享的不完全信息，所以，只能采取“试探、学习、适应、成长”的行为逻辑。在不断重复博弈过程中，仅具有有限信息的知识共享主体根据共享的收益在边际上对其策略进行调整以追求自身利益的改善，不断地用“较满足的事态代替较不满足的事态”，最终达到一种知识共享的动态平衡，在这种平衡状态中，任何个体不再愿意单方面改变其策略，称这种平衡状态下的策略为演化稳定策略（Evolutionary Stable Strategy，ESS）。

设企业内部社会网络内有两个群体，即同事群体 A 和同事群体 B。反复随机抽取群体 A 和 B 中各一个成员进行知识共享。每个成员在知识共享时面临两种策略，共享或不共享。其中，同事群体 A 选择共享的概率为 y，同事群体 B 选择共享的概率为 x。在对称的情况下，若两者都选择不共享，则双方没有收益（0）。若两者都选择共享则双方收益均为 α。若一方共享，另一方不共享，则共享的一方的知识增值为 β，而不共享的一

方的知识增值为 γ。其收益矩阵如表 5－1 所示。

表 5－1　　对称情况下的知识共享收益矩阵

主体 A ＼ 主体 B	共享 x	不共享 $(1-x)$
共享（y）	α，α	β，γ
不共享（$1-y$）	γ，β	0，0

资料来源：笔者整理。

（三）演化博弈的动态复制系统

显然，主体 A 采取共享和不共享的平均收益分别为：

$$U_{Ay}=\alpha x+\beta(1-x) \tag{5.1}$$

$$U_{A(1-y)}=\gamma x+0(1-x) \tag{5.2}$$

以 y 和（$1-y$）的概率选取共享与不共享策略的平均收益为：

$$U_A=y[\alpha x+\beta(1-x)]+(1-y)[\gamma x+0(1-x)] \tag{5.3}$$

同样，主体 B 的以 x 和（$1-x$）选取共享与不共享策略的平均收益为：

$$U_B=x[\alpha y+\beta(1-y)]+(1-x)[\gamma y+0(1-y)] \tag{5.4}$$

假设知识共享主体的理性程度较低、学习速度较慢，只是简单地依据过去多次博弈之所得而调整各自对两种策略的选择概率。这种动态调节机制类似于生物进化中生物性状和行为特征的动态演化过程的“复制动态”。[195] 如果统计结果表明某一特定策略的平均支付高于混合策略的平均支付，则他将倾向于更多地使用这种策略。假设其使用频率的相对调整速度与其支付超过平均支付的幅度成正比，则主体 A 和主体 B 的复制动态方程调整为：

$$\frac{dy}{dt}=y[U_{Ay}-U_A]，\frac{dx}{dt}=x[U_{Bx}-U_B]$$

即：

$$\frac{dy}{dt}=y(1-y)[(\alpha-\beta-\gamma)x+\beta] \tag{5.5}$$

$$\frac{dx}{dt}=x(1-x)[(\alpha-\beta-\gamma)y+\beta] \tag{5.6}$$

（四）演化平衡策略的渐近稳定性分析

显然，对任意初始点$(x(0),\ y(0)\in[0,\ 1]\times[0,\ 1]$，有$(x(t),\ y(t))\in[0,\ 1]\times[0,\ 1]$，因此，动态复制系统的解曲线上任意一点$(x,\ y)$均对应着演化博弈的一个混合策略$[(1-x)\odot x,\ y\odot(1-y)]$。

该动态复制系统有平衡点 $U_1(0,\ 0)$，$U_2(1,\ 0)$，$U_3(0,\ 1)$，$U_4(1,\ 1)$，又当$0<\frac{\beta}{\beta+\gamma-\alpha}<1$时，$U_5\left(\frac{\beta}{\beta+\gamma-\alpha},\ \frac{\beta}{\beta+\gamma-\alpha}\right)$也是系统的一个平衡点，它们分别对应着一个演化博弈均衡。

定理1：（1）当$\alpha<\gamma$、$\beta<0$时，复制系统有四个平衡点U_1—U_4，其中，U_1为稳定的结点，U_4为不稳定节点，U_2与U_3为鞍点。

（2）当$\alpha>\gamma$，$\beta>0$时，复制系统有四个平衡点U_1—U_4，其中，U_4为稳定的节点，U_1为不稳定的节点，U_2与U_3为鞍点。如图5－2所示。

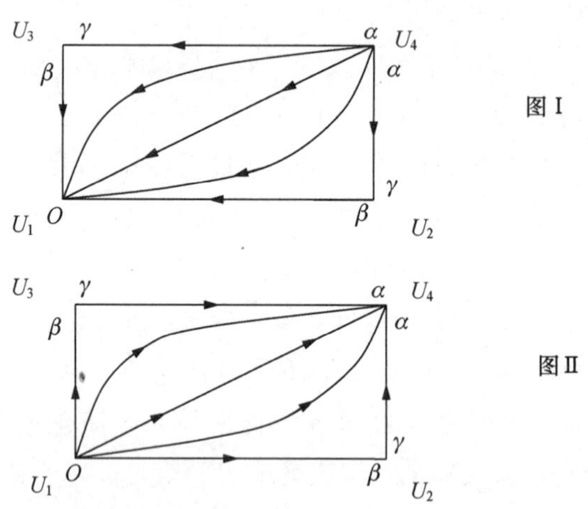

图5－2　定理1状况知识共享博弈的稳定性

资料来源：笔者整理。

图5－2中Ⅰ，当$\alpha<\gamma$、$\beta<0$时，说明企业社会网络内成员吸收知识的收益超过双方共享知识带来的收益，且提供知识的利他行为收益小于0时，网络内的成员趋向于隐藏自己的知识并尽力吸收他人的知识，最终导致知识共享失败。实践中，这种情况常见于那些过度强调内部竞争的企业，这样的企业重视个人独立的创造精神而忽视团队的协作，个人的薪水与个人的业绩紧密挂钩，竞争环境更激发了成员独占知识的本能。在这样

的企业里，成员通常会认为，他们之所以能取得今天的成绩完全取决于个人的努力，与同事的帮助无关，因此企业成员尽力保护自己的知识。同时成员之间的联系也比较少，企业内部的社会网络基本是松散的，甚至很多成员无所谓能否融入社会网络中来。

图5－2中Ⅱ，当$\alpha>\gamma$、$\beta>0$时，说明企业成员之间的知识共享收益超过单向知识转移收益以及保守知识的收益。因此，企业成员视知识共享为分内之事，自发形成互惠性知识共享行动。当然，共享不是一种泛道德主义的理所当然的行为，实践中这样自发的知识共享是很难发生的。不过，从该状态的条件看出，只要提供知识获得的收益大于0，企业成员就有提供知识的内在动力，而一旦双方成员之间的知识共享收益又超过单方面的知识转移收益，则社会网络内部知识共享机制就有发生的可能。因此，对企业来说，对知识源提供适当激励，使其获得知识共享的经济利益，是形成知识共享良好环境的必要措施。在此基础上，逐步实现知识共享的范围经济和规模经济。

定理2：（1）当$\alpha<\gamma$，$\beta>0$时，复制系统有五个平衡点U_1—U_5，其中，U_2与U_3为稳定的节点，U_1与U_4为不稳定的节点，U_5为鞍点。

（2）当$\alpha>\gamma$，$\beta<0$时，复制系统有五个平衡点U_1—U_5，其中，U_1与U_4为稳定的节点，U_2与U_3为不稳定的节点，U_5为鞍点。如图5－3所示。

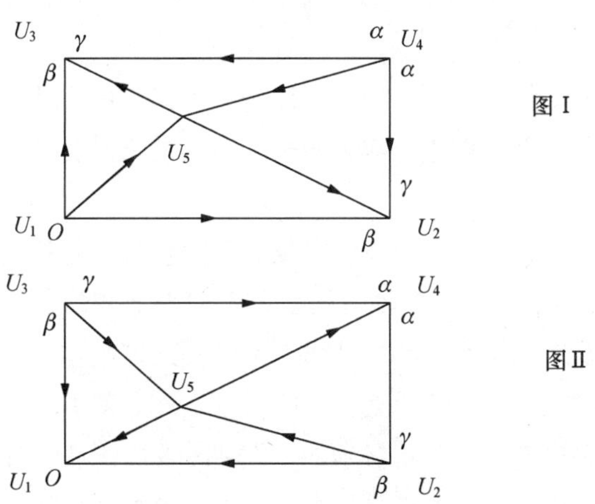

图5－3　定理2状况知识共享博弈的稳定性

资料来源：笔者整理。

图5-3中Ⅰ，当$\alpha<\gamma$、$\beta>0$时，提供知识的收益大于0，企业成员有供给知识的动力，但此时吸收知识的收益又大于供给知识的收益，因此成员更愿意吸收对方知识。这样的状况常见于这样一些企业：有知识共享的激励，但同时更强调成员之间的竞争。为保持竞争优势，企业员工尽力隐藏自己的隐性知识，并且也利用提供一般显性知识的机会提高在企业中的地位。

图5-3中Ⅱ，当$\alpha>\gamma$、$\beta<0$时，U_1与U_4为进化博弈的稳定策略，也就是说，网络成员之间的知识共享既有向不共享发展的可能，同时也有向共享发展的可能，其关键取决于初始阶段，两个群体内部成员持共享态度的比例。若$x<\frac{\beta}{\beta+\gamma-\alpha}$或$y<\frac{\beta}{\beta+\gamma-\alpha}$，则由于群体中持共享态度的比例小于鞍点，原先进行知识共享的成员发现，共享知识后获得的收益少于保守知识，因此这些原本支持知识共享的企业成员也逐渐转变态度，对知识进行保护，这样整个企业的知识共享氛围遭到破坏。

反之，若在初始阶段，$x>\frac{\beta}{\beta+\gamma-\alpha}$或$y>\frac{\beta}{\beta+\gamma-\alpha}$，即群体中持共享态度的比例大于鞍点，此时持共享态度的员工居多，易于形成知识共享的范围经济和规模经济，知识共享的收益大于保守知识带来的收益。在企业成员交往过程中，原本对知识持保守态度的成员发现知识共享的好处，逐渐转变观念参与到知识共享行动中来，使得整个企业逐步转变为学习型企业。

初始状态中支持知识共享的成员比例直接影响到企业内部知识共享网络的演化。因此，企业需要对知识源进行适当的激励，让参与共享的成员得到一定经济利益的分享。

综上所述，在四种网络状态中，只要对知识源进行激励，使其收益大于0，知识源就有共享知识的动力，这是企业内部知识共享网络形成的必要条件。网络本来就带有互惠的性质，不管网络产生与工作关系还是情感关系，网络始终是个人为达成某种目的需要而与外界联系的一种方式，在网络中个人为实现某一目的就必须对自身拥有的权利做某种程度的让渡，而权利的让渡体现了网络互惠的特性。正如上文所述，网络是人们相互联结的载体，能够更有效地进行知识共享。

社会网络本身具有的知识共享优势并不能使知识共享自发形成，现实中不同企业知识共享质量和效率存在差异也就说明，网络并非天然具备产生协同效应的能力，仅仅形成网络就自然地产生显著的知识共享绩效是没有道理的，网络结构类型以及网络节点的关系强度都会影响企业成员知识共享的意愿和共享知识的质量。

第三节　企业内部知识共享网络关系的建立

节点及其相互联结是网络的基本构成要素，既独立又互赖的不同节点之间的相互联结关系构成了网络。于是，网络关系的建立成为企业内部知识共享网络创建的核心问题。本节通过研究企业内部知识共享的网络结构，分析怎样的网络关系更有利于知识共享，为企业建立促进隐性知识共享的机制提供依据。

一　企业内部社会网络与知识共享的分析框架

（一）知识的再认识

第三章分析了知识的含义和分类，并将知识分为显性知识与隐性知识。从企业角度看，显性知识和隐性知识的简单分类无法使我们深入分析个体层面知识共享与企业知识共享之间的关系，以及个人知识与企业知识在知识共享过程中是如何发生相互作用的。因此，我们有必要对知识做进一步的认识。

一般来说，个人的知识源于个人的经验、推论和社会。经验是个人以前的知识和经历；推论是个人根据以前的知识对某现象的逻辑推理得来的知识；而社会性知识则是个人从其他人那里学习到的知识。个人知识不仅包括技术技能，还包括个人的信仰与承诺、与个人的立场、看法或意图相关。因此，个人知识与个人所处的特定情境密切相关，是个人对特定情境或理论的判断、鉴别和态度。

布丁和卡特罗尔（Hidding and Catterall）将组织知识分为正式化知识、经验性知识和浮现化知识。[196]其中，正式化知识是一种经过精练、一般化的组织知识，这种知识表现于工作训练的教材、操作手册、行政程序等，属于外显程度较高的显性化知识。经验性知识是一种个人所拥有的技能与知识，属于个人的隐性知识。浮现化知识是个人拥有，为团体成员都知晓的，而不能以文件等正式的方式完整记录下来的知识，是隐藏在群体互动中的隐性知识，例如文化、价值观、规范等。此类知识通常介于正式化知识以及经验性知识之间，通过团队成员之间的互动过程达成共识。

斯彭德（Spender）更是将知识区分为个人显性与隐性知识和组织显性与隐性知识（见表5－2）。[197]

表5－2 Spender知识矩阵

	外显知识	内隐知识
个人	个人外显的知识 “有意识的知识”	个人内隐的知识 “自动的知识”
社会（组织）	社会外显的知识 “具体化的知识”	社会内隐的知识 “集体的知识”

资料来源：Spender，T.，*Intellectual Capital*：*The New Wealth of Organizations*［M］. Bantam Doubleday Dell Publishing Group，1996。

知识分类的目的在于分析知识的转化及创造问题，从上述学者的研究看出，个人知识和组织知识是有交叉的，这符合知识转化的特征。笔者认为，所谓组织知识实际上是群体成员共有的知识，有群体认同的，如业务手册、提案书、各类资料及技术与专业知识等显性知识；也有群体共同的行为规则、价值观念等隐性知识，此类知识虽然不易被群体成员发现，但通过成员之间的互动予以辨别，并在环境的变化中得到调整和更新。

从这个意义上讲，个人知识到企业知识的转变也就是将属于个人的知识转变为企业内部成员共有的知识，是经历社会化、外化和组合三个阶段后，实现个人隐性知识显性化并成为企业知识的过程。完成这个过程后，企业还需要将企业知识内化为企业中所有成员的知识，以实现个人知识的提升，从而为下一次企业知识的创新过程做准备，并最终实现企业内部知识的螺旋上升过程。

（二）企业内部社会网络与知识共享关系模型

克罗斯等研究发现，人们通常会通过人际间的非正式网络寻求知识解答，通过从网络、电子数据库、档案则是次要的选择。[95]由此可见，社会网络的重要性。良好的社会资本可以提高企业知识创造、转移和扩散的效率，一些研究发现，企业创新所需知识中，约有1/3源于外部提供，而其余的2/3的知识则主要依靠企业员工和内部R&D等活动来获得。另外，非正式网络是隐性知识传播的重要途径，通过非正式网络，企业可以获得最新的市场信息、技术信息等。因此，企业的知识管理首要的任务是促进企业内部的知识共享。

日常工作中，企业成员之间的知识共享活动受到他们所处的社会网络和特定组织结构的双重约束。组织的社会网络状况影响企业知识的产生，在人与人的互动中，很多信息与资源得到交换及传递。Nahapiet 和 Ghoshal 在研究社会资本对智能资本的影响时提道："人际联结提供信息转换的管道，联结的整体结构是构成社会资本的重要因素，进而影响到智能资本的发展。举例来说，网络结构的三个特质——密度、联结性、科层组织，皆会影响成员间彼此联结的弹性以及信息可以交换或接近的程度。"[71]

因此，在讨论社会网络与知识共享关系时，不仅要考虑成员之间的关系联结因素对企业内部知识共享的影响，还要考虑社会网络的结构形态、社会阶层特性对知识共享的影响。综观学者们的研究，我们发现大多数文献研究对象是人际间的互动，探讨人际关系联结与知识共享的关系（本书对比第四章也做过研究）。本章以中观社会资本的视角分析企业内部知识共享网络的形成，就需要从整体社会网络的角度，深入研究社会网络结构、网络联结与知识共享的关系，这正是区别于前人研究的地方。

成员之间良好的社会资本积累，促进了企业成员之间的知识共享，同时也使企业部门之间的沟通得到加强，使企业的知识得到更新和提升。本节希望通过对企业内部社会关系网络的分析，考察企业内部知识共享的整体效果（见图 5－4）。由于知识的复杂性，学者对企业知识共享的效果衡量方法存在较大差别，有的学者将员工知识共享的满意度、市场占有率以及销售增长额等作为知识共享效果的权变因素。[198] 也有些学者则从态度、环境、行为活动三个维度建立了知识共享效果评估的综合指标。[199] 然而笔者认为，在知识共享过程中，不同成员对同样的知识共享结果的满意程度是不同的；类似的，不同的组织结构对知识共享的效果影响也不同，且不存在可以相互比较的关系，因此，此类指标不适合作为衡量知识共享的效果指标。那么，怎样的网络关系有利于知识共享呢？这是一个非常复杂的问题，需要对这个问题进行系统性分析。

本章着重研究企业内部知识共享网络关系的建立。社会网络分析则试图分析"节点"之间的关系，寻求关系的特征，以及发觉这些关系对组织或个人行为或发展的影响。作为整体角度研究，笔者将知识共享的效果

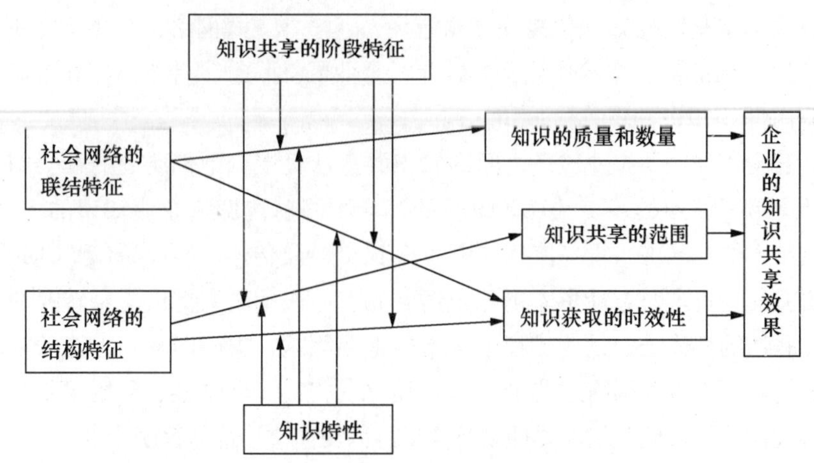

图 5－4　企业内部知识共享网络关系的建立

资料来源：笔者整理。

分为三个维度，分别是共享知识的质量和数量、共享知识的时效性以及和知识共享的范围。依据知识共享的“社会”属性，我们把知识共享的效果纳入到社会网络中，并将知识特性、知识共享的阶段特性以及知识主体之间的关系建立三者视为一个整体进行考虑，着重分析“节点”之间的关系与知识共享行为的关系，从而使得我们的分析更具科学性。

二　建立支持知识共享的网络关系

（一）关系强度与知识共享的关系

对于关系强度与知识共享的关系，大多数学者仅从某一个方面来论述网络关系与知识共享两者之间的关系，且在不少文献中还存在着争论，甚至还有相互矛盾的结论。笔者认为，关系的维系需要成本，作为两种不同情感载体的关系类别，弱关系与强关系的建立与维护成本截然不同。成员之间弱关系的维系只需要在交易前期投入信息搜寻的成本、监督的成本和协议费用，弱关系甚至可以通过第三方得以沟通。而强关系则需要双方频繁的互动以及稳定的沟通机制，因此相对于弱关系而言，强关系在前期为取得对方的信任，付出的成本比较大，而后期的监督和协议费用相对较少。

1. 关系强度与共享知识的数量

就企业内部知识共享而言，强关系联结反映了强烈的、充满感情的和长期的、累积性的相互联系。成员之间的信任和了解，增加了成员互相交换意见的意愿和达成共识的可能性。在此过程中，成员间的相互信任进一步增进，从而在网络成员之间建立起长期、稳定、互惠的知识协作、知识交流关系。因此，网络中成员之间关系强度越强，共享的知识也就越多。

部分学者在研究强关系时指出，由于强关系的网络过于专注现有网络节点之间的关系，与环境沟通交流减少，对环境缺乏灵活性、开放性、适应性，对外来新知识的扩散较慢，不利于企业智力资本创新发展，且因排他性强，进入与退出网络障碍大，自锁性强。但笔者不完全同意上述观点，笔者认为，强关系网络与灵活性之间不存在必然的联系。事实上，灵活性是与网络规模紧密相连的，在规模较大的网络中，成员之间的观念一般存在较大差异，面对外界的环境变化，规模较大的社会网络协调成员的思想比较困难，尤其是对于那些处于网络边缘的群体或个体。因此规模较大的网络环境适应性差，对外界的新知识接受程度较慢。而关系强度是衡量节点之间联结紧密程度的一个指标，通常情况下，强关系网络的规模较小，成员之间的利益依赖关系紧密，因此某成员对外界的最先觉察能够迅速传播到网络内的大部分成员，并快速动员网络中其他成员积极适应这种环境变化。同样，对于外界的新知识，只要强关系联结网络中有成员吸收了该知识，则其他成员也能在较短的时间内将很快掌握此类知识。

当然，强关系网络中成员之间的同质性高，知识的相似程度大。对企业知识共享而言，大量同质性知识可能会使企业的知识创新能力下降；并且结点间维持强关系联结往往需要大量的时间和较高的协调成本。

相对而言，弱关系联结的网络群体表现出很强的动态性。由于网络节点成员之间关系疏远，成员之间知识共享的意愿较低，就企业内部这个封闭网络而言，共享知识数量较少。

命题1：企业内部网络中，成员之间的强关系联结共享知识数量较多，弱关系联结共享知识的数量较少。

2. 关系强度与共享知识的质量

隐性知识蕴藏在人的头脑中，与个人的观念、洞察力和经验等联系在一起，难以通过正式信息渠道远程传播。[200]这类知识的共享只有人们参与观察和实际应用，通过成员之间反复沟通、学习才能获得。近年来，实践社群（Community of Practice，CoPs）作为一种非正式组织，其对于知识共享的积极作用正日益引起知识管理领域学者们的关注。实践社群是由频繁联络或亲密接触的人群组成的，这些人互相了解，社群中布满强关系，为了共同的兴趣和主题，成员把不同渠道所获得的事实知识运用到实践中，经过讨论、交流等活动，将事实知识有效地内化为个人的经验和技能。实践表明，像实践社群之类非正式的社会关系网络，内部存在大量强关系，在企业隐性知识的传递和共享发挥着至关重要的作用。

在企业内部，成员的隐性知识与个人切身利益密切关联，并且，隐性知识的传递琐碎、局部等特点使双方协调机制的建立甚为关键。因此，只有信任程度高，对彼此的价值观和思维方式比较熟悉的强关系，才使得深入的智力资本交流成为可能。在企业内部网络中，成员之间的强关系有利于建立双向交流与合作渠道，有利于知识接受方在知识转移和整合过程中，不断地试错、反馈、修正自己对共享知识的认识，逐步达到对复杂隐性知识的正确理解和吸收。

相对于强关系的社会网络而言，弱关系多的社会网络为显性知识的共享提供了很多便利。显性知识通常可以借助电子邮件，文件资料、档案等形式查阅，不需要成员之间过多面对面的沟通，共享时间也相对灵活。弱关系花费在成员关系的投资上较少，比较强关系，弱关系的收益较高。

命题 2：企业内部网络中，成员之间的强关系联结更加有助于隐性知识的共享；相对而言，弱关系联结更加支持显性知识的共享。

3. 关系强度与知识获取的时效性

知识共享的意义不仅体现在知识数量和质量方面，还体现在获取知识的及时性和有效性方面。

就企业而言，及时获得新知识是形成企业动态能力的基础。强关系网络的好处在于，成员能很快了解所需隐性知识的位置、特点以及相关背景知识；并且对方及时主动地提供高质量的隐性知识。

强关系对及时获取显性知识更有利。当企业规模较大时，个人之间的联系更多建立在弱关系基础上，因此，通过弱关系获得显性知识是企业成员的主要方式。部分学者认为，IT 技术的发展给人们提供了新的互动环境和交流空间，使现实人际交往逐步向网络世界延伸，个人具有了更多的弱关系，于是弱关系在显性知识传递和扩散中的作用更加突出。[99] 例如，IT 工作者就非常依赖网络资源了解网络技术的发展动态，通过邮件、新闻组、行业杂志，供应商网站，准确、高效地获得最新发布的行业信息。笔者认为，现代信息技术是人们沟通的手段，拥有弱关系的成员可以运用信息技术进行知识交流，强关系的网络成员同样可以如此。因此，不能仅仅认为弱关系与现代信息技术手段存在联系，而应当将研究重点放在关系强度对成员之间的沟通频率和手段的影响上来。从这个意义上讲，拥有强关系的网络成员更愿意在第一时间将显性知识与同事分享。

弱关系更有利于提高显性知识共享效度。相比而言，当通过强关系联结获得大量显性知识时，由于成员之间价值观、知识背景相似，所以知识的同质性较强。成员需要在大量同质性显性知识中筛选出高质量的知识，花费精力和时间成本较大。因此，强关系在显性知识共享效度方面不存在优势。而在弱关系网络中，成员的认知差距较大，更能提供大量异质的、效度更高的信息。也就是说，企业内部网络中关系的强度与企业显性知识共享的效度呈反向关系。

命题3：企业内部网络中，成员之间的强关系联结有利于知识获取的及时性，相对而言，弱关系联结在知识共享的效度方面存在优势。

（二）网络结构与知识共享的关系

1. 网络密度与知识共享

网络密度是指网络中一组行动者之间关系的实际数量及其最大可能数量之间的比率。当实际关系数量越接近于网络中的所有可能关系的总量，网络的整体密度就越大；反之则越小。

科尔曼从社会资本的观点出发，认为网络密度代表的是群体成员彼此关系的平均力量强度。成员互动关系越多的群体，往往交换的资源与信息也越多，正好能解释群体中所形成的社会资本多寡。[75]沃瑟曼和福斯特（Wasserman and Faust）也指出，网络密度是群成员间彼此互动的联系程度，亦即企业成员间人员互动联结的平均程度。[201]也就是说，群体的网络密度值越高，成员的互动程度也越高，那么产生的资讯与资源交换自然也会比较多。

从网络密度定义不难发现，群体的网络密度越大，企业成员之间共享的知识也就越多。不过，在2001年斯帕罗、林登和克雷默（Sparrowe, Linden and Kraimer）针对38个工作咨询网络的研究中，发现网络密度的对知识共享的影响其实是不显著的。[202]而里根斯和朱克曼（Reagans and Zuckerman）在2001年利用二手资料研究了224个群体，发现群体密度对于知识群体生产力的确有影响，且认为网络密度是个衡量群体成员间彼此互动程度的具体指标。[203]由于对群体网络密度的研究并不多，且对网络密度的研究要求收集全部网络成员的资料，因此，在资料收集上有相当大的困难。研究得出两种不同的结论，其实并不奇怪。

从科尔曼对网络密度特性和社会资本影响的论述得到启发，笔者认为，在一个联系紧密的社会网络中，社会互动频繁，知识的流动和溢出加速，知识获取的成本降低，知识创新的效率无疑会有所提高。进一步推导我们可以发现，企业内部网络节点联结的强度越大，则共享隐性知识越多；反之，则企业内部社会网络中共享的显性知识较多。

命题 4：对于企业内部网络，网络密度越大则更加支持隐性知识的共享；反之则共享的显性知识较多。

2. 结构洞与知识共享

伯特从个体的角度认为，在网络结构中，若有两个个体或群体之间缺少联结，或是缺少互动往来，就会在网络上形成结构洞。此时，若有第三方占据该位置，也即“桥”的位置，将可获取两方面的优势，其一是信息优势，占据结构洞的节点具有占据的结构位置优势，能够获取来自多方面的非重复性信息，并成为最早知道某项新知识或信息的人之一，同时结构洞位置使你的名字在适当的地点、适当的时间被提及，以及获得推荐，而这些推荐将会是获得未来机会的正面积极力量。其二是控制优势，占据结构洞位置使该成员在被联结的双方面前具有了控制优势和发言权，从而可以选择对自己有利的方案从事协调工作，以获得控制利益。

占据结构洞的“桥”位置对成员个体具有的优势，但从企业整体知识共享角度看，却有可能阻碍知识在企业内部网络得到及时、充分的共享。当个体成员利用其结构洞的有利位置操控知识共享的流向时，对企业的知识共享而言，知识交流却因此受到阻碍，尤其是对于隐性知识。隐性知识的共享需要成员间频繁的互动，网络内结构洞的存在，容易造成成员交流不畅。同时，“桥”位置成员控制隐性知识的共享过程，知识共享效果也受到影响。

根据伯特的理论，企业网络中结构洞的存在表明网络中存在相互没有联结的非正式组织。当企业内部非正式组织间缺少联结时，企业的知识共享将出现断层。从交易成本的观点看，结构洞位置表示知识共享过程中成员间存在信息不对称情况，使得成员间知识共享的风险大大增加。

企业中若存在过多的结构洞，说明企业中存在的非正式组织很多，且这些组织之间的联结很少。大量的非正式组织的存在，使企业难以形成知识共享的文化，各团体成员之间以邻为壑，企业很难达成知识共享的长期目标。不可否认，结构洞的存在可能产生沟通非正式组织的“桥”。“桥”起到跨越结构洞，传播知识的作用。但从上述的分析可知，“桥”的利益往往与企业整体利益存在冲突，组织中“桥”的数量过少容易出现“桥”成员对知识共享的垄断，独占企业知识共享利益的情况。同时数量极少的“桥”也可能造成资讯的垄断或是因为信息负载过大而造成整个网路结构的“瓶颈”。[204]

总之，企业要顺利达成知识共享目标，就必须尽力使企业内部各非正式组织之间发生广泛的联系，以避免出现结构洞。同时，企业也应在出现结构洞位置的网络位置建立较多的“桥”，以防止处于“桥”位置的成员为了个体的信息和控制利益，而做出牺牲企业整体利益的行为。

命题 5：企业内部具有较多结构洞的网络增加了网络成员知识共享的风险。

3. 网络中心性与知识共享

从个人的角度看，处于中心性位置的成员其核心地位突出，与网络中其他成员之间存在类似于层级组织的“权威”关系。该成员可以凭借中心性位置顺利和其他成员展开知识共享，并享有其他成员所无法拥有的知识共享的利益特权。例如，处于中心性网络位置的成员通常处于企业的某个关键岗位，大多数成员需要与之联系并产生依赖关系，该成员因此可以利用自身的权力，换取其他成员的隐性知识。

从企业知识共享角度看，网络中心性概念代表了网络群体的集权程度。根据沃瑟曼和福斯特对于群体中心性定义，认为群体中心性类似群体中每个成员间彼此的共变异数，亦即群体中人际联结集中在少数人身上的状况。[201]换句话说，若企业内部社会网络中心性很高，则说明该群体的知识共享互动主要集中在少数人身上。在沃瑟曼和福斯特对网络中心性的概念定义里，中心性主要是用来测量权力的集中程度，群体其他人依赖中心性人物的多寡。若网络成员过于集权于少数几个人，则与其他成员之间的联结自然会下降，网络成员之间的知识共享也局限于某几个人身上，整体网络的知识共享效率将大受影响。

在伊瓦拉（Ibarra）对组织创新的研究中发现，群体的中心性越高，组织越变得集权，互动减少，对知识创新将产生不利影响。[205]斯帕罗、林登和克雷默对网络结构的研究也发现，群体的集中性是负相关于群体绩效表现的。[202]实际上，网络中心性越高，说明网络成员主要和网络中少数中心人物存在高度的互动。就知识共享而言，这种结构将影响知识资源的分配，不利于知识共享的顺利开展，并且少数核心人物也会为维持自身利益而阻碍知识共享的实施。

总之，当网络中权力过于集中，网络中共享的知识隐性程度下降，知识创造的能力也随之下降。

命题 6：企业内部社会网络中心性程度过高，不利于成员的知识共享。

第四节　本章小结

本章从社会资本结构化视角，即社会网络视角具体分析其对知识共享的重要作用，揭示企业内部知识共享网络形成的基本规律。从而为如何创建一个企业内部知识共享网络提供理论指导和操作建议。

中观社会资本是结构化的社会资本，笔者首先分析企业社会资本的结构化形式，从网络结构出发研究社会资本的合理性，对社会网络理论的若干范式和企业内部社会网络要素及特征进行梳理和辨析。

其次，笔者分析了企业内部知识共享网络的动态演化，认为社会网络具有促进企业内部知识共享的优势，并以此为基础分析了企业内部知识共享的演化博弈均衡，指出社会网络本身具有的知识共享优势并不能使知识共享自发形成，网络结构类型以及网络节点的关系强度都会影响企业成员知识共享的意愿以及共享知识的质量。

最后，笔者通过企业内部社会网络与知识共享的分析框架，具体探讨企业内部知识共享网络关系的建立。笔者认为，强关系联结共享的知识较多，适宜隐性知识的共享，且具有及时性；弱关系联结在知识共享成本上具有优势，效度较高，适宜显性知识的共享。从网络构型上看，网络密度越高，企业内部成员共享的隐性知识越多；反之，则企业内部共享的显性知识较多；"结构洞"说明企业内部非正式团体之间存在知识共享断层，企业应在出现结构洞位置的网络位置多建立"桥梁"，以避免较少的"桥"成员为了个体的信息和控制利益而牺牲企业整体网络成员利益的行为；网络中心性主要用来衡量企业内部网络的集权状况，当网络中权力过于集中，网络中共享的知识隐性程度下降，知识创造能力也随之下降。

第六章　企业社会资本与知识共享环境

企业组织对知识共享的强调，是因为知识共享是将知识资源转化成创新实力和竞争优势的重要途径。以往人们重视企业成员间信息的交流和传播，然而只有到依靠集体智慧提高组织应变能力和创新实力的今天，知识共享才获得更大关注、产生更深远意义。

一方面，人与人之间的知识共享，需要表现为一种组织形式。组织是提供知识公共品的社会单位，是人与人协作协调和共同发展的场所。另一方面，企业知识并不是企业内个人知识的简单加总，任何个人的知识只有在被充分共享的情况下才能构成企业的知识。在知识型组织中，知识和竞争性技能是组织得以存续和发展的基础，创造、共享知识和利用知识增值是组织活动的基本方式。通过组织学习与创新而积累起来的知识无法交易，要想模仿也是困难的，所以获取和使用知识的效率决定其竞争优势。

社会资本对企业的知识共享起了极为关键的作用。社会资本能促进组织行动的效率，组织内部的关系联结，使信息的传播机会多元化与丰富化，可称为“分配的效率”（allocative efficiency），组织知识传播快速，多元化，有助于创新知识的累积，进而增强组织竞争力。社会资本深度会产生信任资本，可降低投机行为发生的概率，降低监控成本与交易成本，此称为创造与学习过程中“调适的效率”（adaptive efficiency）。[206]总之，社会资本可以挖掘人内在的动力，培养高质量的共享行为，使知识共享产生持久的良性效果。

第一节　企业知识共享与企业竞争能力

在新经济时代，企业的核心竞争力首先来自持续的创新能力。当企业面对经济的全球化，与技术发展潮流保持同步的唯一方法是充分利用集体的知识优势。毫无疑问，除了存在个别胆识的“孤胆英雄”，作为竞争优势的创新力取决于集体的智慧。提高自身竞争力的需要是企业开展知识共享的基础。企业通过知识共享，运用集体智慧提高应变能力和竞争实力，以此适应日益复杂的社会经济环境。

一 知识是企业竞争优势的源泉

企业所拥有的，且唯一独特的资源就是知识。其他资源，比如资金或设备，不带来任何独特性。能产生企业独特性和作为企业独特资源的是其运用各种知识的能力。

（一）企业的核心能力

自20世纪60年代，以安索夫和安德鲁斯为代表的第一代战略管理理论家指出战略管理是企业在竞争中获胜的关键，把“战略”概念引入企业管理实践之中；其后，第二代战略管理理论家着眼于战略的实施，其代表人物钱德勒提出了“结构追随战略”的著名论点，强调组织结构应随战略调整而相应调整；80年代，第三代战略管理理论研究者把目光投向企业外部环境，波特提出了行业竞争结构的分析模型，认为企业应根据对环境的分析确定自己的战略，并且指出了成本领先、差别化、独树一帜三种战略，其后，明茨伯格提出“精雕”战略，进一步强调企业战略必须随环境变化而不断进行调整。

但第三战略管理过于关注环境对企业战略制定的影响，忽视了企业内部因素在战略制定中应有的决定性作用，因而受到多方面的批评。理查德·曼尔特（Richard Rumelt）在对利润的研究中指出，“产业中长期利润率的分散程度比产业间利润率的分散程度要大得多……很明显，最重要的超额利润的源泉是企业具有的特殊性，而非产业间的相互关系。”[207]受安德鲁斯启发，1990年，普拉哈拉德和哈默在《哈佛商业评论》上发表“*The Core Competence of the Corporation*”一文指出，企业的核心竞争力是“能使公司为客户带来特别利益的一类独有的技能和技术……并且组织中的积累性学识，特别是关于如何协调不同的生产技能和有机结合多种技术流派的知识是核心竞争力的主要来源。”[208]第四代战略管理理论由此确立，这就是企业资源观战略管理理论。

贯穿核心竞争力概念的是这样两个问题：一是企业持续竞争优势如何产生；二是如何创造并发展这种持续竞争优势。企业资源观认为，战略管理最重要的原则是通过资源积累与配置，赋予所占有资产异质性，从而获得持续竞争优势。[209]这样，学者们将企业的竞争优势由原来的外在环境转向了对企业内部因素的研究，关注企业的异质性与成长。他们认为，企业核心能力的培育、提高和运用是企业获得持续竞争优势的根本。

为识别企业的核心能力，普拉哈拉德和哈默提出三个标准：（1）核心竞争力必须为市场认可，即能够提供进入相关潜在市场的机会，核心能力的一个重要特征就是它能够在未来的发展变化中衍生出新的产品和服务，成为构建新兴产业的基础。（2）核心竞争力必须给客户带来特别利益，顾客是企业得以生存的裁判者，一个对顾客不能创造价值的技术和技能是不能使企业获得竞争优势的。也就是说，核心竞争力应当能够提高企业的效率，帮助企业通过降低成本或创造价值来扩大客户的利益。（3）核心竞争力是企业获得独特竞争力的前提，是竞争对手难以模仿的，只有这样才能保证企业基于核心竞争力优势得以持续。在更多的时候，它是支撑企业长期发展，并在未来的产业中获得竞争优势的能力。

麦肯锡管理咨询公司在总结了长期实践经验后指出，核心竞争力是某一组织内部一系列互补的技能和知识的结合，它具有使组织的一项或多项业务达到竞争领域一流水平，具有明显优势的能力。企业核心竞争力的内涵包括：其一，真正的核心竞争力在于组织中的人，而不在于技术或产品；其二，核心竞争力在于人的知识和想象力，而知识和想象力的获取在于员工快速学习的能力；其三，提供他人难以模仿的独占性产品或服务，是企业竞争的最有效武器；其四，企业要获得明显优势的能力，就必须成为"新思维模式的拓荒者"。

无论是哪一种定义，都是围绕以下几个方面而言的：企业核心能力是以智力资源为基础，通过组织的学习和积累获得的，能够为客户快速带来独特价值的能力。因此，企业核心竞争力的概念从诞生的那天起就带上了"知识"的烙印。它是企业在长期生产经营过程中形成的以知识为基本构成要素的实体性与过程性相统一的成长协调系统。

（二）企业知识的含义

核心竞争力理论，一方面，说明企业的竞争优势不是由外在于企业的市场结构和机会因素，因为对所有某行业内的企业而言，它们面临的市场结构和机会基本上是同质的；另一方面，企业持续的竞争优势也并非企业所拥有的一般资源的简单整合，因为在竞争市场上，资源是可以通过市场交易获得的，从这个意义上说，大多数企业都拥有的普遍性意义资源与企业竞争优势不存在直接的因果联系。部分学者认为，企业的竞争优势来自企业配置资源的能力。[210] 但进一步思考，又是什么决定企业配置、开发与保护资源的能力呢？

从企业内生成长论来看，彭罗斯（Penrose）认为，企业的成长应特别重视企业固有的能够拓展其生产机会的知识积累倾向，尤其是企业成长过程中释放出来的"未被使用的知识"，这些知识的积累将在很大程度上决定企业成长的方向。[211] 更进一步地说，当前的知识存量所形成的知识结构决定了企业发现未来机会、配置资源的方法，企业内各种资源效用发挥程度上的差别都是由企业现有的知识所决定的。

本书认为，企业知识就是整个企业对外所表现出来的企业文化、竞争能力等，它是企业内各类知识的综合与集成。企业知识不能脱离企业中的个体或群体知识而独立存在，但又不是个体或群体知识的简单总和，其具有单个个体或群体无法具有的知识特质。企业知识含义包括三个方面：一是指企业是由生产性知识构成的，企业知识是企业的生产性知识，它依然是关于"人或人类"的知识，这种知识构成企业的重要资源；二是企业作为一个生命体，能够像人一样拥有知识，具有学习能力；三是指企业成员共享的知识。

企业的生产性知识包括两类：一是关于生产技术的知识，指与生产的社会属性无关的技术；二是关于如何协调参与生产的人的知识，或"制度知识"。

第二类企业知识是指企业拥有知识。企业作为一个组织，如同人一样具有认知能力，把其经历存储于"组织记忆"之中，从而拥有知识，如图6-1所示。企业的生存和发展是与环境密切相关的。在与环境发生作用的过程中，企业会把有关的经历存储于企业的记忆中去。这种经历主要是企业搜寻解决问题的可行方法，当企业在以后遇到与此相类似的问题时，企业会从记忆中取回原来的方法与所遇到的问题相匹配以解决该问题。直到失败的结果被观察到后，企业才会搜寻、选择新的方法。通过这一过程，组织记忆的内容扩大了，企业的知识存量增长了。组织记忆外在化形式就是企业的"惯例"，这种惯例就像人的习惯一样解决了有限理性的问题。惯例作为企业的知识有两种类型，一是可以明晰说明的惯例，在形式上可以表现为企业行动的指南、方针政策、规则制度、事物处理程序和决策规则；二是默会性的惯例。如同个人的技巧一样，这部分惯例常常在发挥作用，但发挥作用的过程很难被观察到。这种惯例在某种程度上说就是彼得·圣吉所指的组织心智模式。[212]企业常常习惯于将旧的方法用于新的问题，但企业对这一点并不是清楚地知道。企业由此产生了认知学习的需要，其根本的目的在于认识企业惯例发挥作用的倾向。

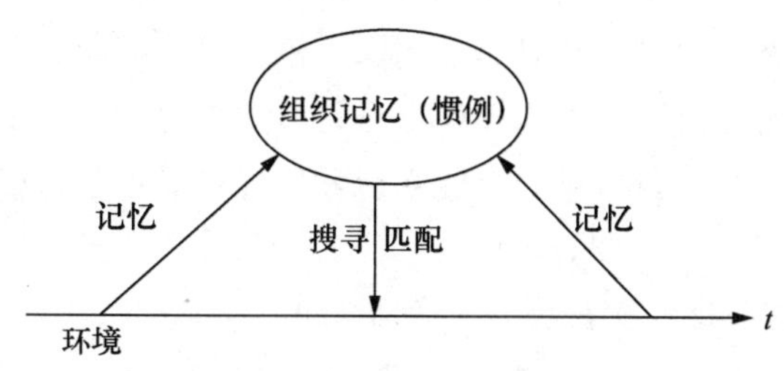

图6-1 企业知识

资料来源：笔者整理。

第三类企业知识是企业成员共享的知识，企业知识的惯例存储于“组织记忆”之中，而组织记忆是由组织成员的个人记忆构成的。知识通常存储在组织成员记忆里。在企业内部，任何个人的知识并不是孤立的。一个人所知道的东西，只有被企业内其他成员知晓，他的知识才是有意义的。企业知识并不是企业成员个人知识的简单加总，任何个人的知识只有在被充分共享的情况下才可能构成企业的知识，个人学习与组织学习是达到知识共享的有效途径。企业知识也有它的特殊性。就分类而言，从层级角度来看，它包括个人知识、群体知识和组织知识；从功能角度来说，它包括生产性知识和管理性知识，前者用于协调人与物之间的关系，后者用于协调人与人之间的关系。就特征来说，它还有：（1）层级性。由于企业是一种科层组织，所以作为知识一体化组织的企业在知识构成上肯定有层级性。（2）经济性。企业首先是一个营利性组织，企业只有通过整合企业知识，才能实现作为初级目标的盈利，并据此吸收或创造新知识。

从知识集成角度看，企业知识可来自个体、群体两个方面，也可以说企业中一些个体的能力代表了企业的某些能力，企业中某些群体的能力也代表了企业的部分能力。把个体知识转移或者转化成群体知识，就意味着知识的共享者不再“垄断”该知识，知识可以在群体内部自由流动，群体中的所有成员都可以了解、学习、掌握和应用这些知识。即使知识的共享者离开了这个群体或者企业，这个知识仍然存在，它可能存在于群体成员共同拥有的数据库中；可能存在于群体成员的笔记本上；可能弥散于群体的文化当中；更有甚者它可能就是群体的工作流程和工作习惯。同样的道理，个体知识能够直接转化或者转移成企业知识，群体知识可以转化或者转移成企业知识。无论这些知识是来自个体还是群体，一旦它们转化成企业知识，它就会彻底抛开对原有知识提供的个体或者群体的依赖，会在整个企业的层次自由地流动。知识一旦转移为企业知识，任何个体和群体都无法再对其进行垄断，只要企业知识赖以存在的企业存在，企业知识就不会消亡。

（三）企业知识与企业核心竞争力

知识经济时代的来临引起经济理论与实践的变化，并对企业管理提出了新的要求，也赋予企业核心能力崭新的时代特色，知识经济理论为核心能力的研究提供了一个全新视角。十几年以来，对企业核心能力理论的深入研究，使得越来越多的人深刻地认识到，隐藏在企业核心能力背后并决定企业竞争优势的关键是企业的知识。

阿尔钦和德姆塞茨认为，企业的存在是因为企业能够吸引和创造一些关键的生产性资源，尤其是知识性资源。而企业则是一个收集、整理和出售投入产品信息和知识的专业市场制度。[213] 纳尔逊和温特在解释知识在组织变迁中作为一种生产性资源的重要性时，认为企业不仅能够创造知识，而且具有储存知识的功能，是一个储存知识的蓄水池。[214] 但知识又是由个体掌握的，并专业化于某一特定领域，要使企业的生产功能得以顺利完成，就需要拥有各种不同类型知识的个别专家的共同协作和努力。这就需要企业创造一个使多个个体集中使用其各自拥有专业知识的环境和条件，在这种环境下，各类专业人员的知识（尤其是内隐性知识）能得以交流、转移共享与协调，因此企业作为一种知识一体化的制度便出现了。由于众多个体拥有的专业知识通常存在着互相解释或互相强化的关系，通过企业知识一体化的制度，从而产生递增的经济效益。[215]

根据企业的知识理论，企业在生产过程中形成和积聚知识的差异性导致了企业之间的异质性。由于每个企业内部成员在知识的专业化方向和程度上存在差异，且企业内部成员之间互动和影响也不相同，从而产生了各个企业在知识存量和能力上的差异性。并且企业知识主要通过企业内部学习和经验积累来获得，具有高度不可还原性，使得这种能力很难被其他企业所模仿，更难以通过交易获得。因此，企业知识、知识结构以及认知能力的异质性决定了企业的异质性，构成了企业独有的竞争优势源泉。

企业核心能力的本质特征是一个知识系统，知识在企业核心能力形成过程中发挥着不可替代的作用。核心能力是在企业特定情境中、沿着特定方向产生并演化的，是依靠长期的知识和经验的积累形成的，与企业的技术、结构、文化、价值观等独特性质有关，呈现出独特性、衍生性、学习积累性和路径依赖性等特征。企业组合资源的过程，实质上是知识的应用和交流的过程，在这一过程中，既生成了新的产品和服务，又由于知识具有互补性和衍生性，产生了新的知识，而这些知识的不断积累最终形成企业的核心能力。

二　企业知识与企业动态能力分析

拥有核心的关键知识，固然可以使企业获得核心能力，但这种刚性能力对维持企业的竞争力而言只是暂时的。在复杂多变的环境中，企业若无法适应环境的变化，不但将丧失原有的核心能力，甚至还可能成为企业发展的一个包袱。因此，动态能力理论得到了发展和重视。

（一）动态能力概念、内涵

1994 年，蒂斯和皮萨（Teece and Pisan）在 *The dynamic capability of firm*：*An introduction* 中提出了动态能力的概念，认为动态能力是“企业整合、建立以及重构企业内外能力以便适应快速变化的环境的能力”。[216] 在日益复杂和变化的环境中，企业在运用专业化资源建立起来的核心能力，缺少适应环境变化的灵活性。为了保持持续的竞争优势，企业核心能力应当是动态的，具有不断更新和持续演化的能力。

动态能力强调两个关键因素，其中，“动态”是指不断更新自身能力所适应不断变化的市场环境。“能力”强调的是整合和配置内部和外部资源的能力，以满足环境变化的要求。企业动态能力理论要求企业在不断变化的市场环境中，具有有效协调、配置内外部资源的能力。企业持续竞争优势的保持不仅受技术、市场环境和产业环境的变化制约，而且还受企业自身内部资源的影响，其积累过程与企业核心产品、技术发展和技术平台的演化密切相关，具有路径依赖的特性。从发展的角度看，竞争对手可以通过购买、引进、模仿或快速跟进的策略削弱企业在产品和生产工艺等静态技术资源上的优势。从产品周期角度看，产品和技术自身具有的生命周期也会促进企业核心能力的动态演化。因此，企业的动态核心能力就是要调整企业资源，使之与产业、技术和产品生命周期的发展相协调。从本质上讲，企业动态核心能力就是企业的自我创新和超越能够随着内外部的环境变化而协调的能力。

这种企业自我创新和超越以企业现有的智力资源和组织能力为载体，通过组织中的积累创新过程最大限度地激活企业自身资源潜力和企业的创新能力，不断调整和提高企业的研发能力、制造能力和市场营销能力，并最终获得保持持续竞争优势的动态能力。

（二）基于知识的动态能力

动态能力强调企业为适应不断变换的环境必须更新自己的能力。从知识理论角度看，不断变化的环境使企业原先拥有的知识结构已经不能应对环境需求，企业因而需要调整自身的知识结构，寻找新的知识，以适应环境变化带来的知识需求。从表象看，企业建立了一套新的知识结构，也带来了企业能力的改变。兹奥罗与温特从组织知识演化的角度认为“动态能力是一种集体的学习方式，通过动态能力，企业能够系统地产生和修改其经营性惯例，从而提高企业的效率。”[217]

通过前面分析可知，从知识的载体出发可以将知识分为：个人知识、群体知识、组织知识以及组织之间的知识。企业的动态能力来自组织知识基础，组织知识是指有关组织信息、过程、价值和信念的集合，它源于个人知识而又超出个人知识，并为一个组织所特有。企业知识与个人知识、显性知识和隐性知识之间相互转化。

企业知识按其在组织中的功能，又可以分为特殊性知识、整合性知识以及配置性知识。[218]其中，特殊性知识是指企业所具有的关于某个领域的知识，如技术或者科学原理，它存在于企业的内部与外部，表现为清楚的文字形式；整合性知识是指将许多领域的特殊性知识整合起来的知识；另外，企业还需要有一种对上述两种知识进行配置和开发使用的配置性知识。特殊性知识与配置性知识都属于隐性知识存在于企业内部，并只能在组织内部扩散与分享。

企业的动态能力随着组织的三种知识的变化而改变（见图6－2）。在图6－2中，箭头的延伸表示各类知识的变化程度逐步增加，各类知识的交点代表企业目前的能力。特殊性知识的变化主要源于技术的进步，是构成企业能力的显性知识，很容易被识别、说明和转移，可以从企业外部资源中获得。整合性知识主要表现为新的生产方法或流程。从特殊性知识和整合性知识构成的平面看，当整合性知识不变，特殊性知识变化幅度表明知识的替代在能力的变化中所起的作用在加强；而当特殊性知识不变，整合性知识变化幅度则表明企业的生产工艺改进方面的能力增进；当两者都发生变化时，则表明企业在新兴能力发展的开拓。

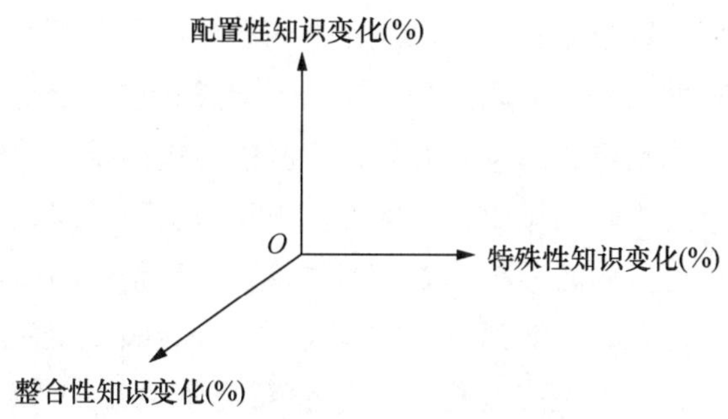

图 6－2　知识变化与能力

资料来源：尼尔森（Nielsen，2003）研究的改进。

配置性知识代表了企业配置知识的能力，以充分发挥知识的价值。当企业配置性知识发生变化时，表明企业对知识使用能力和范围的扩大。而当三类知识均发生较大变化时，则表明企业将发展一种全新的能力。

以知识为核心的企业动态能力是企业获得持续竞争优势的根本保证，这要求企业清楚地掌握企业知识形成的动态机制（见图 6－3），以便更好地开发与利用知识。

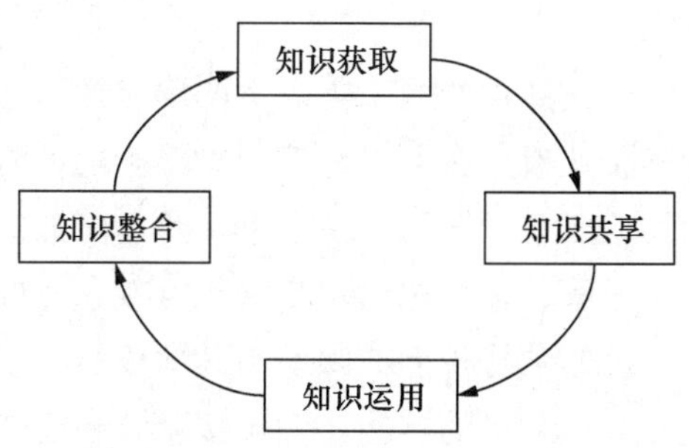

图 6－3　企业知识动态形成机制

1. 知识获取

企业知识是一个动态的循环过程，而知识获取是组织知识循环的逻辑起点。当客户需求发生变化或出现新的生产工艺等企业市场环境变化时，企业中的个人或群体需要对此做出适当的反应。

影响企业知识获取有几个主要因素，一是企业的战略意图，若企业的战略意图不明确，则企业成员在对外界市场变化过程中所需要学习更新的知识就没有清晰的认识，因此一个崇尚创新的战略对企业动态能力的建立具有指导意义。二是企业的应激能力，应激能力包括企业对外界市场敏锐的感知能力和企业内部迅速的反应能力。市场需求稍纵即逝，缺少敏锐的市场感知能力，企业的能力将不能得到改善，并且企业的市场也将被竞争对手挤占。企业若及时感知到市场的变化，但不能对变化及时做出反应，那么企业利用动态能力抢先于竞争对手获得竞争优势的战略也将受到阻碍。三是企业的知识吸收能力，吸收外部知识的能力影响着企业能力改变的方向和维度，是企业动态能力的一个关键因素。

2. 知识共享

在企业顺利完成外界知识的获取任务之后，还需要将此类知识传递给企业中的其他人。企业知识获取并非由企业内所有人完成的，而是由某个部门或群体完成，此时企业还没有完成能力更新的任务。需要通过组织学习、经验交流会或师徒学习等形式，即通过企业的知识共享，使新知识从个人知识转化成对企业具有价值的企业知识。理论上讲，企业内部的知识共享要比外部的知识获取容易些，但事实上，企业内部的知识共享是复杂的，受到知识的特征、知识主体特征、知识共享环境以及企业制度等多种因素的影响。

从知识特征来看，新知识的因果关系不明确与知识本身的未证实性阻碍了知识共享过程。企业成员在面对新知识的不确定性时，仍沿用旧有的知识共享惯例，从而造成对新知识、新惯例以及新能力的排斥。

从知识共享主体来看，知识源出于自身利益或企业内部权力斗争的考虑，往往不愿意将自己的独特技能或知识与其他成员共享，或不能提供充足的时间和资源支持知识共享的实施。知识接受方缺乏知识共享动力，会采取故意拖延时间或搪塞等行为。并且，如果接受方缺乏知识吸收能力，则无法将接收的新知识内化和整合为组织本身能力，甚至会对组织本身的知识基产生负面影响。

从知识共享企业环境来看，企业正式的组织结构、内部知识共享的协调机制以及企业的组织文化都会影响知识共享的效率。知识共享存在路径依赖特性，新知识的共享需要对企业原先的组织结构进行适当的调整，森严的科层结构向扁平化、网络化的结构转变，但过程应是渐进式的。

随着新知识在企业内得到共享，企业成员将其内化，成员的知识结构得到了拓宽、延伸和重构，并且企业整体的知识基础进一步拓宽了。我们知道，共享的知识不可避免地同共同的实践相联系，并且和参与知识创新的个人间的相互依存关系密切相关。这种互相的依赖包括建立共识、共同目标和持续的共享行为。所以，建立知识共识是企业知识创新的基础。

3. 知识应用

获取知识的目的是应用知识并解决问题，并且鼓励组织学习的精神，这样知识才能真正留在组织内部，达到组织学习的目标。知识运用是一个试错过程，新知识能否很好解决企业面临的新问题，需要在运用过程中证实，并进行反馈。

企业的知识应用过程是一个试错过程。如果新知识被证实不能很好地解决企业目前的问题，那么企业首先需要对出错的原因做出判断，是新知识本身的存在问题，还是企业目前各方面条件与新知识不配套，需要作适当改进。在完成试错过程后，企业一方面需要将此经历保存在企业知识库中，以利于未来工作中遇到类似问题时有经验参考；另一方面企业要将成功运用的新知识存储到“组织记忆”中，并成为企业的日常规范。

4. 知识整合

新知识被运用并获得令人满意的结果后，如何转换为企业的日常工作，成为企业组织生活的一部分，让企业全体成员都有所改变。这既是知识应用的结果，也是企业知识转化的重要环节。

企业新知识的运用同样存在着路径依赖的问题，这就制约了企业内部新主意的提出。知识整合目的在于消除新知识例行化过程中的阻碍以及正确面对处理过程中所遇到的挑战。在此阶段，企业通过对新知识的测评，改变现存惯例或创建新的适合新知识的惯例。一旦企业内部冲突双方达成皆可接受的协议或让冲突朝着可预测的方向发展，则企业获得的新知识将被所有成员视为理所当然的事实。反之，若知识整合不能成功，则企业知识又回复到原来的状态。

在围绕上述四个阶段的知识循环中，企业知识不断更新并产生新的知识，从而使企业获得具有战略意义的竞争优势。企业知识的演化过程实际就是企业动态能力发生作用的过程。在此过程中，企业在内外环境变化中产生知识需求，并通过知识获取、共享、运用和整合，使新知识成为企业的一部分，并在企业内部得到充分运用。而企业由此积累的大量知识为下一轮的知识转化提供了条件，并成为企业动态能力的一部分。

三　知识共享与企业竞争力的培育

企业的核心能力是企业竞争优势的内生因素，是企业区别于其他企业，赢得竞争优势的必要条件。但是，在瞬息万变的市场环境中，随着竞争对手策略的不断变化，企业的核心能力并不足以使得企业获得持续的竞争优势，企业的动态能力才是企业获得长期持续竞争优势的根本动力源泉。从此意义上说，只有当企业的核心能力和动态能力都较强时，企业的竞争优势才能得以维持。

企业核心能力的本质特征是一个知识系统，知识在企业核心能力形成过程中有不可替代的作用。我们认为，核心能力更多地表现为企业的某种知识存量，而动态能力则更多地表现为企业的某种知识流量，企业的知识活动才是企业保持持续竞争优势的根本。麦肯威利（McEvily）等认为，对于任何组织来说，知识共享是发展竞争优势的重要战略。[219] 马歇尔（Marshall）等指出，很多公司的失败应归因于内部“贫乏”的知识共享机制。[220] 事实上，无论是组织理论，还是组织实践，都论证了知识共享能力是企业重要的竞争能力。

知识共享强调人的知识的互补。在一个共享企业中，每个人应当知道企业作为集体具有什么知识，如何应用它来发展核心竞争力；知道他人拥有什么知识，如何获取、共享它；了解大家和需要什么知识，如何进行有效的学习，消除知识上的不足和差距。通过企业成员不同思维方式和不同思想的融合，企业获得的新知识增多，而这些新知识的不断积累最终形成企业的核心能力。企业核心能力表现为知识和经验，这些知识和经验是通过不断的组织学习而得到和更新的。如果把组织中的个人通过学习获得的知识和经验作为能力“因子”，那么企业组织中一个团队通过学习而形成的知识体系就构成了单项核心能力，而整个组织的学习则整合单项核心能力，构成了一个能力体系，形成了企业整体核心能力。这就是说，知识整合和共享使企业成员的个人能力转化成组织能力，并最终形成企业独特的核心能力。

（一）知识共享有利于企业核心竞争力的培育

企业核心竞争力形成于企业知识资源的异质性和独特性，这意味着它难以被模仿和复制。从企业知识理论看，企业核心竞争力作为知识体系，是企业长期实践积累的认识、经验与洞察力的集合。这就决定了企业从外部引进先进技术只能取得短暂的优势，无法形成持续的企业核心竞争力。

在知识共享过程中，企业成员的知识交流既包括员工拥有的个人显性知识和隐性知识，又包括企业拥有的企业特殊知识、整合性知识和配置性知识，这些知识在企业内部经过知识的社会化、外化、内化和整合过程，扩展为部门知识或企业知识，就形成了企业独特的知识资本如共同价值观、行为方式、战略和技术等，这些隐性知识构建了企业的长期竞争优势，决定着企业的成长和边界。

此外，在知识共享过程中，随着企业外部市场环境的变化，企业成员间共享的知识也将得到逐步调整。知识是行动的力量，人们将接收到的知识进行内化，并结合自身体验，产生有实际应用价值的高级形式的知识，并随着知识共享过程成为企业知识，从而使企业的动态能力得到及时更新。

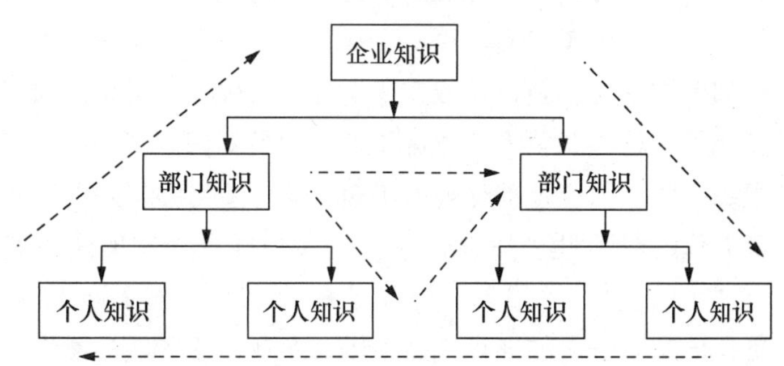

图6－4　企业核心竞争力培育阶段的知识流

资料来源：笔者整理。

（二）识别企业核心竞争力

由知识尤其是隐性知识构成的企业核心竞争力，是企业在长期实践积累中形成的，分布在企业的各个角落，因此不仅其他企业无法复制，本企业员工识别企业核心能力也比较困难。企业可以借助知识地图等工具，将企业内的知识结构展现出来，通过实践发现，知识地图仅能促进员工将部分隐性知识显性化，呈现在知识地图上的知识绝大多数仍是显性知识。因此，企业必须通过知识共享机制，增进员工的人际协作和互动，加强对企业隐性知识的识别。识别企业核心竞争力，有助于促进企业合理地利用和更新企业的核心竞争力，是促进知识的社会化或明晰化，增进企业知识交流的基础。

（三）调配企业的核心竞争力

知识共享机制有助于识别企业的核心竞争力，同时促进了核心竞争力在企业内部的配置。通过知识共享，可以拓展企业员工和部门的知识视野，优化知识结构，提高认知学习能力，更好地开发和利用知识。在企业员工中形成知识共享的共识，有利于持续创造和转移新知识，并迅速开发出新技术和新产品。夏普公司的“紧急项目小组”和松下公司的“金勋章小组”就是利用企业中组建跨部门工作小组，采用对话、研讨会、培训班的交流形式，共享知识。任务完成后，小组成员返回原部门，再把他们在临时工作组里共享知识的成果与部门成员交流，使核心竞争力深入人心。

（四）更新核心竞争力

知识的特性以及外部市场环境的瞬息万变决定了作为企业核心竞争力基础的知识体系必须不断更新。否则，伴随核心竞争力培育而产生的核心刚性会阻碍知识共享与创新，导致知识老化，丧失竞争优势。核心竞争力的更新是基于原有核心竞争力的顾客价值导向的知识创新型学习过程。一个开放型组织，为了因应外部环境的迅速变化，应增强组织的决策和创新水平，以最大化的灵活性和适应性来满足客户需求，实现核心竞争力的创新。

通过更新核心竞争力的知识创新活动，企业克服了核心刚性，实现了核心竞争力的升级。在企业中，个人独占的知识将微不足道，共享成为知识价值实现的一种形式，也成为知识增值发展的一种途径。让所有拥有和需要新知识的成员都能参与到知识共享之中来，绝大部分知识将通过共享得到应用。

第二节　企业知识共享与组织学习

知识共享是形成企业竞争优势的根本途径。企业的知识共享本质上是一个组织学习的过程，在知识的获取、积累、传播、应用和创新必须依赖于学习过程，只有那些持续学习、善于学习的企业才能在激烈的市场竞争中最终赢得竞争优势。

一　作为组织学习的知识共享

自阿吉瑞斯（Chris Argyris）提出“组织学习”概念以来，组织学习已经成为全球化变革过程这一大背景下的重要课题。鲍威尔（Powell）等指出，组织学习是一个知识在不同组织或个人之间转移的过程，顺畅的学习机制将有助于知识获取与运用。[221]制度化的组织学习机制促进了个人将学习的知识扩散至整个组织，并使组织能够快速存取知识以及获得更为稳固竞争优势的基础。菲奥尔和莱尔斯（Fiol and Lyles）认为，组织学习是指组织通过知识与理解来改进行动的一种学习过程。[222]麦吉尔（McGill）则强调创新，认为组织学习是帮助组织内部员工创造新的知识，促进内部了解及持续改善自我与产出的学习方式，并进一步比较了适应性学习和生成性学习在管理上的差异性。[223]

尽管学者们对于组织学习内涵的认识不尽一致，但组织学习在本质上是一个知识在不同层次间转移和新知识不断创造的过程。从知识共享视角看，组织学习是一个组织全体成员在知识运行中的组织行为过程。在这个过程中，组织成员运用各种途径和方式，不断获取组织内外部信息与知识，通过成员间的交流和合作，对组织、环境及两者间相互关系获得一致性认识，达到知识共享，增加组织知识库知识积累，提升组织学习能力，实现组织整体行为或绩效的改善与提高。

组织学习理论观点认为，组织所拥有的知识是个人知识的综合。个人学习是个人获得知识的途径，同样组织学习是组织获得知识的途径，但个人学习不必然是组织学习的构成部分，组织知识不是个人知识和能力的简单加总，而是组织所有成员的知识和能力的共享。组织学习的最终目的是将新知识内化为组织例行，并成为组织运作与个别成员的规范。[224]

从空间上看，学习既有企业间的学习，也有企业内部的学习。企业内部学习又由部门或业务单位间的学习和部门与业务单位内部知识领域的学习。部门层次的学习主要就包括企业如何应对市场变化，如何从外部环境获取新知识，以及如何整合各部门之间的知识等内容。部门内部的学习则主要集中于技术知识、市场知识和策略知识。若部门或成员缺乏应有的学习能力或学习动力，则企业将无法完成吸收、消化新知识，更新企业动态能力的目标。

从学习模式看，学者们大致将学习分为单循环学习、双循环学习和再学习三种类型。从知识共享角度看，单循环学习表现为主体成员或单位缺乏吸收知识的激励，表现出“刺激—反应”的行为特征。他们只注重对当前问题的解决，而对组织的规范和要求是否恰当、组织能否适应变动的环境等视而不见。圣吉形象地称之为“适应性学习”。双循环学习的主体则表现出积极的知识共享意愿，他们不仅乐于修正组织策略和行为错误，同时还随时准备根据实际需要改变组织运作模式，以增强组织的学习和创新能力，提升企业核心竞争力。再学习过程就是在企业内开发一种学习型体系，企业通过这个体系进行集体探究、主动观察和纠正，每一个组织成员分担起相应的组织责任和权利，并通过知识与理解来改进行动的一种学习过程。

组织学习过程始于个人的知识获取，经过一系列转移过程，并通过重新整合直至新知识的产生，这种学习过程嵌入组织流程和文化当中。而新产生的集体知识则储存在组织记忆之中。[25]组织学习不仅意味着获取外部的知识，而且包括企业成员之间关于创新的交流对话与知识共享，通过培育组织内部个人和集体的创造力来应对万变的世界和动态竞争的环境。

二 组织学习与知识共享的关系

知识共享与组织学习是相辅相成、相互促进的。

首先，知识共享是组织学习的基础和目的，没有知识共享的组织将无法凝聚每一个人的创新力量。组织学习与个人学习最本质差别就在于知识共享。在知识共享过程中，显性知识的共享是企业成员获得成长、发展所必需的学习资源，为企业组织学习提供了必要的知识的基础，缺乏此类知识的共享，企业组织学习将无法展开。当知识内隐性较高时，通常需要通过人际互动进行知识的转移和共享。这与组织学习的“干中学”是相一致的，也符合隐性知识的特性，因此隐性知识的共享是组织学习的关键和实质。

其次，组织学习促进知识的共享。企业通过组织学习获取新知识、技能和改变自身行为，成为快速反应、适应变化的组织。通过组织学习，企业释放所有员工的潜能，提供了组织和个人之间更加合理的关系视角，倾向于把组织视为有亲密无间的人际关系，成员主要通过对组织目标、价值等文化知识的共享来承担义务与责任。当员工接受了组织共同的文化、价值取向和战略目标，当员工认识到需要通过组织来实现自我价值，他们更有可能参与共享知识的行动，而知识共享的凝聚力量将得以充分的体现。并且，通过持续不断学习，组织可以及时获取外部市场环境变化的信息，科技发展等新信息和组织内成员中潜在的知识或信息，使组织配置性知识不断得到重建，并产生出新的知识，加速显性知识和隐性知识的相互转化。随着组织学习范围的延伸，知识更加快捷流畅地传播，知识共享的效率也得到提高。

因此，开发组织的学习能力是从根本上提高知识共享效率的有效途径，以使企业内个体和群体之间能够高效率理解和交流知识，并且使知识内部共享和创造速度快于知识扩散或竞争者模仿的速度。

三 组织学习的知识共享动态模型

一个企业要获得竞争优势，就必须持续不断地进行组织学习和知识创新，使企业成员个人的创新思维，能及时地在企业内部得到共享。或许，企业唯一的竞争优势就是比它的竞争对手学习得更快的能力。[226]

组织学习是一个组织成员之间交互的学习过程，从感受知识和利用经验的角度看，组织学习产生于既定的工作场所中人们之间的相互作用。[227]组织成员之间的交流，把隐性知识逐渐清晰化和明朗化。[228]但是，隐性知识的共享方式与显性知识共享方式不同，显性知识可以借助文件档案、专利、计算机数据库等媒介实现共享，而隐性知识高度个人化，深深地嵌入个人的行动和经验中，同时也与员工的个人价值观念和心智模式融为一体，难以交流。只有通过第一手经验或与知识更丰富的人共同工作，才能获得。

（一）模型假设

第三章分析了知识共享的抽象模型，知识共享过程承担着知识从拥有者传送到接受方，使接受方也能拥有同样知识的任务。多个隐性知识的传播可以看作单个隐性知识传播的叠加。为研究方便，在此我们忽略影响知识共享的外生变量，如组织结构、战略、文化等因素。我们假设，知识接受方和知识源在组织内部均匀分布，其知识共享方式主要是通过工作、生活和学习中直接接触。

不考虑企业内成员的流入和流出，假设企业内的成员为常数 N，N 足够大。时间以天为单位。企业在 t 时刻有两类成员：D 类，没有获得这一隐性知识的人，即知识接受方；S 类，拥有这一隐性知识的人，即知识源。$D(t)$ 和 $S(t)$ 分别表示 t 时刻上述两类成员占成员总数的比例，D_0 和 S_0 为初始状态知识源和知识接受方占总人数比例。假设 $D(t)$ 和 $S(t)$ 可连续可微，显然，$D(t)+S(t)=1$。并设单位时间内，知识拥有者与企业内部成员进行该隐性知识交流的接触人数为常数 λ。

（二）模型建立

根据上述假设，在 t 时刻，企业中有 $NS(t)$ 个知识源，每个知识源每天接触的 λ 个人中有 $\lambda D(t)$ 个知识接受方通过有效共享成为知识源。这样每天共有 $\lambda ND(t)S(t)$ 个成员通过有效共享成为知识源。因此，单位时间内 $\lambda ND(t)S(t)$ 就是知识源数 $NS(t)$ 的增长率。则有：

$$\begin{cases}\dfrac{\mathrm{d}[NS(t)]}{\mathrm{d}(t)}=\lambda ND(t)S(t)\\ D(t)+S(t)=1\\ NS(0)=NS_0>0;\ ND(0)=ND_0>0\end{cases}\tag{6.1}$$

求解这个微分方程，得：

$$S(t)=\left[1+\left(\frac{1}{S_0}-1\right)e^{-\lambda t}\right]^{-1}\tag{6.2}$$

将式（6.1）求导，得：

$$\left(\frac{\mathrm{d}S(t)}{\mathrm{d}(t)}\right)'=\lambda-2\lambda S(t)\tag{6.3}$$

由式（6.3）可知，当 $S(t)=\dfrac{1}{2}$ 时，$\dfrac{\mathrm{d}S(t)}{\mathrm{d}(t)}$ 最大，代入式（6.2）得：

$$\frac{1}{2}=\left[1+\left(\frac{1}{S_0}-1\right)e^{-\lambda t}\right]^{-1}$$

解之，$t_{max}=\dfrac{1}{\lambda}\ln\left(\dfrac{1}{S_0}-1\right)$

由上述分析可知，t_{max} 与 λ 成反比，即 λ 越大 t_{max} 越小，这意味着企业内个体知识共享人数越多，知识在企业内传播的速度越快。即随着时间的推移，拥有某项知识的比例越高。

企业的组织学习发生在成员交互作用过程中，通过正式与非正式的沟通，使得隐性知识逐步显性化，并成为企业的知识。但知识共享有很大的自发性和随机性，学习效率的提高和知识转化的效果还有赖于企业管理层的推动。要使隐性知识得到有效开发和利用，知识资源在企业内部快速转移和分享，企业要采取一系列的支持措施，比如使企业成员能够进行经常而广泛的接触、营造良好的学习氛围、革新组织结构以及提供必要的经费、时间、场所等。

（三）模型的进一步扩展

事实上，在知识共享过程中，企业成员还存在流动和成员对知识的遗忘等情况。为此进一步假设，在企业内成员总数为 N，N 足够大，除知识接受方（D 类）和知识源（S 类），还存在知识的遗弃者（A 类），即获得该类知识后认为没有价值而遗弃的人。这样，$D(t)$、$S(t)$、$A(t)$ 分别表示 t 时刻上述三类成员占成员总数的比例，且 $D(t)$、$S(t)$、$A(t)$ 为连续可微变量。设企业有员工调进、调出和流失的情况时，调入率为 u，调出率与流失率之和为 a，且等于调入率 $a=u$，这样成员在企业内的平均工作时间为$\frac{1}{u}$。

另外，企业成员具有遗忘的特性，遗忘者人数正比于知识源人数 NS，设知识源成为新的知识接受者的比例为 β，则 β 为遗忘率。同时，人的学习具有选择性，若某人获得该类隐性知识后，认为该知识对知识没有价值，就会把它遗弃，之后不会再学习它。一般遗弃者的人数也正比于知识源的人数 NS，设遗弃者与传播者的比例为 γ，把 γ 称为遗弃者比率。若考虑成员流出因素，则平均学习周期为$\frac{1}{u+\beta+\gamma}$。$\sigma=\frac{\lambda}{u+\beta+\gamma}$为一个知识传播者在其传播周期内与其他成员接触的总数，称为接触数。则有：

$$\begin{cases}\frac{\mathrm{d}[NS(t)]}{\mathrm{d}(t)}=\lambda ND(t)S(t)-\beta NS(t)-aNS(t)-\gamma NS(t)\\ S(t)+D(t)+A(t)=1\\ NS(0)=NS_0>0,\ ND(0)=ND_0>0,\ NA(0)=0\\ a=u\end{cases}\tag{6.4}$$

化简得：

$$\begin{cases}\dfrac{d[S(t)]}{d(t)}=[\lambda-(\beta+a+\gamma)]S(t)-\lambda S(t)^2\\ S(0)=S_0>0\end{cases} \tag{6.5}$$

求解这个微分方程，得：

$$S(t)=\frac{\lambda S_0\exp\left[\lambda\left(1-\dfrac{1}{\sigma}\right)t\right]}{1-S_0\dfrac{\sigma}{\sigma-1}\left\{1-\lambda\exp\left[\lambda\left(1-\dfrac{1}{\sigma}\right)t\right]\right\}} \tag{6.6}$$

由式（6.6）得到：

定理 1：对于式（6.5），当 $\sigma>1$ 时，$\lim_{t\to\infty}S(t)=\lambda\left(1-\frac{1}{\sigma}\right)$；当 $\sigma\leqslant 1$ 时，$\lim_{t\to\infty}S(t)=0$。

可以发现，当接触数 $\sigma>1$ 时，隐性知识获得者逐渐趋近于 $\lambda N\left(1-\frac{1}{\sigma}\right)$；$\sigma\leqslant 1$ 时，知识源的数量越来越少，最终趋近于零，此时该隐性知识最终会从企业消失，$\sigma=1$ 是该隐性知识在企业内部传播的阈值。

推论 1：当 u、β、γ 不变时，此时 $u+\beta+\gamma=c$，（c 为常数）。对于式（6.5），当 $\lambda>u+\beta+\gamma=c$ 时，$\lim_{t\to\infty}S(t)=\lambda\left(1-\frac{1}{\sigma}\right)$；当 $\lambda\leqslant u+\beta+\gamma=c$ 时，$\lim_{t\to\infty}S(t)=0$。

这说明当接触率 $\lambda>c$ 时，该知识不会在企业内消失，且 λ 越大企业内部最终获得该隐性知识的人越多，其数量接近于 $\lambda N\left(1-\frac{1}{\sigma}\right)$；当接触率 $\lambda<c$ 时，该知识将逐渐在企业内消失，所以，企业为某项隐性知识在企业内部迅速而广泛地传播，最重要的措施是使企业内部的成员能够得到充分而广泛的接触。

推论 2：当 λ、β、γ 不变时，对于式（6.5），当 $u<\lambda-\beta-\gamma$ 时，$\lim_{t\to\infty}S(t)=\lambda\left(1-\frac{1}{\sigma}\right)$；当 $u\geqslant\lambda-\beta-\gamma$ 时，$\lim_{t\to\infty}S(t)=0$。

此时，企业内部成员的接触率和知识遗忘率为常数，隐性知识的传播与成员的调入（调出）率有关。当成员的调入（调出）率小于接触率与知识遗忘率之差时，企业内部的隐性知识可以在企业内传播开来；反之，当成员的调入（调出）率大于接触率与知识遗忘率之差时，企业内部的隐性知识不能在企业内传播；因此，企业要尽量减少企业成员的变动，以促进隐性知识在其内部的快速传播。

同理可知，企业内部隐性知识的传播还与知识的遗忘率和遗弃率成反比，要使企业内隐性知识得到传播，应降低知识的遗忘率和遗弃率。

当 $\lambda \neq u + \beta + \gamma$，$S = \frac{1}{2}\left(1 - \frac{1}{\sigma}\right)$时，$\frac{d[S(t)]}{d(t)}$达到最大值。将 $S = \frac{1}{2}\left(1 - \frac{1}{\sigma}\right)$代入式（6.5）中 $\lambda \neq u + \beta + \gamma$ 时，$S(t)$ 的解析式为：$\frac{1}{2}\left(1 - \frac{1}{\sigma}\right) = \frac{\lambda S_0 \exp\left[\lambda\left(1 - \frac{1}{\sigma}\right)t\right]}{1 - S_0 \frac{\sigma}{\sigma - 1}\left\{1 - \lambda \exp\left[\lambda\left(1 - \frac{1}{\sigma}\right)t\right]\right\}}$。当 $\sigma > 1$ 时，$t = \frac{1}{\lambda\left(1 - \frac{1}{\sigma}\right)} \ln\left[\frac{1}{S_0}\left(1 - \frac{1}{\sigma}\right) - 1\right]$，此时隐性知识在企业内部传播速度达到最大值。当 $\sigma < 1$ 时，S 的二阶导数不存在，即此时隐性知识的传播速度没有极值点。

组织学习的目的在于围绕企业特定的业务活动建立、组织和补充知识，提高员工技能，提高组织的适应性和效率。为推动企业成员之间的学习效率和知识转化能力，企业管理者首先需要营造良好的学习氛围，尽量保持企业内部成员经常而广泛的接触，增大成员之间的接触率。其次要尽量保持企业成员的稳定性，不能频繁地更换员工，以有利于企业成员之间社会资本的培养。最后要尽量减少组织成员的知识遗忘率和遗弃率，促进知识传播高峰期到来，并在高峰期到来之前做好准备工作，以使收到事半功倍的效果。

上述分析表明，企业内部的知识共享发生在企业成员的相互学习过程中，通过企业内部的组织学习，成员的隐性知识得到显性化，并最终成为企业的知识。而在此过程中，企业成员之间的社会资本对推动成员的知识共享交流，促进成员之间互信有重要作用。

第三节　企业的社会资本及其在知识共享中的作用

企业的社会资本能够增强企业的集体行为和凝聚力，有利于形成企业成员之间良好的合作氛围，融合企业的价值与规范。同时，社会资本具有创新功能，可以产生协同效应，对组织结构、组织制度、员工的知识与技能、企业的价值与规范具有良好的整合作用，对企业的经营能力和经济效益具有直接的提升作用。社会资本能够推动组织内部资源与信息的交换，并且促进创新，因为社会互动和信任与部门之间资源交换的范围有很强的相关性。

一 企业的社会资本内涵

第二章简单提到企业社会资本的概念。为了深入分析企业的社会资本在知识共享中的作用，在此，本书对企业的社会资本内涵做进一步认识。

（一）企业的社会资本定义

最早研究宏观社会资本的是美国社会学家罗伯特·D. 帕特南（Robert D. Putnam）。帕特南在一系列对美国社会的研究中，将社会资本界定为“个体之间的关联——社会网络，互惠性规范和由此产生的可信任性”，他认为，美国以公民社团形式体现的社会资本比上一代已大大削弱，并对个人、社区和社会产生巨大的影响，阻碍了人们的生活、工作以及社会的有效发展。帕特南认为社会资本是一种组织特点，如信任、规范和网络等，它们可以通过促进合作行动而提高社会效率。[229]

联合国开发计划署（UNDP）将社会资本视为一种自觉形成的社会规则，体现在社会各组成部分关系中，也体现在人与人之间的关系中。在《人类可持续发展》一文中，UNDP 指出，可持续发展就是通过社会资本的有效组织，扩展人类的选择机会和能力，以期尽可能平等地满足当代人的需要，同时不损害后代人的需要。[230]

布朗在分析宏观社会资本时指出，“我们要考虑产生、证明和展开社会资本的网络何以嵌入在较大的政治经济系统之中或较大的文化与规范的系统之中。”[57]他认为，在宏观层次上，社会资本的研究更应该注重考察动力要素方面。

笔者认为，宏观社会资本并不是像文字表述的体现在一种范围上，而应该体现在社会资本内容上。它是超越微观社会资本结构、网络等嵌入自我的视角，表现为结构深层的运作逻辑。正如帕特南将宏观社会资本视为信任、规范和网络，而 UNDP 将宏观社会资本视为社会规则一样，宏观社会资本的形式是多样的，它更多地体现为人们所处的社会结构和社会网络环境。就企业而言，企业的社会资本是指能被企业控制的，有利于企业实现目的的，嵌入企业网络结构中显在的和潜在的资源集合，具体包括企业成员之间形成的互惠合作的信任关系以及基于共同认知的企业文化价值理念。

（二）个体的社会资本和企业的社会资本

在分析了宏观社会资本定义后，我们还需要将个体的社会资本与企业的社会资本区别开来，在概念辨析中企业的社会资本内涵才能逐步展现出来。

首先，企业成员个体所拥有的社会资本是特殊的社会资本，对个体而言，社会资本是工具性的。而企业的社会资本作为经济运作环境的作用。宏观社会资本（本书说的企业的社会资本）不能理解为个体社会资本的简单之和，所以将二者分开考虑是必要的。

其次，个体的社会资本与企业的社会资本不是一种正向相关关系。从常理看，个体社会资本高的地区或企业，宏观社会资本也比较高。但由于文化或历史原因，在个体社会资本演变为宏观社会资本时，也会出现相互替代的现象。如中国社会，强调以血缘、亲缘、地缘、学缘和业缘等为特征的“差序结构”，应该说个体的社会资本是非常丰富的。但由于个体间的信任无法扩展到家庭以外的社会范围，因此经济组织只能以家庭或家族企业为主，无法自发地产生大型经济组织。

最后，个体社会资本与企业的社会资本的内容也存在差异。个体社会资本主要关注个人在社会网络中可以动员的资源，以及如何获取与使用这类资源使个体的行动受益，在个体社会资本的研究中，个人是社会理性的。而企业的社会资本着重研究社会资本与经济发展的关系，社会成员彼此之间的信任、合作，以及在此基础上形成的社会网络如何有助于有效地减少组织内部的“搭便车”行为，解决“集体行动的逻辑”悖论，并且减少经济运行中存在的“交易成本”。如罗森塔尔（Rosenthal）提出，社会资本有利于企业内部跨部门、跨职能的团队合作，能够提高团队工作效率。[231]张其仔通过对国有企业的调查表明，不同形式的社会资本对企业效益的影响并不相同，存在于国有企业工人与管理者之间的社会资本对企业的盈亏有显著影响。[232]

（三）企业的社会资本与知识共享的关系

企业的社会资本对组织能力的更新和知识的创造有重要影响，并且能够推动组织内部资源与信息的交换。企业成员间通过语言、体态、情感等隐性表达方式的综合作用，容易使对方领悟隐性知识的本质，从而达到共享这些隐性知识的目的。企业内成员之间的社会资本积累，一方面促进企业成员的沟通与交流；另一方面加强企业各部门的协调和联系，从而促进知识型企业内部知识的转移和共享，提升员工的知识与技能。依赖各种内部关系网络，企业的社会资本促进组织结构变革和制度改善，有利于提升员工的知识与技能，融合企业的价值与规范。企业内部的社会资本有利于企业内部跨部门、跨职能的团队合作，能够提高团队的工作效率，进而有利于企业内部组织网络的建立。并且能够增强企业内的集体行为和凝聚力，有利于形成企业成员之间良好的知识共享合作氛围。

总之，企业的社会资本对组织结构、组织制度、员工的知识与技能、企业的价值与规范具有良好的整合作用，产生协同效应，对企业的经营能力和经济效益有直接提升作用。

二　信任对知识共享的基础作用

近年来，信任作为社会资本的核心要素得到了学术界的关注。赫希认为，信任是许多经济交易所必须具有的公共品德。阿罗也指出，信任是经济交换的润滑剂。卢曼则认为，信任是简化复杂的机制之一。这些思想最终被概括到社会资本的范畴，如科尔曼认为，信任是社会资本的一种形式，社会资本是信任的源泉。帕特南则称信任是社会资本的重要来源。而福山将信任几乎等同于社会资本，认为社会资本是从社会或社区中流行的信任中产生的能力，一个国家的福利以及它参与竞争的能力取决于普遍的文化特性，即社会本身的信任程度。

笔者赞同福山的观点，社会资本存在多种形式，信任本身代表了主体间相互的关系程度，这里的主体可以是个人、组织或国家。从企业社会资本角度看，信任提供了企业生存和发展的良好环境，使企业能够处理好企业内、外部的各种社会关系，吸引更多的社会资源为己所用。知识共享是一种沟通过程，信任是员工在组织内实现知识共享的重要心理机制。

（一）信任在知识共享中的必要性

我们由第三章的分析可知，任何一项交易都伴随着许多未明的属性，并且经济理性的交易双方都有充分利用这些未明属性获取最大经济收益的驱动。对于知识交易而言，知识的复杂性及其过程的难以衡量等特性，使知识交易的成本远远超过其他物质的交易形式。正如美国得克萨斯州奥斯汀市的微电子电脑公司的研究人员所说：“知识传递有许多已知的技巧——已出了不少书。在微电子电脑公司，我们使用了联络网、代理人、车间、培训、技术报告、第三方许可证、产品生产和支援（与原形相对）及许多别的技巧。另外，根据结果我们可以估出这些技巧所体现的做法是否失败了”。[110]

微电子电脑公司案例说明，仅依靠各种媒介增进成员之间的知识共享，其成本往往是巨大的，并且带来的效益也很难衡量。实践中，知识共享是琐碎的、局部的，尤其对于隐性知识而言，不仅发生在实际工作中，还存在于公司的会议室、洗手间、餐厅等地方。然而我们观察到，很多企业管理人员不鼓励员工在工作期间交谈，认为交谈影响工作效率。实际上，员工之间的聚集谈话是自发的，谈话的内容也往往和企业的发展或技术等问题相关。因此，企业成员之间频繁的互动、交流不仅有助于知识共享的发生，还可消除知识共享的主要障碍因素——缺乏信任。

（二）人际信任对企业知识共享的作用

人际信任可以降低企业成员知识共享的监督成本，使双方已达成的非书面的知识共享协议得到自我实施和遵守，并形成一种自我监督机制。比如，当企业为了知识创新的目的而组建一个创新团队，就是要促进成员之间的知识互补和分享。新产品的开发不可能由个人独立完成，必须依赖成员中不同的技术专长的融合，只有所有成员都发挥自身的作用，新产品开发才有可能成功。因此，团队的有效性依赖于良好的协作关系，团队的合作也通过成员的互相依赖来促进。在这样一个项目小组中，知识共享的形式是多样且复杂的，企业要界定清楚每个成员的知识的范围以及分享的知识，并与绩效挂钩，成本是巨大的，甚至得不偿失。企业通常的做法是将新产品开发的绩效与团队的开发成果相联系。这一措施表明，在团队知识共享过程中，成员通过互动获得的信任非常重要，信任是组织成员的纽带，信任能够防止地理和部门的隔阂不转变为心理的障碍，信任使得团队成员感受到更大的义务感和使命感，这将进一步增加他们贡献知识的可能性。信任会影响组织内部资源的流动性，促使组织内部的资源可以快速地流动，让组织成员可快速地取得所需的资源。针对较难分享的内隐知识，信任可促进内隐知识在成员间的分享。[233]总之，在正式的经济规则监督企图背叛、偷懒、偷盗或欺骗等行为的成本非常高的情况下，人际关系等非正规制约可能会发展出来修正、补足或延拓正式制度，并促进正式制度的变迁，以减轻这些负激励的结果。[234]

高关系品质即高度信任，将有助于合作、协调，创造社会资本，进而提升个人及组织的绩效。当一个团体、团队、部门，甚至整个组织，其成员彼此之间能够建立高度信任的关系，员工信任组织、信任主管、员工间彼此互信，则整体的社会资本将相当大，整体合作意愿将相当高，Korsgaard、Schweiger 和 Sapienza 的研究发现，信任与情绪上的依附是合作的重要前置变项。[235] 总之，信任为组织创造一种环境，可促使人们的行为倾向合作与产生高绩效。

人际信任还简化了知识共享过程中各种烦琐而复杂的正式规则的制约。达文波特在《营运知识》一书中提及“利益的堤岸”，讲述了一个企业成员在临近下班时接到一个陌生同事的咨询电话，并决定是否进行知识共享的心理过程。笔者认为，这是同事间的工作咨询，这种现象普遍存在于企业中。按照企业的规章制度，若员工或部门需要某方面的技术帮助，则需要相关方面做出书面或口头申请，以及企业进行一系列事项的安排，如时间、经费、人员等。这样做，既花费很多时间，也降低了知识共享的效率。然而，在日常的企业活动中，成员之间基于人际信任进行的知识共享行为，简化了企业知识管理的正式规则，节约了企业知识共享的时间。企业成员之间的信任关系一般联系着一些有不同目标和任务的企业成员或部门，他们关注有价值的共同的知识资源，相互之间协调行动、互相学习并且建立一种组织架构来保障知识共享的实现。人际信任之所以能够达到此功能，是因为它能超越现有的信息为成员概括出一些行为预期，从而用一种带有保障性的安全感，来弥补所需要的信息。[236]

（三）制度信任对企业知识共享的作用

制度是一个社会的游戏规则，是形成人类交往的约束性因素，并对政治、社会和经济产生结构性影响。就企业知识管理的制度而言，如果过度强调员工对企业的服从，将削弱员工在知识创造过程中的积极性，降低知识共享的效率。纵观企业制度发展历史，我们发现了企业制度经历了一个由强制性集权制度向人本思想转变的过程。为适应快速变化的客户需求，现代企业越来越强调员工的创造性劳动，而企业员工的信任范围也逐渐由人际信任向制度信任转变。

信任范围从人际信任向制度信任转变，为企业知识共享提供了成员共同的认知基础和行为规则，有利于知识共享制度的执行。家族企业是经济组织发展的起点，世界上所有市场经济国家的经济体都是从家族企业起步的，英国和美国第一次工业革命中家族企业扮演了重要角色。我国在改革开放以后，家族企业迅速崛起。创业初期，往往是一些懂技术或经营的人，通过在家族和朋友圈内筹集到启动资金，进行艰苦创业。家族成员具有天然的内聚力，可以节约大量交易成本，家族企业得到发展壮大。随着企业规模的扩大，原本家族内部的人际信任和规则由于延伸半径小，难以形成相互之间的较大范围的信任以及最大认同和接纳的规则，这就制约了家族企业的进一步发展。例如，在企业创业初部分家族人员是技术的核心人员，随着企业规模的发展壮大，企业需要内部进行知识共享以及从外部引进知识，以进行技术革新。这在一定程度上对该家族成员的技术权威提出了挑战，知识共享计划势必遭到某些核心成员的阻挠。因此，知识共享需要建立在现代组织结构所蕴含的制度信任基础之上，制度信任提供了企业成员普遍认同的行为规则。

企业的知识共享在个人与组织的交互过程中得以实现，这是一种基于互利互惠的交换。知识共享依赖员工的自觉性，也依赖有效的激励机制。所以，知识管理的重要方面是建立面向知识共享的机制文化，消除人员之间的共享障碍，对那些积极共享和创造知识的人进行激励，整合企业内各方面的知识，最终促进知识共享活动的普遍发生。对制度的信任减轻了成员对知识共享风险的担忧，让企业氛围更加有利于知识创造。[237]英国石油公司开展的模拟协作工程活动取得了巨大成功，其原因就在于公司的管理层、活动规划部门以及活动参与者们在公司内部开创了一种相互信任的氛围，成员间的交流使公司成员关系融洽。公司还常常举行电视会议，让与会者自由交流知识。这项措施增进了公司成员之间的信任，还明显提高了工作效率。

总之，信任是知识共享的基础，如果成员之间缺乏必要的信任，知识共享就无法展开。信任不仅提供了企业成员知识共享的心理基础，还促进了企业知识共享制度的建设。

三　企业认知文化与知识共享环境的营造

在知识管理的众多议题当中，许多研究者发现，信息技术对推动企业知识共享的作用是有限的，而文化环境的制约是知识共享最大的障碍。通过企业文化的支持和制度的激励，企业成员产生发自内心的自觉精神力量如认同感和义务感，就能积极地与他人分享经验与知识，个人知识迅速扩散为团队知识，并累积成组织知识。

成良斌认为，社会资本是有结构的，其表层就是客观的物质形态，如关系网络等；里层是主观的精神形态，如信任、合作和互惠等非正式的行为规范和正式的制度；社会资本的核心是精神层面的文化，即价值观念、如集体主义、理性主义等。[238]这三个层面的相互联系、互为补充，构成了社会资本的整体结构（见图6-5）。

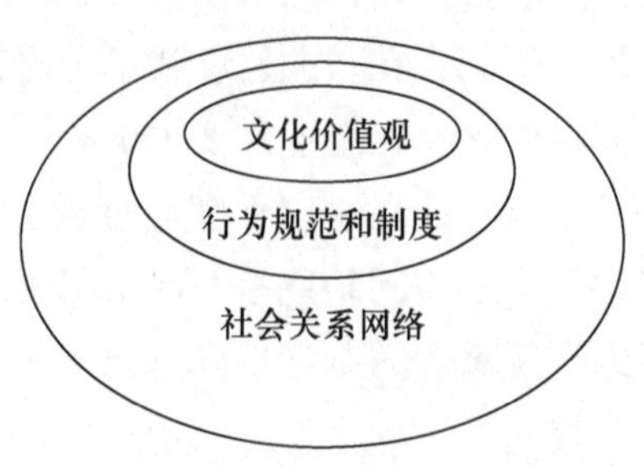

图6-5 社会资本结构

资料来源：成良斌：《文化传统、社会资本与技术创新》，《中国软科学》2006年第11期。

Tsai 和 Ghoshal 强调从文化与观念的角度认识社会资本，他们指出，认知维度的社会资本主要指有助于合作与集体行为的规范、价值、态度以及信念等。[28]

第二章在分析社会资本的认知维度时指出，认知维度的社会资本有高低之分。低层次的认知包括企业成员仅拥有的共同语言和符号，而高层次的认知主要指企业成员共享的价值观。如果没有共同的认知框架，企业成员就无法发现、理解和交换独特的知识。

（一）企业认知文化的知识属性和符号特征

认知文化由知识和符号组成。符号为企业成员的沟通提供了交流平台，有利于成员之间产生共同的价值愿景。而知识从某种意义上说则是企业文化的一部分，是具有某种认知文化的成员的行为表现。

人类文化发展史就是一部符号世界发展史，人类的发展伴随着人的符号形式和人的符号活动与符号功能的发展。当两个主体确立知识共享关系，因双方知识结构的差异以及对共享知识的不同理解，使得知识共享过程既是一个知识沟通的过程，也是双方基于知识符号的共享过程（见图6-6）。

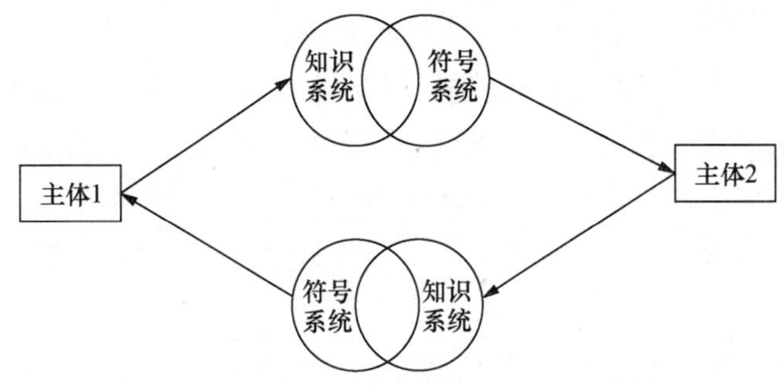

图 6－6　知识共享过程

资料来源：改编自李伯聪《两人信息交流过程，透视知识》，福建人民出版社 2002 年版，第 90—97 期。

图 6－6 说明，共享过程是一个双方互为主体的过程，知识源通过自己知识结构表达知识后，知识接受方需要通过自己的符号系统对该知识加以理解和消化吸收，并反馈给知识源。而知识源再通过自己的符号系统加以理解，并进一步表达。因此，在知识共享过程中，不仅知识得到了共享，双方的符号体系也得到进一步交流。

符号是对自然事物或事件的抽象，是成员传达信息和知识的重要载体，它替代了日常生活的具体事件，使成员之间的交流变得更为便捷。在企业中，知识共享必须经过符号载体进行传递，而企业内部共享的符号更多地体现出企业的一种认知文化特征。符号是成员进行知识交流的工具，共享的符号更有利于成员之间隐性知识的转化。并且，随着共享符号得到更大范围的认同，知识共享的速度加快、范围扩大，逐渐形成了企业成员共同的语言和文化。

符号的简单组合，将大脑中复杂的经验转变成人们可以交流的概念，即知识。知识的交流处于一定的文化背景（共享符号系统）中，如果知识共享双方存在文化背景的差异，则他们对知识的理解将存在分歧，无形中给知识共享增加了难度。

我们知道，知识中含有为什么要这样做的知识和人力资源方面的知识，这两类知识属于“隐含经验类知识”，获取主要靠实践，决定企业成员的立场、看法或意图，并指导企业成员在特定情境下的行动。如果这些知识为企业成员所认同，就会逐渐成为企业成员共同的心智模式。

（二）共同语言文化对企业知识共享的作用

共同的语言、符号系统构成知识共享的重要手段，借助这些语言、符号，知识在不同成员之间得以共享。实质上，语言、符号构成了知识共享主体对知识的解码工具。不同语境下的语言、符号附加在知识上的意义不同，如果企业成员没有共同的语言、符号基础，他们对知识的理解就会存在差异。

共同的语言、符号系统构成企业的社会资本一部分。在企业内部网络成员中流行的话语增加了成员之间的认同，形成了成员共同的文化认知，增加了成员的关系强度。对于企业来讲，企业内部存在许多非正式团体的认知文化，如果这些团队文化与企业的知识管理战略目标发生冲突，将不利于企业内部知识的充分共享。例如，笔者对江苏省射阳县某电子开关厂进行调查时发现，该厂的某一车间存在一个非正式团体。该团体成员一致认同每天只做额定数量范围的工作，若某成员生产的产品数量超过该数量上限，全体成员则以非工作借口或工作质量等问题，将该成员从车间调离出去。成员生产的产品数量若低于共同认同的数量，也将受到来自群体成员的压力。在2006年的一次技术改造过程中，企业的技术调整任务遭到该车间成员的集体阻挠，成员以种种方式搪塞、拖延技术改造任务，最终在调离部分成员的岗位后，技术改造任务才得以顺利完成。通过分析此案例，笔者发现，企业成员之间的关系越强，越容易产生锁定效应，对成员的约束也越强；如果企业的知识共享目标与非正式网络团体的目标差异较大，则企业内部知识流动与更新就比较困难。

企业共同的语言、符号系统构成知识共享的认知基础。在Gemini咨询公司[239]，新聘用咨询人员在他们来到公司的前两周，将接受Gemini公司方法论的培训，他们甚至还收到一张公司语言词汇表。公司管理层认为，整理编纂这种共同语言有助于该全球性公司的一体化。在该公司中，英语是公司的官方语言。通过用一种语言进行跨公司的交流、知识的获取、分享和创新，常常得到更快和更有效的结果。在Gemini咨询公司的案例中可以看到，共同的语言符号产生了企业知识共享机制、方法和整体指导政策上的一致性，容易形成企业的竞争优势。

（三）共同愿景对企业知识共享的作用

Tasi和Ghosahal在研究一家跨国公司内部事业部的社会资本与资源交换和整合关系研究中，用共同愿景来指代认知维度的社会资本。[28]彼得·

圣吉在《第五项修炼》中认为，共同愿景是组织中人们所共同持有的意象或景象，它创造出众人是一体的感觉，并遍布到组织全面的活动，而使各种不同的活动融汇起来。[240]笔者认为，共同愿景的建立使企业全体员工心中产生一股受感召的力量，树立组织中成员共有的意象或景象，从而形成众人是一体的感觉，并根植到组织全面的活动中，使各种不同的活动凝聚而更加有效。

首先，共同愿景对企业知识共享的推动作用在于，当企业成功塑造了知识共享的愿景，也就构建了企业与成员之间的和谐关系。企业成员共同的愿景、价值观有助于形成企业与成员对知识共享的共识，成员将积极投入到知识共享活动中，将知识共享看作是自己应当尽力追求的目标。并且，共同愿景的建立可以约束成员在知识共享过程中的机会主义行为，促使成员努力增强自己的学习能力以提高知识共享质量。

其次，共同愿景可以增强企业的凝聚力，使企业成员在知识共享过程中责任共担、利益共享。在知识共享过程中，由于成员之间信息不对称以及目标不一致，企业树立目标、战略和共同愿景比较困难。共同愿景与企业成员的合作关系密切相关，合作水平受到企业成员对知识共享决策实施预期结果的影响，因为决策承诺意味着决策小组成员对决策的认可，并在执行中与其他成员密切合作，成功实施知识共享战略。知识共享战略的成功实施需要企业成员之间密切合作，在知识共享过程中，成员之间频繁的讨论、交流可以增强其对共享过程的公平感，提高其对知识共享的承诺程度。所以，共同愿景有助于协调企业成员个体的知识共享目标和企业整体目标，并促使成员实现企业知识共享目标的承诺。

最后，共同愿景有助于激发企业成员在知识共享过程中的创造力。在企业制定知识共享机制过程中，影响因素很多，包括知识的特点、企业成员的人格特质以及决策的被接受程度等，所以，知识共享机制的建立存在很多不确定性。这些不确定因素要求企业成员具备学习精神，在知识共享过程中灵活性地解决所遇到的实际问题，而不能墨守成规。共同愿景促进了组织学习，如果没有一个拉力把人们拉向真正想要实现的目标，维持现状的力量将牢不可破。共同愿景为企业成员树立了一个高远目标，以激发他们在知识共享过程中采取新的思维方式与行动方式。知识共享的学习过程是复杂且困难的，共同愿景促进了企业成员改变原有心智模式，克服“先验论”、带着假设看问题、思维方式固化、缺乏对行为的反思等一系列不利于组织学习的思维模式。

第四节 本章小结

企业的社会资本有利于营造企业知识共享的良好环境。笔者首先分析了企业知识共享与企业竞争能力的关系，论述了以知识为基础的企业竞争能力的形成过程以及知识共享对企业竞争能力形成的促进作用。其次分析了企业知识共享与组织学习的关系，指出企业知识共享实质上就是组织学习的过程，开发组织的学习能力是从根本上提高知识共享效率的有效途径。在此基础上，通过分析组织学习的知识共享动态模型，指出企业内部的知识共享发生在企业成员的相互学习过程中，通过企业内部的组织学习，成员的隐性知识得到显性化，并最终成为企业的知识。最后从企业的社会资本角度，论述了企业内部的信任和认知文化对企业知识共享环境的影响。

第七章　企业内部知识共享的社会资本构建

知识就是财富，知识就是力量，已成为知识经济时代人们的共识。但是知识在知识主体之间的分布是不均衡的，正是由于这种不均衡（即在知识主体之间存在着知识差距）使得知识共享成为必要和可能。然而，由于稀有性知识能给知识主体带来竞争优势，加上知识本身的复杂性和嵌入性、知识主体知识结构的异质性和共享渠道等原因，使得知识共享存在着主观和客观障碍。如何克服障碍，有效地在知识主体之间进行知识共享，在企业内部建立一套完整有效的知识共享构架和机制就成为必要。

社会资本因更强调信任、共识在人际间的角色和作用，可以恰当地解释上述知识共享过程中存在的困境，使隐性知识的共享也有了可以衡量的概念。通过本书前几章的分析，我们知道，个体社会资本对企业成员的知识共享过程策略有着重要影响；企业内部社会网络本身具有促进知识共享的驱动力，社会网络是知识主体进行知识共享的主要路径与平台；并且，企业的社会资本有利于营造企业知识共享的良好环境。因此，培育和管理企业内部的社会资本，就可以从动态的知识共享角度构筑企业的竞争优势。

本章将从社会资本的社会网络、信任和认知文化三个维度提出增进社会资本，促进企业内部知识共享的具体途径和对策。

第一节　基于社会资本的企业组织结构重构

企业组织结构是指企业内各构成部分及各部分之间所确立的关系形式。根据钱德勒的“结构追随战略，战略决定结构”思想，企业要实施知识管理和知识共享战略，就应该根据知识的特性和知识共享内部环境要求，不断调整和变革企业组织结构，激发企业成员积极运用个体社会资本参与企业的知识共享活动，并使成员的知识共享目的与企业的知识共享目标达成一致。

一 传统企业组织结构对知识共享的阻碍

目前，我国企业正面临发展过程中的结构转型，在此过程中，传统的金字塔形组织结构和现代的倾向于分权化的事业部制组织结构，共同成为我国企业成长的组织结构形式。这一方面说明我国的企业发展仍处于工业化进程的初级阶段，社会主义的市场经济发展还不成熟，因此各种各样的企业组织结构都有其存在、发展的土壤及优势。另一方面说明在我国经济发展仍不平衡，尤其是东西部地区之间发展仍存在很大差距，东部市场和西部市场的规模以及人的观念也存在差距，这也造成了地区企业结构形式的差异。

传统的建立在科层体系基础上的金字塔形组织结构，按照企业生产工序对不同生产操作进行部门划分，有直线制、职能制、直线职能制、直线职能参谋制等。在企业内部，明确的分工其优点在于避免了因个人主观偏好、社会地位等带来的管理上的混乱，强调按照等级链进行统一指挥、统一领导和集权化，保证了企业发挥更有效的职能作用，在相对稳定的市场环境中，是生产品种少、工艺稳定的企业追求大规模生产的较好的组织结构形式。

但这种层次结构分明，员工与中层管理人员之间、中层管理人员与高层主管之间界限分明的结构形式，缺乏必要的灵活性，不能有效地协调个人目标与组织目标的矛盾冲突。从知识共享的角度看，科层组织结构形式抑制了成员之间的知识共享，并且随着企业成员的流动，企业的知识竞争力会由于人员的流动而波动。

（一）科层结构对知识流动的阻碍

科层结构首先强调的是分工以及由此产生的个人职责。分工和专业化有利于生产率的提高，正如亚当·斯密所言："劳动生产力上最大的增进以及运用劳动时所表现的更大的熟练技巧和判断力似乎都是分工的结果。"[241]但过度的分工和专业化，使员工形成相互独立的工作领域，强调个体在某个领域的责任，削弱了知识源和知识接受方之间知识共享的动机和能力。基于个人分工的基层岗位设计，鼓励员工之间的竞争，不论是内部奖励制度还是职务晋升，着重考察个人的工作业绩，忽视了业绩取得的合作基础。因此，当企业对内部员工的竞争强调越多时，员工之间的知识共享将越少，尤其是处于同一层级的员工会保守自己的知识，很难传递知识和信息。

从科层组织的垂直结构看，强调个人的职责和业绩，员工只服从长官，而对于其他成员的知识共享要求视而不见。当上司有知识共享需求时，员工花费较多时间和精力来克服复杂知识转移的困难，并及时提供帮助，以期获得上司的肯定和表彰。相对而言，上司为维护自身地位常常不同下属共享隐性知识。

上述原因使得整个企业知识共享存在流向差别，导致知识共享范围狭窄和效率低下。表现为企业内部纵向层级间的知识共享，从上向下共享的通常是显性知识，从下向上共享的是隐性知识；横向和交叉部门的知识共享通常表现为显性知识，科层组织中同一层次之间很难传递知识和信息，隐性知识交叉传递几乎不存在。

（二）集权对知识主体共享意愿的抑制

企业的知识是生产性知识，汪丁丁将生产性知识分为技术知识和制度知识两类。[242]其中，技术知识是指与生产的社会属性（如生产组织等）无关的纯生产技术方面的知识，这类知识通常通过分工和专业化获取，而制度知识是关于如何协调参与生产人的知识。分工不可避免带来了知识分布的不均，在今天重大的技术创新没有团队的协作而独立完成是难以想象的，企业成员之间技术上的差异，需要企业制度知识加以协调，从而在此基础上构建整个企业组织的基本结构。随着分工的日益细化，生产的链条不断增长，人们的生产力得到进一步提升，但同时由知识分工带来知识交易成本也不断上升。制度知识若不能有效地降低知识交易成本，则可能带来规模经济效益的技术知识将不能顺利运用到生产过程中去。从这个意义上说，制度知识与技术知识在促进生产力发展方面发挥了同等重要的作用。

从知识在企业的分布情况看，知识在企业中呈不对称状态分布，尤其是传统企业，技术知识更多分布于基层职员，制度知识更多分布于高级管理层。在这种知识分布情形下，企业的组织结构功能主要表现为，基层的职能仅是生产功能，而知识的协作则由管理层完成。由于科层制结构忽视了知识在企业内部的分布状况，先验地假设企业所有或主要知识为高层管理者掌握，从而将决策权集中统一于高层管理者手中，否定了技术知识权威在组织中的作用和价值。过于重视制度知识，轻视技术权威，导致员工更多地追求正式的管理职位以谋求个体的利益，而对企业需要的技术知识缺少共享、提高的意愿。

（三）过度强调效率对复杂知识共享的阻碍

知识共享需要在相对平等、自由、宽容失败的环境下，才能有效进行。在知识共享中，不同成员对同样知识有着不同的理解是正常的，知识转移失败也是常见的现象。科层组织注重组织内部的效率，以权力控制为导向，常以命令形式规定不切实际的知识共享的短期成果，希望以此适应市场环境的瞬息万变。笔者曾遇到一件有趣的事情，某国有中型企业在2006年申报了多项技术专利，引起了市县相关部门的重视。2007年省市下达了新的技术专利指标，希望该企业2007年专利数量能够达到翻番。我们知道，知识共享是复杂的过程，从共享到创新不是简单的数字游戏，以硬性指标规定知识创新任务的做法忽视了知识积累和增长的潜在要求。

在追求效率前提下，企业或部门规定知识共享的程序和制度，并以职能来划分知识共享过程中个体的职责。这种机械式的知识共享模式使员工在工作中缺少变通，各部门虽分工明确却缺少整体意识，部门之间的知识共享流于形式，更多的是显性知识的交流。

将知识和企业发展联系起来，我们发现，在企业发展的最初阶段，企业运营仅需要生产和销售的数据，所需的知识存量和流量很少，对知识共享的需求并不强烈。知识经济时代的来临，科技与市场竞争日益加剧，企业为保持市场持续的竞争优势，更注重知识的创新，知识和知识性无形资源取代有形资源成为企业的关键生产资源。现代企业中知识主要存在于基层，存在于企业员工的头脑中，一种产品往往需要多种不同类型的知识组合。企业应当根据生产的具体要求，根据不同时期、不同产品或不同项目对知识进行调整。这些因素促成传统组织结构的范式正发生本质变化，从自上而下、严格等级的组织结构向更加流畅、有机的新组织结构转移。

二　现代企业组织结构在知识共享中的难题

不同的组织结构决定了企业部门以及成员之间联系方式的差异，进而影响到企业内部知识共享的效率。现实生活中大部分组织仍处于传统规范式中，使得上下沟通不快捷，知识共享困难。在知识日益成为企业价值创造核心的今天，企业知识管理需要考虑知识的特性和影响知识共享的各类因素，对企业组织进行不断结构调整。

（一）现代企业组织结构形式与特征

知识的资源特征要求企业能够迅速觉察外部环境变化并对企业内部知识生产和其他活动及时调整。同时，全球化竞争又要求企业追求庞大的规模和超强的实力，以获得成本优势和地区适应性优势。矛盾的企业生存环境要求企业必须建立既能促进企业内部的协调，又能快速适应市场变化的具备柔性灵活的动态组织结构。

（1）事业部制结构。事业部制结构以产品、地区或者顾客群体为依据，在企业内部组建各个相对独立的集研发、采购、生产、销售为一体的生产经营单位。事业部制结构，采用集权和分权相结合的组织结构形式，充分发挥各事业部门的独立运作能力，增强了企业对外界环境的适应能力，对规模大、品种多或市场分散的跨市场或地区的企业比较适宜。

（2）矩阵制结构。矩阵制结构在不打破传统组织结构的同时，把按职能划分的部门和按产品划分的部门结合起来，用临时性项目小组来解决特定的问题和任务，从而以项目小组沟通企业横向部门，使企业在面对快速变化的市场时，在产品的设计、生产、销售以及售后服务等方面更加符合客户的要求。矩阵制结构对外部环境变化比较快的设计、开发和研究企业比较适宜。

（3）多维立体制结构。多维立体制结构结合矩阵制结构和事业部制结构者的组织特点，将员工编制到多个项目或服务的部门、职能部门，同时受这些组织部门的领导。多维立体制结构常见于规模庞大、经营多元化但又相互关联、有庞大市场的大型跨国公司。

从上述三种现代企业的结构形式看，目前企业结构形式具有以下特征：

（1）组织结构扁平化发展。知识经济时代，市场竞争日趋激烈，消费者需求越来越多样化，对产品或者服务的质量要求越来越高。现代企业组织结构正是在顺应市场变化的情况下提出来的，这种组织结构改变了原来金字塔式结构的僵化特点，减少了企业内部的部门跨度和层次，使企业组织变得灵活、敏捷、富有弹性和创造性。

（2）由部门管理转向核心能力管理。面对环境变化，企业更趋向于对核心能力的管理，相反对部门层级的管理趋于弱化。通过赋予中下层管理人员一定程度的决策参与权，激励发挥所有员工的潜能，提高决策的有效性和时效性；同时高层管理人员集中精力考虑如何管理和开发企业的核心能力。

(3) 由命令转为协调。传统的组织结构是一种命令式结构，妨碍了个人创造力的发挥，组织成员的动力遭到抑制和抹杀，组织的命运往往取决于管理人员对市场的主观判断。现代企业制度则强调企业和员工的“双赢”，重视人的需求，开发人的潜能，为各类企业成员提供施展才华的舞台。在这种情况下，企业的主要管理职能主要是协调员工的个人目标与企业目标，使之趋于一致。

(二) 现代企业组织结构在知识共享中的优势

企业组织结构表达了组织各部分所承担的职能、专业的分工，以及各部分之间的职权关系。在企业的环境不断变化时，企业的组织结构需要不断调整。从知识共享的角度看，为发挥企业“整体大于部分之和”的优势，企业的结构设计关键在于知识共享的成本与权力成本的比较问题。因为组织结构实际上是知识和权力的对应联结方式的产物，企业既可以将知识转移给具有决策权的人，也可以将决策权转移给具有知识的人。如果知识共享的成本低，则倾向于集中决策权而转移知识，企业将采取集权的形式；如果知识共享的成本高，则分散决策权，从而使权力向有知识的人转移是有效率的。知识的转移成本在各个社会形态下都存在，在知识经济的条件下，对于许多企业而言，企业中有各种各样性质不同的知识，包括大量隐性的、分散的、模糊的私人知识，而且知识的总体数量很大，因此将决策权下沉到基层就成为企业的明智之举。现代企业组织结构的扁平化趋势正是顺应知识发展需要而做出的必要调整。

首先，现代企业组织结构通过改善决策的结构，将权力部分让渡给基层，使处于生产、市场或产品设计第一线的员工能根据特定情境做出及时的知识共享决策，从而使知识共享真正成为企业塑造持续竞争优势的源泉。长期以来，严格的科层结构忽视了处于市场和生产第一线员工在市场或生产情况的优势，对市场的预测主要靠管理层的对生产和市场数据的研究做出，在此基础上做出的决策往往不能反映市场真实的状况。而通过授权基层员工相应的决策权，不仅体现了企业对员工知识的重视，同时让拥有知识特别是隐性知识的员工拥有企业决策权和剩余索取权，不仅能提高企业决策的效率和质量，更重要的是，通过权力这种激励因素，让更多员工努力创造和拥有企业所需要的更多的新知识，而通过交流、沟通和共享的方式是创造与拥有更多知识的主要途径之一。

其次，通过授予基层员工更多的权力尤其决策权可以降低企业知识共享的成本。决策权下沉突出了组织成员行使决策权的方式，基层的成员不再被动地接受命令，进行机械的或是违背个人意愿进行知识共享行为，而是主动地根据环境和条件的变化选择知识共享的内容和伙伴。在传统的科层组织结构里，知识共享是在管理层的命令下进行的，成员出于对自身知识的保护，仅提供一些显性的知识，而知识接受方可能认为知识于自己工作无任何用处而缺乏吸收消化的动力。因此在科层组织结构下，知识共享的成本是巨大的。通过组织结构扁平化，赋予基层成员更多的决策权力，组织中的个体才有动力和能力去充分地积累和应用个体知识。企业成员根据实际情况决定知识共享的方式和内容，提高了知识共享的灵活性；同时，由于决策权掌握在知识共享主体手中，减少了知识共享传递的层级，降低了知识共享的成本。

最后，通过授予基层员工更多权力，促进现代企业组织知识的形成。在现代企业中，个体知识与企业知识相互作用、相互转化。基层员工拥有更多的决策权，可以使个体的知识共享行为符合组织知识共享要求，有利于知识在企业内部的协调配置，以及企业共同知识的形成。并且，由于组织知识和个人知识之间存在很多互动、融合，保证了个体决策的结果与组织整体战略目标的协同一致。组织知识的积累和共享使组织分散的决策与总体目标的契合成为可能，促进了组织的整体性、协同性和凝聚性。决策权下沉使组织既能保持对瞬息万变的外部环境的灵敏反应，又能发挥组织的集约优势，从而将个体的知识和力量集中起来，产生组织效益，完成组织的战略目标。

（三）现代企业组织结构在知识共享中的弊端

企业组织结构的变革目的在于通过组织结构的改变，使企业在复杂多变的市场环境中能够更快适应市场。通过赋予基层员工更多决策权，现代企业组织减少了决策在层级传递中消耗大量时间和资源。从知识共享的角度看，决策权下沉使现代企业组织内部的主体间的知识共享更灵活、更直接，从而减少了企业知识共享的交易成本。

但分权化也带来了控制的难度。控制和分权一直是企业组织结构中存在的悖论，权力过于集中，必然导致企业适应能力下降，高层的决策层层下达到基层已经错过了市场波动的适宜时间，而高层与基层沟通的层级限制，使处于市场第一线的员工不能积极主动参与企业的决策，远离市场的高层管理人员虽然通过各种市场调查发现可以预测市场的变化情况，但对那些变化较快的行业市场而言，这些市场预测也只是对调查期间市场的预测，不能准确反映市场的情况。在这样的情况下，高层的决策往往依赖个人的灵感和直觉，而这也就有可能成为“拍脑袋”的事。相反，权力下沉也容易带来控制的难度。在部门众多的企业中，企业的利益往往与个人利益或部门利益产生冲突，很多企业为适应市场的变化，不断调整组织结构，而结构的调整意味着员工或部门在企业中的权力和地位的变化。因此，各部门为维护部门利益将充分利用部门的决策权，谋取本部门的利益，这就增加了企业战略调整的代价。从企业知识共享的角度讲，由于知识分布在不同部门，各部门在维护部门利益过程中夸大自身知识价值，并轻视其他部门的知识，由此带来企业知识共享目标与部门目标的差异，造成部门间知识共享的障碍。

分权化也带来了监督难度。当授予基层员工更多的决策权时，在企业和员工之间就建立了委托—代理的关系。基层员工在决定进行某方面知识共享时，有企业的需要，也有自身利益的考虑，在缺少有效监督的情况下，基层员工或部门容易利用其权力进行与企业知识共享目标不一致的行动。而知识的复杂特征使得企业对知识共享主体的行为监督成本比较大，企业无法确定成员的知识共享行动是否符合企业的整体目标。

另外，跨业务流程组建的项目小组结构的主要特点就是打破部门界限，并把决策权下放到工作团队成员手中，直接面对顾客需求进行研究开发、组织生产，快速响应市场需求的变化，促进知识和信息的交流、共享。项目小组是以任务为导向建立起来的，具有临时性，小组所创造的新知识多数存放在组织成员的头脑中，很少能够存放在企业组织当中。当任务完成后，知识被分散到各个部门中，一旦遇到掌握关键知识的个人或团体离开企业，企业的知识链就会中断而导致“退化的风险”。因此，项目小组不适宜在整个企业中连续、广泛地利用和传递知识，不利于企业知识的积累，特别是当一个企业是由若干个不同的小规模的项目小组构成时，就无法制定和完成整个企业的目标。

因此，不存在适合各种情况的完美无缺的组织结构形式。企业的组织结构形式必须随着企业环境的变化，为实现企业组织目标做出调整。要实施知识管理和知识共享战略，企业就应该根据知识的特性以及有利于知识共享的内部环境要求，来不断调整和变革企业的组织结构。

三　基于企业社会资本的组织结构建设

通过本书前几章的分析，我们知道，个体社会资本不仅影响企业成员的知识共享决策，还起到抑制主体在知识共享过程中机会主义行为倾向的作用。因此，企业知识共享的组织结构建设，一方面需要对原有组织结构按照知识共享要求进行适当调整，如知识价值最大化原则、最少层级原则、以核心能力为中心的原则等；另一方面还要通过组织结构的调整，促进和提高企业的社会资本。

（一）基于社会资本的组织结构建设原则

在知识共享的组织结构建设中，除考虑知识特性和知识共享的复杂性外，还需要从知识共享主体角度，充分重视和调动企业成员在知识共享中的能动性，将促进个人社会资本的增长作为企业组织结构建设的目标，并最终带动企业社会资本的增长。

1. 降低企业内部网络中心性

网络中心性主要用来测量网络内部的集权性，第五章的分析指出网络中心性过高，使知识共享仅围绕少数人进行，降低了网络成员知识共享的积极性，知识共享也多限于显性知识的共享。并且，当企业网络中心性人物的利益与企业的利益存在严重冲突时，网络中心性人物的跳槽有可能带走一批掌握企业核心技术的人才，使企业陷入知识滑坡的境地。因此，组织结构建设不仅要降低正式结构的集权程度，更需要降低网络中心性程度。

2. 协调正式组织与非正式团体的关系

企业成员不仅有工作的需要，同时也有表达情感的需要，非正式团体正是企业成员表达情感联系的重要途径。在企业中，正式组织结构与非正式团体同时存在，并对成员知识共享的决策带来实质的影响。因此，有效地融合非正式组织与企业正式组织结构的关系，是企业的组织结构建设的重要内容。

3. 促进非正式团体之间的沟通

企业社会网络中结构洞的存在企业的非正式团体之间缺少必要联结。发生这种情况，说明这些非正式团体之间存在文化共识上的差别。对企业知识共享而言，文化共识的认同对于企业成员理解、吸收彼此的知识非常重要，缺少彼此间的认同使知识主体不能够积极、主动地吸收知识，甚至会造成团队间严重对立，最终企业的知识共享无法进行。因此，组织结构建设要提供团队间更多的协调和联系。企业的整体结构要体现这样一个原则：即凡是两个团队之间可以共享的信息、知识均可被组织中的其他团队共享，并体现对转有信息和知识产权的保护。

（二）基于社会资本的组织结构建设措施

1. 组织结构扁平化、网络化

过于强调控制、服从、秩序、等级和集权的科层组织结构，容易造成组织结构刚性，使企业陷入“官僚主义”陷阱，从而不能适应迅速变化的市场环境。从知识共享角度看，集权的科层结构容易造成企业内部社会网络中心性程度提高，企业中掌握权力的高层管理人员往往成为企业网络的中心性人物，知识共享往往围绕中心性人物进行，并使其获得了知识共享的大部分收益，其他企业成员之间的知识共享活动则由于权力的竞争难以进行。因此，打破集权的组织结构形式是企业知识共享的必然要求。在知识经济时代，企业成员的价值和影响力更多的是取决于其拥有的知识和创新知识的能力，每个员工、每个团队都是企业利润创造和控制的中心，在信息技术的推动下，企业知识共享和价值增值主要通过企业内部知识的横向沟通实现。因此，传统的权力高度集中的科层组织向扁平化、网络化组织结构转型，才能凝缩知识传递的时间和空间，使知识共享和创造有序而高效地进行。正如德鲁克所说，在以知识员工为主的组织中，知识主要存在于基层和知识员工的大脑中，企业权力应实现分散化，让员工自主管理和自主决策。[243]

从社会资本角度看，让拥有知识特别是隐性知识的企业成员拥有决策权和剩余索取权，不仅提高企业决策的效率和质量，更重要的是，通过权力的赋予，让拥有隐性知识的企业成员成为知识共享的真正主体，激发其知识共享的积极性，提高其知识共享的意愿。成员相互的沟通和交流，增加了自身的社会资本，有利于彼此的相互了解和信任，有利于形成良好的企业知识共享机制。同时，企业结构的扁平化、网络化，扩大了企业成员知识共享的范围，增加了共享知识的数量和异质性，有利于企业知识创新的实现。成员在企业结构扁平化过程中，社会网络联结增多，扩大了其知识共享的选择范围，有利于更好地配置自身的知识资源。

企业组织结构扁平化减少了知识共享的层级，避免了因层级太多、等级链太长造成的知识传递的失真。从知识共享主体看，结构的扁平化、网络化使企业成员有了较大的自由选择的空间，通过知识共享双方的长期合作，增进双方彼此知识的了解，有利于企业内部隐性知识的共享。

2. 建立工作团队

工作团队实质上是自主性和合作性在更高层次上统一起来的一种组织，通过团队合作可以促进成员之间的知识互补和分享。团队一般有正式团队和非正式团队两种形式。

正式团队就是企业成员突破原有的中间管理层次，根据企业的总体目标，直接面对客户组成精干的工作小组，以群体和协作优势赢得组织的高效率。团队内部具有明确的学习计划以及知识的获取、整理、共享制度，鼓励成员之间的相互知识交流与持续不断的学习；团队与团队之间也建立互动计划，这样形成网络化组织，以利于实现整体知识共享的目标。从社会资本的观点看，来自于企业不同部门的企业成员组成的工作团队，在明确的任务目标下的知识共享行动，促进了原本属于不同非正式团体成员之间的相互沟通。布雷斯（Brass）认为，企业组织内部的垂直及水平协调关系，以及部门的划分等因素，是组织内部社会网络形成的影响因素。[244]因此，企业内部形成的非正式团体大多数受到部门划分的影响。工作团队的建立创造了非正式团体成员之间的沟通机会，通过工作团队成员的知识共享过程，培育了非正式团体之间“桥”位置的成员，改善了企业社会网络中非正式团体之间的网络联系，使企业内部知识共享网络更为通畅。

非正式团队，也称实践社区（Community of Practice，COP），最早是由布朗（Brown）和古伊（Duguid）对施乐公司（Xerox）修理协会成员（REPS）研究中提出的，专指成员间的那种非正式的工作联系性群体。这里主要指企业成员之间在进行广泛交流和相互帮助过程中，基于共识、共同目标，以及具有分享与工作相关的知识和经验的共同愿望，由此形成的一种特殊的、建立在工作与实践基础之上的非正式团体。从社会资本的角度看，此类非正式团队正是在成员之间丰富的社会资本资源上建立起来的，社会资本促进了非正式团体成员对知识共享行为共识的形成，而知识共享的共识又推动了成员知识共享的行动。

虽然达文波特没有看到社会资本在形成非正式团队过程中的作用，但他仍给予非正式团队足够的重视，他认为，由共享工作经验、兴趣和目标而形成的团队是企业的财富，应鼓励其向更好的方向发展。”非正式团队是员工自发地组织起来进行知识共享和知识创新，是对企业日常工作的必要补充。这种形式可以弥补企业中、高层主管精力所不及之处，更充分地利用企业的知识资源。通过各种方式非正式地交换思想和分享知识，团队成员在一种信任和支持的环境里积极地学习和探讨，增进了隐性知识的共享。

第二节　基于社会资本的企业内部信任培育

通过前面章节的分析，本书认为，人际信任是促进知识有效共享的一个重要的因素，人际信任使知识共享的成本显著降低；企业内部的制度信任提供了企业生存和发展的良好环境，为企业成员提供了合作的基础。下面我们着重分析知识共享对企业内部信任关系的要求，进而探讨企业内部信任关系有效构建的途径。

一　知识共享对企业内部信任关系的要求

信任是社会资本的重要形式，科尔曼、福山和帕特南等都将信任与社会资本相联系进行研究。借用经济学的理性选择的理论和方法，科尔曼认为，信任是以社会资本的运作方式发挥作用，作为一种社会资本，信任是由期望和义务构成的，有两个因素对于信任有重要影响：一是社会环境的可信任程度，即应尽的义务是否履行；二是个人担负义务的范围。[189]福山认为，社会资本是由社会或社会一部分普遍信任所产生的一种力量。从功能看，社会资本就是群体和组织中，人们为了共同的目的在一起合作的能力。而所谓信任，是指在一个社团中，成员对彼此常态、诚实、合作行为的期待。相互信任是形成群体以及群体合作能力的前提条件，而信任又是由文化决定，是经由宗教、传统历史、习惯等到文化机制建立起来的，不同文化背景会产生不同的自发群体，而且它们的自发程度也不相同。此外，社会资本能够使人们彼此信任、合作。所以，福山将信任和社会资本作为同义语使用。通过研究信任这种社会资本与经济效率、经济规模、经济发展和繁荣之间的关系，得出信任是一种社会美德，是创造经济繁荣的源泉。而普特南在《使民主运转起来：现代意大利的公民传统》中将社会资本定义为社会组织的特征，例如信任、规范和网络，因而社会资本包含最主要的内容就是社会信任、互惠规范以及公民参与网络，它们可以促进合作行为而提高社会效率，有助于提高物质资本和人力资本收益。

信任是社会互动的润滑剂，是行动一方对另一方的一种预期互惠关系。从经济理性和关系角度看，信任减少了双方的交易成本，抑制了对方机会主义行为。在企业中，信任关系不仅发生在人际之间，企业成员也会对整个企业产生信任，这是一种非针对个人所产生的信任。因此，麦考利（McCauley）将信任区分为人际信任和制度信任，人际信任是企业成员信任主管的程度，即相信领导者所做决策利于组织、对员工诚信相待，以及考虑员工工作的需求；制度信任则指企业成员对于企业组织的效率及公平性所形成的信任，如对绩效考评的看法，专业发展机会、工作安全等。[245]而张维迎从信任的来源将其分为基于个性特征的信任、基于制度的信任和基于信誉的信任，其中，基于个性特征的信任指由先天的因素或后天的关系决定的信任；基于制度的信任指在给定的制度下，你不得不按照别人预期的那样做，因为不那样就会受到惩罚；信誉的信任主要指个人为了长远的利益而自愿地选择放弃眼前的利益，这时，对不合作的惩罚不是来自法律，而是来自未来合作关系的中断。[246]笔者认为，张维迎对信任的分类中信誉的信任同样由后天的关系所决定，应该归类在个性特征的信任里面，而麦考利的信任里人际信任是单向的，忽视了企业成员之间互动产生的信任关系。本书借鉴麦考利的分类，也将信任分为人际信任和制度信任，但人际信任不仅包括麦考利提到的企业成员与管理者之间的信任，还包括企业成员之间的信任。

在知识共享的相关研究中，信任是一个重要的议题。巴克曼实验室兼总裁罗伯特·H. 巴克曼（Robert H. Buckman）2000 年在北京大学作题为“知识共享——用电子网络管理跨国公司”的演讲时，谈到“信任是公司的核心价值之一。要使知识共享成为现实，你必须在你的组织中创造一种信任的气氛”。“谁是你共同分享思想的人？当然是那些值得信任的人。”[247]达文波特和普鲁塞克也特别强调相互信任是知识共享机制运行的必要条件。[2]黛安娜·福特（Diane Ford）经过有关研究也认为：“在很少或者没有人际关系信任的条件下，如果存在组织制度信任，将会有更多的知识转移；在很少或者没有组织制度为基础的信任的条件下，如果存在人际关系信任将会有更多的知识转移；在存在不信任的条件下，知识转移会受到阻碍而且失败，这是由于恐惧、怀疑、警惕等不信任行为所导致的；与仅仅存在单纯的组织制度信任或者单纯的人际关系信任相比，如果组织制度信任与人际关系信任同时存在将产生更多的知识转移；知识分享将增强组织内的人际信任进而促进更多的知识转移。”[248]

从信任分类出发，当个体之间基于对彼此的信任而与同事分享知识，并预期对方在将来也会这样对待他时，基于人际信任的知识共享便发生了。而当企业成员基于对企业的信任，相互分享经验，并预期得到企业认同和奖励，并且认为企业不会做出对员工不利的行为，如裁员、优退、下放等，此时基于制度信任的知识共享才可以顺利进行。信任的来源不同，知识共享的层次也不同，如图 7－1 所示。

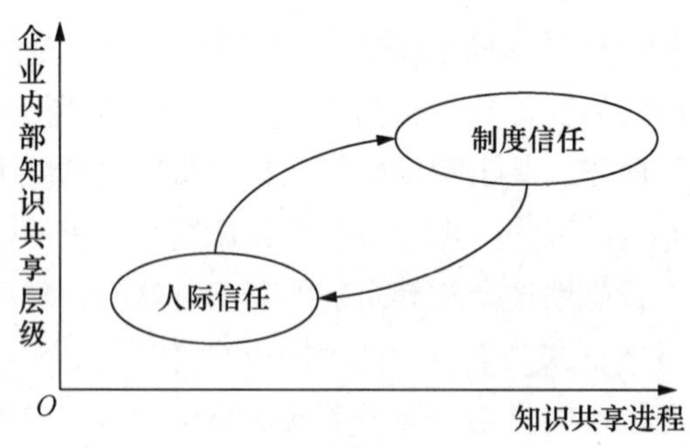

图 7－1　企业内部知识共享的层级

福山在《信任：社会道德与繁荣的创造》一书中提出了信任半径概念，指出信任半径就是人们乐意把自己的信任扩展范围的大小。[249] 将此概念放在企业内部知识共享中，则企业内部的信任也是有范围的。两人层次上的知识共享发生建立在人际信任的基础上，信任半径最小，这是企业内部局部的、零散的知识共享行为，是成员间的互动。而当成员间的信任半径扩大至企业层次上时，则知识共享也扩展到企业层面，其发生的基础为成员对企业制度的信任。此时，企业内部的知识共享是大范围的，企业有组织、有目的的集体行动。

成员间的知识共享是企业知识共享的基础，是形成大范围企业知识共享的开端，而企业知识共享需要通过成员间的知识共享进行具体实施。两者相互促进，成员间知识共享促进了企业知识共享的形成与发展，而企业知识共享又影响成员知识共享的内容和形式。在此过程中，信任发挥了极其重要的作用。信任既存在于个人层次，经由成员间紧密的工作关系而建立；也存在于企业层次，通过鼓励知识分享和创造的企业文化而产生。企业作为虚拟的主体，不能创造知识，只有企业成员创造知识。通过建立成员间的信任关系，个人才会把专业知识贡献出来与大家分享。并通过企业的组织学习过程，个人知识上升为企业的共有知识。因此，企业内部的信任和知识共享存在着紧密的关系。

为推进知识共享，企业一方面要发展企业成员间的信任，充分尊重和改善人际间知识共享的条件；另一方面要加强企业知识共享的制度建设，促进企业层次知识共享的顺利开展。具体来讲，第一，企业知识共享战略要从高层管理人员开始；第二，尊重企业成员之间的交往，并积极提供各种机会增加企业成员的相互接触；第三，企业知识共享制度必须公正、公开、透明。

二　企业内部知识共享的信任创造

（一）培养员工与企业管理者的双向信任

员工与企业管理者的双向信任对企业成员知识共享意愿有显著影响。管理者是企业知识共享的推动者，在企业整体的信任水平的培养中扮演主要角色。领导者所创造出的氛围，会对我们跨越时空、进行知识共享的能力有重要的影响。因此，企业的管理者要积极推动企业的知识共享，首先要信任企业的员工，相信员工能够做好自己的本职工作，积极鼓励员工参与到企业的知识共享过程中来。同时，管理人员要明确知识共享的社会交换意义。通常情况下，知识源在提供知识时希望对方有所回报，他们必须直接体验到“互惠性”，企业必须采取具体信任措施而不能只在任务报告中空洞说明信任的重要性。另外，管理者不能一味盘剥他人的知识，拒绝和员工共享知识，这种源自上层的态度，使企业内部弥散着消极或拒绝对抗知识共享的氛围，领导者应该身先士卒，乐于与他人共享知识和观念；增加决策的透明度，让员工感受到管理者的信任，这对员工主动地共享知识起表率作用，并将在组织内起引导作用。

（二）增加企业员工交流机会

企业成员之间的交流既有工作上的沟通，也有情感的联系，谈话是最好的分享和创造知识的手段之一。谈话引起的思想、观点和信息的相互交流关系到知识创新首要和最基本的一步，即在小群体内分享隐性知识。然而，不少企业为提高成员的工作效率，禁止员工在工作期间的谈话，这一方面限制了企业成员工作技巧的交流，也阻碍了成员之间信任关系的建立。

达文波特认为，冷饮室的谈话通常与知识传递有关，尽管存在谈论诸如天气、体育等话题的情况，但谈话更多集中在工作上，如打听日前的规划、对某问题的意见，如何解决的建议等。他同时指出，冷饮室的谈话形式是漫无目的的，更多的是提供新知识或方法的灵感，而不是对关键技术的来源。[110]笔者认为，诸如冷饮室之类的工作休息场所，不仅可以实现成员的奇思妙想和思想的精心展示，同时通过成员相互交流，培养了双方的信任，为双方知识共享中的合作提供了必要的基础。当冷饮室的谈话里为某个成员带来了关键知识的启发时，知识接受方对对方认识进一步深入，从而知识接受方获取知识的成本更低，提高了知识接受方共享知识的意愿。对于知识源来讲，获取回报是其产生知识共享意愿的条件。知识源获取的回报可以是具有经济价值的外在利益（如，信息和建议），或者是没有直接客观的经济效用的内在利益（如，对方的支持、声誉）。因此，工作休息场所实质上为企业成员发展相互信任关系提供了一个良好的平台。

信任来自相互的沟通，很难想象缺少沟通的企业成员之间会产生深度的信任。企业在提供成员之间的接触机会上，形式是多样的，除了上述提供的工作休息场外，企业还可以通过举办各类活动增加员工的接触机会，如新年联欢、集体旅游等。然而，不少企业对其在发展企业成员的集体认同以及企业荣誉感等方面缺少必要的认识。在这些企业里，集体旅游以及联谊活动被认为是既浪费企业钱财又耽误企业日常的工作。实际上，当企业成员共同行动时将不同背景和不同思想的人带到一起，增强了企业成员间的凝聚力，突出企业的整体概念，使企业成员产生集体的归属感，这些有助于成员在企业知识共享中的信任合作。

那么，管理层怎样发展企业内部的信任关系呢?

首先，要改善管理者与员工之间的关系，使他们之间能够无所拘束地交流、努力消除他们的“知识距离”（人与人之间的“知识距离”与知识基础的相似程度、语言环境、实际距离、文化距离成正比）。

其次，企业应随时随地有意识地对知识交流与共享责任进行宣传，努力培养员工共享的意识，使员工能够自觉实践其中。如企业在对知识共享的业绩考核中，对于充分参与知识共享的员工，企业可为其建立类似于品牌的特征，提高其自身的形象和威望。而不能很好地共享知识的成员，将得到培训和指导，从而激发企业内员工更多的知识共享行为。

最后，笔者认为，企业应该重视组织中已有的人际网络。非正式的人际网络往往是信息、知识的重要传播渠道，将非正式的人际网络转化为正式的知识共享网络，赋予非正式网络预算、系统、管理的支持，承认他们的贡献，往往可以达到很好的效果。

（三）加强企业知识共享制度建设

企业知识共享需要完善的制度。企业成员对该制度的认可，有助于成员之间的互惠合作从而促进企业的知识共享和知识创新。企业知识共享制度需要公开化、透明化，这有利于企业成员更深入地理解企业知识共享目的，提高企业知识共享的效率。

有证据表明，制度公平对企业成员的知识共享意愿有显著影响，当企业成员感觉其知识共享的投入与产出不公平时，可能由于企业未正确评价其贡献。若员工产生被亏待而有不公平感受时，则将会减少其知识共享的投入精力。因此，知识共享制度公平不仅要做到分配公平，且分配要公开化、透明化。让企业成员观察和亲身参与企业知识共享的重要管理决策，有合理及公开表示意见的机会，有受尊重的感觉，在此情况下，成员较愿意共享知识。在国外许多企业实行正式程序与制度中提供成员表达意见的机会。例如实行申诉制度：对成员受到权益不公平之对待时，可进行申诉。委员会会议：对重大议题广纳各方之意见。提案制度：对工作流程改良的建议等。另外，企业若能建立奖励方式对提出建议的成员与实际知识共享的成员，给予鼓励，将有助于成员去创造、共享和利用知识。如在美国航空公司要求成员浏览讨论数据库，或是对数据库有所贡献，提供自己的知识，则公司发给他航空公司的飞行里程加值点数，但此鼓励成员的方法只能达到一次效果，不能达成持续激励作用。倘若能和成员评量以及薪资结构进行长期性整合，则可以长期持续鼓励成员参与企业的知识共享。

因此，我们建立有效的建议制度，对成员在企业数据库的贡献或其他有利于知识共享的行为，配合不同的知识共享目标给予明确且合理的奖励，可提高企业成员对制度公平的认知并促使其产生积极的知识共享意愿。

第三节 基于社会资本的知识共享文化重构

前面提出企业社会资本为企业知识共享提供了良好的共同认知环境，其内涵共同的价值观、态度、信念很大程度影响企业成员的知识共享行为。因此，促进企业的知识共享建设，需要有效提升企业成员个人的社会资本和企业的社会资本，形成企业与成员共同的知识共享价值体系。而如何提高企业社会资本，本书认为，应该主要围绕在企业成员之间如何形成共同的价值观、态度、信念等问题上。

施瓦茨和戴维斯（Schwartz and Davis）认为，企业文化是组织中所有成员共同的信念及期望形态，这些信念和期望产生了组织中个人或群体行为的规范，决定了他们做事的方式和标准。[250]加德纳（Gardner）也将企业文化定义为共有的价值与信仰系统，认为此系统经由与企业成员、组织结构及控制系统的交互作用，产生了群体共同的行为规范。[251]霍奇、安东尼和盖尔斯（Hodeg，Anthony and Gales）则进一步将企业文化分为两个层面，可观察的层面包括建筑物、穿着、行为模式、规则、故事、语言及仪式等；而不可观察的层面包括共享的价值观、规范、信念。他们认为，企业文化不是静态的，它会随着组织的改变而改变的。[252]马丁（Martin）将企业文化定义为企业成员共有的态度、价值和信念的组合，并认为企业文化会引导或影响组织成员的行为或组织的决策。[253]实际上在此之前，布迪厄就通过对文化资本的研究指出，文化资本在代替权力和地位不平等的传递中扮演着媒介角色，是实现社会再生产的中介。[254]在布迪厄看来，文化资本是指对社会上层文化的熟悉和掌握程度，包括各种符合上层文化的行为、习惯和态度。由于一个社会占统治地位的文化准则是由社会上层所制定和把持的，所以那些能显示上层阶级身份的风格、品位偏好、行为习惯、消费模式乃至整个上层阶层的文化，往往就被赋予雍容华贵、高雅经典等标签。保罗·迪麦哲（Paul Di Maggio）和约翰·默尔（John Mohr）则将文化资本与社会资本联系了起来，进一步解释了文化资本对地位取得的作用机制，首先，人们总是喜欢与相同文化背景的人交往；其次，拥有较高的文化资本就是表明对上层阶级的文化有较多的认知和掌握，显然这有助于与上层阶级的人进行社会交往；最后，好的教育和工作机会往往掌握在那些较高级别的人手里，他们往往是上层阶级的成员，会更倾向于将这些机会给他们的同类——同样有高文化资本的人。同时，有高文化资本的人会被认为是受过良好教育的、有能力的、有教养的，由此在地位取得的竞争中处于有利地位。这样，文化资本较高者有助于维持其良好形象，广结社会关系，改善与看门人（指教师或雇主）的关系，通过社会资本的提高，进而提高其职业地位。[255-256]

企业文化的定义以及文化资本的相关研究，使我们得到这样的启示：企业文化的建设可以改善和提高企业成员的社会资本，进而推动企业和成员的知识共享。

一　企业文化的内涵与知识共享文化的特征

（一）企业文化的内涵

企业文化不同于一般意义上的文化，企业文化有一定的范围，是可以被了解、控制、管理和改变的。在企业中，企业文化不但会影响组织成员的沟通、判断和行为，同时也会与企业其他实体相互影响。[257]那么在企业中，文化的要素具体表现在哪些方面呢？

迪尔和普瓦迪（Deal and Kennedy）提出了五个要素，分别为企业环境、价值观、英雄人物、仪式与典礼及文化网络。[258]企业环境是形成企业文化的首要因素，市场激烈的竞争环境促使企业必须学习某种核心能力，而创立者、组织内员工的价值观及信念形成了企业文化的核心价值观，通过一些英雄人物将企业文化的价值观表现出来。组织日常例行活动和组织内部非正式沟通网络是联系及传承文化不可或缺的重要因素。

沙因（Schein）把企业文化区分为三个层次，分别为基本假设、价值观和人造品与创造物。其中，基本假设为企业文化的核心信念，是成员对其周围的人、事、物及企业本身所持有的一种默念，被成员视为理所当然的潜意识运作；价值观是企业的基本信念，是人们对于实际状况、事物所持的认知观点；人造品与创造物是指人们所建构的物质环境和社会环境，属于可以察觉到的有形文化，由一些言辞、行为及物质上的事物组成。他认为，企业文化是一个企业经过内部的整合系统与外在的适应系统互动后的产物。在企业内外的互动过程中，有些文化是内隐的，有些则是外显的。[259]

霍金斯（Hawkins）借用水莲图的花、叶、茎、根四个部分，将企业文化分为四个层次，水莲花比喻企业的物理表征及文化活动中的政策陈述、使命说明、服饰外观、办公家具、建筑物、年度报告及口号标语等，是显性的企业文化；水莲叶比喻企业的行为形态，如成员的言语行为、冲突解决的方式、决策及协调沟通等，可通过企业之间的对比获得此类知识；水莲茎比喻企业的心灵集合，表现在企业的理念系统、价值系统和意识形态等，是企业文化的内隐部分；水莲根比喻企业的基本假设，包括对环境关系、真理、时间、空间、人性、人类活动、人际关系等基本假设。[260]水莲图的比喻使我们发现，企业文化具有可变性、层次性，浅层的企业文化表现为企业自我的公开表征，而深层的企业文化具有内隐特征，需要借助语言或非语言的媒介才能知晓。

（二）知识共享文化的特征

企业文化是组织在试图影响和改变环境、努力适应环境过程中，长期自然形成的能够体现该企业特征的观念、思想以及在这些观念和思想支配影响下企业成员的自觉行为。由上面分析可知，企业文化由表及里分为四个层次：表层的物质文化、浅层的行为文化、中层的制度文化和深层的精神文化。企业文化对员工有导向、激励、凝聚、规范的功能。

知识经济的迅速发展和企业对知识管理的不断探索，催生了知识共享的企业文化，这种文化是对“知识共享有益于企业和个人发展”这个价值观的广泛认同，以及实践这一理念的行为。建立有利于知识共享的企业文化是企业内部知识管理的要求，也是市场竞争的结果，它对员工之间知识共享有强大的精神支持作用。要营造知识共享的文化就要让这种价值观深入到全体企业成员即从高层领导者到基层员工的心中，使全体成员自觉地用这一理念指导自己的行为。因此，共享知识的企业文化应当从四个层次进行理解（见表7－1）。

表7－1　　企业的知识共享文化层次及核心特征

层次	内容	知识共享文化的核心特征
物质层（表层）	企业容貌、生产经营的场地、工作环境、产品以及文化设施等	具备知识共享的硬件设施包括基础环境设施和技术设施等
行为层（浅层）	生产经营、学习娱乐、人际交往中产生的活动文化	知识共享成为员工的自觉行为

续表

层次	内容	知识共享文化的核心特征
制度层（中层）	企业制度、组织结构、企业的硬性约束	企业制度对知识共享内容、条件和方式的明确规定，组织呈柔性化特征，组织结构柔性化特征，便于知识的共享
精神层（深层）	企业的经营哲学、基本理念、价值观、使命感和共同愿景	以知识的生产和共享为组织的核心竞争优势，知识共享成为员工提升自身能力和做出贡献的渠道，拥有更多的知识资源成为企业的共同愿景

资料来源：笔者整理。

由此可见，企业实施有效的知识共享，不仅需具备必要的硬件和软件系统，还要求企业赋予知识管理以战略地位——使知识共享成为企业创新并获得持续竞争力的源泉，这就要求企业将知识共享文化植入员工的学习过程中，加强企业的团队建设，鼓励员工相互合作交流和创新，并积极承担员工创新的风险。

达文波特、德朗和比尔斯（Davenport，De Long and Beers）认为，塑造一个有利于知识共享的文化是知识管理成功的重要因素。对知识管理而言，如果企业文化不支持知识共享，那么再先进的信息技术、知识的竞争或再好的项目计划也将是失败的。达文波特等认为，企业知识管理的先决条件是营造有利于知识共享的文化，它包含三个要素：第一，企业成员对知识必须持正面的态度，对知识充满好奇心、喜欢探索，管理者也需要鼓励成员知识创造及使用；第二，企业成员能自由共享知识，不受限制，也不必害怕知识共享会增加工作的负担；第三，知识管理项目必须与企业现存文化达成默契。[261]

理查德·麦克德、莫特和卡拉·奥德尔（Richard McDermott and Carla O'Dell）在企业文化与知识共享研究中发现，能有效进行知识共享的企业通常具有以下特点：第一，知识共享的文化与企业目标达成联系；第二，知识共享的方法、工具及组织结构能与组织整体风格达成配适；第三，知识共享与企业的奖励制度相联系；第四，知识共享与企业的核心价值紧密结合；第五，知识共享网络与企业成员日常工作网络相联系。[6]

笔者认为，企业的知识共享计划需要为企业总体战略服务，以培养企业的动态竞争能力为目标，企业的知识共享文化必须塑造以知识创新和共享为目标的共同愿景，鼓励团队合作。

二 文化环境的制约

知识共享中的文化障碍往往表现为对共享缺乏正确认识、不支持正面的价值观念和共享行为选择。

文化障碍首先表现在对变化的不适应乃至害怕，从而表现在对知识创新的不重视或者抵制，而最终表现在对知识共享的不兼容。科尔曼提出一项法则，人本身对变化有抵制的本能，而组织对变化的抵制达到指数级的最高标准，组织规模越大，变化越剧烈，项目越复杂，组织的抵制力越大。抵制变化，不重视创新，自然就缺乏知识共享的必要性和动力。

其次，文化障碍还表现在心理障碍上。有的人总是对共享充满了担心：担心通过共享贡献核心知识后失去自身的价值；担心向别人咨询有关知识问题的时候感到尴尬，失去别人的信任或者尊敬；担心自己被别人打扰；看到只有少数人在控制着共享的主流，不相信自己的问题可能被回答；不理解组织总体目标等等。这种心理上的障碍，同时也是缺乏信任的标志：贡献的知识是否会恰当地得到使用？受益者是否利用知识谋取个人利益？组织会不会对本人的贡献给予承认？

知识经济中组织机构更多的是依赖集体的知识和智慧，如果没有正面的组织文化，员工在职并不能保证他们的知识得到共享，而员工的离职一定意味着知识价值的流失。良好的文化支持不仅有利于防止企业的知识流失，还有利于加强企业内部的共享关系。

三 建设基于知识共享的组织文化

企业要充分发挥知识的作用，必须建立一个促进知识流动的环境。知识共享与企业成员的个人状态和人际间关系密切相关。在不同的企业环境中，人们对知识共享的理解是不同的，原有文化的惯性必然对企业的知识共享产生影响。对共享缺乏正确的认识、不支持正面的价值观念和共享行为选择等各种旧有的企业文化显示，改造企业知识共享文化方面的难度不亚于与竞争对手共享知识的难度。因此，建立有利于知识共享的企业文化，应该立足企业现有状况，知识共享从领导层开始，将知识共享文化渗透到企业的日常工作中，并培育有利于知识共享的企业精神文化。

（一）知识共享从领导层开始

高层领导对知识共享有很大的影响力。美国社会学家奈比尔斯有句名言：创新自下而上，风尚自上而下。企业领导作为企业文化的变革者、塑造者、倡导者和管理者，在经营管理目标上，组织领导要清晰说明知识共享和创新对组织来讲是重要的，并将知识创新作为企业战略进行考虑和规划。

首先，企业领导层必须对知识共享实施需要的资金、方式以及企业知识共享的文化予以全力支持。

其次，企业领导应尊重知识工作者，与他们保持平等对话和交流，主动将自己的工作经验、企业的发展战略等与企业成员沟通，征求企业员工的意见。企业领导在知识共享中的表率，积极推动了形成企业内部良好的知识共享氛围，使企业知识共享的价值观从观念形态转变为可以感觉的现实。

最后，领导者应该为促进知识共享制定相应的有效管理措施，如专门设置首席知识官（CKO）或者首席学习官（CLO）来负责组织内外部的知识管理，促进企业和员工对知识共享和知识创新的高度重视，加强知识集成，促进知识共享过程，使组织的知识变为组织的资本。一些著名的企业组织，如惠普和巴克曼实验室，很早设立了 CKO 和 CLO 职务。这些知识管理者需要经常就下列问题进行工作检查：企业如何更好地帮助员工找到解决某问题的最合适的知识专家；如何更好地鼓励员工将自己的想法表达出来，并运用到实践中；企业是否经常组织交流会，与员工分享知识与信息。这些问题的答案可以帮助领导对知识共享工作进行改进，促进企业内的知识共享与知识创新。

（二）在组织业务工作基础上进行知识共享

企业的知识共享计划需要建立在日常工作过程中，建立在组织业务工作基础上，成为业务执行中的一个自然而然的部分。不少企业在进行知识共享时，注重知识共享的宏观战略与市场特征的联系，忽视企业内部知识共享的具体过程。由前述分析可知，企业成员知识共享的需求首先来自解决工作中遇到的问题，通过成员之间的交往互动实现知识的交流与创造，因此企业内部的知识共享贯穿在成员的日常工作中，知识共享的措施必须能够明确地解决成员之间知识共享过程中存在的问题，任何脱离企业成员实际状况的知识共享计划都将导致失败。例如，我们提及过 Gemini 公司，在面对知识共享的语言障碍时，编制了 Gemini 公司语言的词汇表，并对员工在 Gemini 公司的方法论进行培训。[262]语言和方法论的统一有效地降低了知识共享的成本，也促进了企业成员共同的价值观念的形成。也有许多企业虽然并不直接讨论知识共享计划，但把共享知识作为日常工作，充分利用现代信息技术来协助员工寻找知识和提供知识、将知识共享惯例化，在日常工作中充分体现知识共享带来的价值。

（三）培育有利于知识共享的企业精神文化

培育有利于知识共享的企业文化，不仅要注重企业文化的表层、浅层和中层，更应该深入企业文化的深层，也就是要注重企业经营哲学、价值观和共同愿景的精神层的培育，它是企业文化的核心，需要企业长期循序渐进地进行引导。

1. 培育知识共享的企业经营哲学

知识经济条件下，知识的地位正逐步上升并超越土地、实物资产，成为促进企业成长与发展的第一生产要素。企业间的竞争，不仅是产品、技术的竞争，更是人才的竞争，也就是企业学习能力的竞争。企业必须建立对其战略目标的共识，认识到知识是最有价值的，形成以知识为中心的目标和价值体系，把知识当成是企业可持续发展的原动力和取得自身独特竞争优势的有力手段来经营，充分利用知识边际收益递增的特征，支持企业和员工有效地获取、创造、共享和利用知识，提高企业的核心竞争力。

企业首先要创造一种鼓励知识共享行为的环境，包括阐明知识共享的意义，定义知识共享的行为，提供知识共享的资源、制定知识共享的激励机制等。让企业成员多次反复体会知识共享行为的好处，认识知识不同于传统的资产，它只有在共享时，才会不断增长，知识被越多的人共享，知识的拥有者就能获得越大的收益。企业应当将个人的收益是和企业的前景绑在一起的，让成员认识到，隐瞒知识不仅对企业的发展极为不利，个人的收益也会有下降，只有积极参与企业知识共享过程，知识才能为个人带来收益。企业要让这种认识在知识共享过程中得到不断的证实，从而使企业成员“个人的知识是力量”的观念转变为“集体的知识是力量”的观念。

2. 培育知识共享的价值观

对企业而言，知识共享只是一种手段而不是目标，因此，企业的知识共享活动要融入企业核心价值，要与企业的整体风格相匹配，适应企业文化的特点和风格。例如，美国管理系统公司（AMS）知识共享的口号是：“并非你所知赋予你力量，而是你共享的所知赋予你力量。”[263]这种口号体现了文化价值对知识共享的正面支持，也使企业成员相信知识共享是理所当然的事。

企业应当明确各部门和成员在知识共享过程中的目标和任务，经常交换各部门和成员在知识共享过程中的想法，帮助企业各部门和成员理解他们在企业的知识共享过程中扮演的角色、责任以及意义，并对正确理解自身角色、主动承担知识共享的责任的个人和部门及时进行表彰。企业成员清晰理解企业的目标和在此目标中个人的任务后，企业成员之间就可能进行知识共享，促进知识在企业内的重新配置和利用，形成企业的动态能力。企业成员共同的目标和成员对不同角色的理解，有助于企业形成知识共享的共同价值观，促进企业成员积极参与企业的知识共享活动和决策。共同的价值观还有利于团队知识共享的协作，鼓励成员的冒险精神和实践精神，容许员工的失败。

当然，一种精神文化只有在反复地被证明是正确之后才能真正融入到企业之中，传统企业文化的转变和知识共享企业文化的深入并不是短时间之内就能完成的，这是一个循序渐进的漫长过程，欲速则不达，它需要管理者要有高涨的积极性和坚韧的精神，对知识共享的企业文化进行长时间的引导和培育。

第四节　本章小结

增进个体和企业的社会资本，是促进企业知识共享的重要途径。本章分别从社会资本的结构、信任和认知文化三个层面分析了提高社会资本的具体措施。

从组织结构看，企业传统的科层组织最大的弊端是不利于知识共享和创造，不能使企业构建以知识为基础的核心竞争力。而现代企业组织结构既存在促进企业知识共享的优势，也存在影响知识共享的各种弊端。调整组织结构，促进企业和成员的社会资本增长，需要以降低企业内部网络中心性、协调正式组织与非正式团体的关系、促进非正式团体之间的沟通为指导原则，进行组织结构扁平化、网络化建设，并建立各类工作团队，加强企业成员之间的互动。

信任对知识共享的推动作用前面已经进行过分析。在此，笔者从知识共享角度，对企业内部信任关系的要求进行了分析。要促进企业知识共享，一方面要发展人际间的信任，充分尊重和改善人际间知识共享的条件；另一方面要加强企业知识共享的制度建设，促进企业层次知识共享的顺利开展。最后，从培养企业员工和管理者的双向信任关系、增加企业员工交流的机会和企业知识共享制度建设三个方面，对培育企业内部信任关系进行了阐述。

企业知识共享文化建设主要围绕如何在企业成员之间形成共同的价值观、态度、信念等问题。本章首先分析了企业文化的内涵和知识共享文化的特征，知识共享文化建设需要有明确的目标，并成为企业战略的有机组成部分，因此企业的知识共享文化需要从企业管理层重视开始，将知识共享与日常工作结合，并注重企业知识共享的经营哲学、价值观和共同愿景等精神层次的培育，它是企业文化的核心，需要企业长期引导。

第八章　结论与展望

社会资本理论已经成为社会各学科研究的全新解释范式，本书从社会资本的视角研究企业内部知识共享，体现了学术研究的前沿地质。

第一节　本书的主要工作和结论

本书通过社会资本的视角研究建立企业内部知识共享的完整构架，包括企业成员知识共享过程的策略，企业内部知识共享网络形成机理和作为组织学习的企业层次知识共享。各层次的关注焦点存在很大差别，个体层次研究多关注心理方面因素，强调人们进行知识共享的策略；群体层次的研究关注社会结构影响，强调个体所嵌入的微观环境对个体知识共享行为的影响；组织层次强调组织内部环境包括社会结构、关系、文化对企业成员知识共享的影响。

本书做的工作及得出的结论如下：

（1）构建了知识共享过程的社会资本模型，从社会资本理论的核心要素——社会网络、信任和认知出发，探讨了它们对知识共享过程的影响。笔者认为，社会资本在实现企业内部个人知识向企业知识转化方面发挥着关键作用，就为企业内部知识共享研究奠定了分析基础。

（2）在微观个体层次，分析了企业成员在知识共享过程的三个阶段，即知识寻找、知识转移和知识整合，如何利用自身的社会资本资源，避免社会资本的结构性限制，争取知识共享的经济与社会效用最大化的策略过程。本书研究了个体知识共享中三个阶段面临的不同问题，指出在知识共享的各个阶段，社会资本对个体知识共享策略的影响是不同的，进行具体分析十分必要。

在企业成员的知识寻找阶段，本书以经济理性和社会关系理性的决策原则作为企业成员知识寻找的策略原则，建立主体进行知识转移的预期总效用函数，并利用成本/收益分析法分析企业成员的知识寻找策略。

企业成员的知识转移阶段，在分析了知识转移过程的风险基础上，通过市场交易与关系性缔约的两种知识转移博弈模型比较，对知识转移过程的关系博弈进行分析，为企业成员的知识转移风险控制策略提供了依据。

在知识整合阶段，分析了企业成员基于社会资本进行知识整合的两个优化策略，即知识调整策略和知识共享规范化策略。

（3）本书分析论证了企业内部网络具有知识共享的优势，在此基础上，通过一个不完全信息条件下的演化博弈模型，探讨企业内部知识共享网络形成的一般规律，并构建了企业内部社会网络与知识共享关系模型，将知识共享的效果分为三个维度，分别是共享知识的质量和数量、共享知识的时效性以及知识共享的范围。依据知识共享的“社会”属性，把知识共享效果纳入社会网络，并将知识特性、知识共享阶段特性以及知识主体之间的关系视为一个整体进行考虑，着重分析“节点”之间的关系与知识共享行为的关系，从而使得本书的分析更具科学性。

（4）企业的社会资本有利于营造企业知识共享的良好环境。本书分析了企业知识共享与企业竞争能力的关系，企业竞争力的形成是企业内部独特的资源、技能和知识积累和整合的过程。而这些知识和技能是通过不断组织学习而获得的。在此基础上，本书通过构建组织学习的知识共享动态模型，指出企业内部的知识共享发生在企业成员的相互学习过程中，通过企业内部的组织学习，成员的隐性知识得到显性化，并最终成为企业的知识。最后，本书从企业的社会资本角度，论述了企业内部的信任和认知文化对企业知识共享环境的影响。

（5）从社会资本的社会网络、信任和认知文化三个维度提出增进社会资本，促进企业内部知识共享的具体途径和对策。一是调整组织结构，促进企业和成员的社会资本增长，需要以降低企业内部网络中心性、协调正式组织与非正式团体的关系、促进非正式团体之间的沟通为指导原则，进行组织结构扁平化、网络化建设，并建立各类工作团队，加强企业成员之间的互动。二是促进企业知识共享，既要发展人际间的信任，充分尊重和改善人际间知识共享条件；又要加强企业知识共享的制度建设，促进企业层次知识共享的顺利开展。三是企业的知识共享文化需要从企业管理层重视开始，将知识共享与日常工作相结合，并注重企业知识共享的经营哲学、价值观和共同愿景等精神层次的培育。

第二节 有待研究的问题

近年来，企业的社会资本与知识共享关系研究逐渐引起学者关注，无论是社会资本理论还是知识共享理论都不断发展和完善，还需要接受实践的检验。本书的研究是笔者对知识管理和社会资本研究的一些观点，并提出了解决这些问题的基本思路。但是还有很多分析尚未展开，有待以后进一步加以研究，具体表现在以下几个方面：

（1）社会资本视角下的企业内部知识共享研究，涉及企业内部整体网络以及个体人际网络的调查，调查的敏感性及要求都比较高，资料收集困难。受研究经费和实际调查难度所限，本书采用了文献研究、案例分析和理论推演等方法，结合笔者对部分企业的观察和访谈，力求使结论更具有科学性。但结论的局限性也是在所难免的，后续研究如能获得某些企业相关实证数据的支持，利用定量的分析方法，那么本书的研究将得到进一步深入。

（2）企业内部的知识才是企业竞争优势的源泉。所以本书主要以企业内部知识共享为研究对象，分析了社会资本对于企业成员的知识共享、企业内部网络的知识共享以及企业层面的知识共享的影响。但是，对于企业来说，虽然外部知识对每个企业同样适用，但关于客户和竞争对手的外部知识也很重要。后续研究可将企业对于外部知识的共享纳入研究范围，对于我国企业知识共享的发展就显得更具现实意义。

（3）本书提出的改善和提高社会资本，促进企业内部知识共享的具体措施可能还不全面，在构建基于企业内部知识共享的组织、关系、文化重构上，企业需要针对自身情况，采取相应的措施，而这方面的研究将更具实践意义。

国内社会资本与知识共享的相关研究还处于起步阶段，研究过程中学者们如能将其研究成果贡献出来，不断进行共享，知识共享的研究才能有所突破。本书只能起到抛砖引玉的作用，对未涉及或没有很好解决的问题，有待于今后更全面而深入的研究。

参考文献

[1] OECD, *The Knowledge – Based Economy*. Paris, 1996.

[2] Davenport, T. H. and Prusak, L., *Working Knowledge: How Organizations Manage What They Know*. Boston: Harvard Business School Press, 1998.

[3] Nonaka, I. and Takeuchi, H., *The Knowledge Creating Company*. New York: Oxford University Press, 1995.

[4] [美] 维娜·艾莉:《知识的进化》,刘民慧译,珠海出版社 1998 年版。

[5] Arthur Andersen Business Consulting, *Zukai Knowledge Management*. Tokyo: Toyo Keizai, 1999.

[6] McDermott, R. and O'Dell, C., "Overcoming Cultural Barriers to Sharing Knowledge". *Journal of Knowledge Management*, Vol. 5, No. 1, 2000.

[7] Ruggles, R., "The Stale of Notion: Knowledge Management in Practice" *California Management Review*, Vol. 40, No. 3, 1998, pp. 80 – 89.

[8] Dclong, D. W. and Fahcy, L., "Diagnosing Cultural Barrios to Knowledge Management". *The Academy of Management Executive*, Vol. 14, No. 4, 2000, pp. 113 – 127.

[9] Hendriks, P., "Why share knowledge? The influence of ICT on Motivation for Knowledge Sharing". *Knowledge and Process Management*, Vol. 6, No. 2, 1999, pp. 91 – 100.

[10] Senge, P., "Sharing Knowledge". *Executive Excellence*, Vol. 15, No. 6, 1998, pp. 11 – 12.

[11] 王娟茹、赵嵩正、杨瑾:《隐性知识共享模型与机制研究》,《科学学与科学技术管理》2004 年第 10 期。

[12] 范翠玲、庞力:《图书馆隐性知识共享模式探讨》,《情报理论与实

践》2007 年第 2 期。

[13] 汤建影、黄瑞华:《合作研发企业间知识共享的微观机制》,《科学管理研究》2004 年第 6 期。

[14] 葛昌跃,顾新建:《面向企业集群的知识共享》,《科学学与科学技术管理》2003 年第 11 期。

[15] 万胜:《客户知识共享的博弈分析》,《情报杂志》2005 年第 12 期。

[16] 宁烨、樊治平、冯博:《知识联盟中知识共享的博弈分析》,《东北大学学报》(自然科学版) 2006 年第 9 期。

[17] 陈荣仲、蒲云、祝建军:《高新技术产业集群企业知识共享的动态博弈》,《统计与决策》2007 第 4 期。

[18] 张作凤:《知识共享的可能性:一个博弈分析》,《图书情报工作》2004 年第 2 期。

[19] 徐瑞平、王军利、陈菊红:《企业知识型团队知识共享博弈分析及建议》,《情报杂志》2006 年第 6 期。

[20] 李丹:《基于博弈论的科学研究知识共享行为分析》,《图书情报知识》2006 年第 3 期。

[21] Truran, W. R., "Pathways for Knowledge: How Companies Learn through People Engineering". *Management Journal*, Vol. 10, No. 4, 1998, pp. 15 – 20.

[22] 王平:《基于社会网络分析的组织隐性知识共享研究》,《情报资料工作》2006 年第 2 期。

[23] 孙慧中:《网络组织中知识共享的正负效应》,《科学学与科学技术管理》2007 年第 3 期。

[24] 任志安,毕玲:《网络关系与知识共享:社会网络视角分析》,《情报杂志》2007 年第 1 期。

[25] 李颖:《跨项目团队知识共享研究》,《科技进步与对策》2006 年第 2 期。

[26] Akbar Zaheer, McEvily and Vincenzo Perrone, "Does Trust Matter? Exploring the Effects of Interorganizational and Interpersonal Trust on Performance". *Organization Science*, Vol. 9, No. 2, 1998, pp. 141 – 159.

[27] Levin, D. Z. and Cross, R., "The Strength of Weak Ties You can Trust: The Mediating Role of Trust in Effective Knowledge Transfer".

Management Science, Vol. 50, No. 11, 2004, pp1477 - 1490.

[28] Tsai, W. and Ghosha, S., "Social Capital and Value Creation: The Role of Intrafirm Networks". *Academy of Management Journal*, Vol. 41, No. 4, 1998, pp. 464 - 476.

[29] 顾新、李久平:《知识链成员之间的相互信任》,《经济问题探索》2005 年第 2 期。

[30] 周密:《员工知识共享、知识共享意愿与信任基础》,《软科学》2006 年第 3 期。

[31] 张鹏程、廖建桥:《企业知识转化中的动态管理:基于 MAX 信任拓展模型的分析》,《研究与发展管理》2006 年第 5 期。

[32] 高祥宇、卫民堂:《信任促进两人层次知识转移的机制的研究》,《科学学研究》2005 年第 3 期。

[33] 邓丹、李南、田慧敏:《加权小世界网络模型在知识共享中的应用研究》,《研究与发展管理》2006 年第 4 期。

[34] 秦红霞:《社会资本视角下的组织知识共享》,《中国人力资源开发》2007 年第 2 期。

[35] 孙红萍、刘向阳:《个体知识共享意向的社会资本透视》,《科学学与科学技术管理》2007 年第 1 期。

[36] Bostrom, R. P., "Successful Application of Communication Techniques to Improve the Systems Development Process". *Information & Management*, Vol. 16, No. 5, 1989, pp. 279 - 295.

[37] Tan Margaret, "Establishing Mutual Understanding in Systems Design: An Empirical Study". *Journal of Management Information Systems*, Vol. 10, No. 4, 1994, pp. 159 - 182.

[38] 李长玲:《隐性知识共享的障碍及其对策分析》,《情报理论与实践》2005 年第 2 期。

[39] 赵文平、王安民、徐国华:《组织内部知识共享的机理与对策研究》,《情报学》2004 年第 5 期。

[40] 应力、钱省三:《企业内部知识市场的知识交易方式与机制研究》,《上海理工大学报》2001 年第 2 期。

[41] 姜文:《知识共享的障碍因素分析》,《情报杂志》2006 年第 4 期。

[42] Thompson, M. P. A. and Walsham, G., "Placing Knowledge Manage-

ment in Context", *Journal of Management Studies*, Vol. 41, No. 5, 2004, pp. 725 – 747.

[43] 秦铁辉、程妮:《试论影响组织知识共享的障碍及其原因》,《图书情报知识》2006 年第 6 期。

[44] 赵良庆:《从集权结构到网络结构——企业组织形式的变革》,《经济管理》2000 年第 6 期。

[45] 李军:《基于知识共享的企业组织结构变革》,《湖南师范大学社会科学学报》2007 年第 1 期。

[46] Hayek, F. A., "The Use of Knowledge in Society". *American Economic Review*, No. 35, 1945, pp. 519 – 530.

[47] Jensen, M. C. and Meckling, W. H., "*Knowledge Control and Organizational Structure*". Werin, L., Hijkander, H., "*Contract EC On Omics, Cambridge*". MA: Blasil Biackwell, 1992, pp. 138 – 160.

[48] Martin, B., "Knowledge Management within the Context of Management: An Evolving Relationship". *Singapore Management Review*, Vol. 22, No. 2, 2000, pp. 17 – 36.

[49] Ruber Peter, "Three Steps For Effective Knowledge Transfer". *Inforamtion week*, Vol. 810, No. 17, 2000.

[50] Schein, E. H., "Three Cultures of Management: The Key to Organizational Learning". *Sloan Management Review*, Vol. 38, No. 1, 1996, pp. 9 – 21.

[51] Kimball, F., "Shedding Light on Knowledge Work Learning". *The Journal for Quality & Participation*, Vol. 21, No. 4, 1998, pp. 8 – 16.

[52] Argote, L., Ingram, P., Knowledge Transfer: A Basis for Competitive Advantage in Firms". *Organizational Behavior and Human Decision Processes*, Vol. 82, Issue1, 2000. pp. 150 - 169.

[53] Argote, L., Ingram, P., Levine, J. M., "Knowledge Transfer in Organizations: Learning from the Experience of Others". *Organizational Behavior and Human Decision Processes*, Vol. 82, Issue1, 2000, pp. 1 – 8.

[54] Cohen, D. and Prusak, L., *In Good Company: How Social Capital Makes Organizations Work*. Boston: Harvard Business School Press, 2001.

[55] Putmun, R., *Making Democracy Work: Civic Traditions in Modern*

Italy. Princeton: Princeton University Press, 1993.

[56] Cohen, S. S. and Fields, G., "Social Capital and Capital Gains in Silicon Valley". In Lin (eds.), *Social Capital: Theory and Research* (pp. 179 – 200). New York: Aldine de Gruyter, 1999.

[57] 托马斯·福特·布朗:《社会资本理论综述》,木子西译,《马克思主义与现实》2000 年第 2 期。

[58] Nan Lin, *Social capital: A Theory of Social Structure and Action*. Cambridge University Press, 2001.

[59]《马克思恩格斯全集》第 46 卷上,人民出版社 1975 年版。

[60] 亚当·斯密:《国民财富的性质和原因的研究》上卷,商务印书馆 1972 年版。

[61] T. W. 舒尔茨:《论人力资本投资》,北京经济学院出版社 1992 年版。

[62] Johnson, Harry G., "The Political Economy of Opulence". *Canadian Journal of Economics and Political Science*. Vol. 26, No. 4, 1960, pp. 552 – 564.

[63] Bourdieu, Pierre, "The Forms of Social Capital", John G. Richardson, Westport. In *Hand book of "Theory and Research for the Sociology of Education"*. Greenwood Press, 1986.

[64] Schultz, Theodore W., Investment in Human Capital". York World Bank, Vol. 51, No. 3 – 4, 1961, pp. 1 – 17.

[65] Hanifan, L. J., "The Rural School Community Center". *Annuals of the American Academy of Political and Social Science*, Vol. 67, No, 1916. 4, pp. 130 – 138.

[66] Burt, Ronald S., *Structural Holes: The Social Structure of Competition*. Cambridge: Harvard University Press, 1992.

[67] Coleman, James S., *The Foundations of Social Theory*. Cambridge: Belknap Press of Harvard University Press, 1990.

[68] Portes, Alejandro (ed.), *The Economic Sociology of Immigration*. New York: Russell Sage Foundation, 1995.

[69] 弗朗西斯·福山:《信任:社会道德与繁荣的创造》,远方出版社 1998 年版。

[70] Putnam, Robert D. , "The Prosperous Community: Social Capital and Public Life" . *American Prospect*, 1993.

[71] Nahapiet, J. and Ghoshal, S. , "Social Capital, Intellectual Capital and the Organizational Advantage" . *Academy of Management Review*, Vol. 23, No. 2, pp. 242 – 266, 1998.

[72] 林南:《社会资本——关于社会结构与行动的理论》, 张磊译, 上海人民出版社 2005 年版。

[73] Wellman Barry, S. Berkowitz, *Social Structures: A Network Approach*. Cambridge University Press, 1988.

[74] Nohria, N. and Eccles, R. G. , *Networks and Organizations: Structure, Form, and Action*. Boston: Harvard Business School Press, 1992.

[75] Coleman, J. S. , "Social Capital in the Creation of Human Capital" . *American Journal of Sociology*, Vol. 94, pp. 95 – 120, 1988.

[76] Smylie, M. A. and Hart, A. W. , "School Leadership for Teacher Learning and Change: A Human and Social Capital Development Perspective" . Murphy, J. and Louis, K. S. (eds.), *Handbook of Research on Educational Administration* (2thed) . San Francisco CA: Jossey – Base, 1999.

[77] Blau, Peter M. , *Inequality and Heterogeneity*. New York: Free Press, 1964.

[78] Rousseau, D. M. , Sitkin, S. B. , Burt, R. S. and Camerer, C. , "Not so Different after All: A Cross – discipline View of Trust" . *The Academy of Management Review*, Vol. 23, No. 3, 1998, pp. 95 – 120.

[79] Mayer, R. C, Davis, J. H. and Schooman, K. D. , "An Integration Model of Organizational Trust" . *Academy of Management Review*, Vol. 20, No. 3, pp. 709 – 734, 1995.

[80] 顾新、敦耀煌、李久平:《社会资本及其在知识链中的作用》,《科研管理》2003 年第 5 期。

[81] 费孝通:《乡土中国生育制度》, 北京大学出版社 1998 年版。

[82] 李伟民、梁玉成:《特殊信任与普遍信任: 中国人信任的结构与特征》, 转引自郑也夫《中国社会中的信任》, 中国城市出版社 2003 年版。

[83] Crow, G. , "The Relationship between Trust, Social Capital, and Or-

ganizational Success". *Nursing Administration Quarterly*, Vol. 26, No. 3, 2002, pp. 1 – 11.

[84] Carrie R. Leana, Harry J. van Buren, "Organizational Social Capital and Employment Practices". *The Academy of Management Review*, Vol. 24, No. 3, 1999, pp. 538 – 555.

[85] Ghoshal, Sumantra and Peter Moran, "Bad for Practice: A Critique of Transaction Cost Theory". *Academy of Management Review*, Vol. 21, No. 1, 1996, pp. 13 – 47.

[86] Oliver E. Williamson, "Comparative Economic Organization: The Analysis of Discrete Structural Alternatives". *Administrative Science Quarterly*, Vol. 36, No. 2, 1991, pp. 269 – 296.

[87] Barnard, Chester I., *The Functions of the Executive*. Cambrige: Harvard University Press, 1968.

[88] 边燕杰、丘海雄:《企业的社会资本及其功效》,《中国社会科学》2000 年第 2 期。

[89] 张方华:《企业的社会资本与技术合作》,《科研管理》2004 年第 2 期。

[90] 周小虎:《企业理论的社会资本逻辑》,《中国工业经济》2005 年第 3 期。

[91] 张方华:《企业的社会资本与隐性知识》,《研究与发展管理》2003 年第 6 期。

[92] 魏旭、张艳:《知识分工、社会资本与集群式创新网络的演化》,《当代经济研究》2006 年第 10 期。

[93] 李琳、方先知:《产学研知识联盟与社会资本》,《科技进步与对策》2005 年第 8 期。

[94] Krackhardt, D., *A Social Network Analysis of the Effects of Employee Turnover: A Longitudinal Field Study*. University of California, 1984, AAT 8411894.

[95] Cross, R., Parker, A., Prusak, L. and Borgatti, S. P., "Knowing What We Know: Supporting Knowledge Creation and Sharing in Social Netwo rks". *Organizational Dynamics*, Vol. 30, No. 2, pp, 2001. 100 – 120.

[96] Droege, S. B. and Hoobler, J. M., "Employee Turnover and Tacit

Knowledge Diffusion: A Network Perspective". *Journal of Managerial Issues*, Vol. 15, No. 1, 2003, pp. 50 - 64.

[97] 马费成、王晓光:《知识转移的社会网络模型研究》,《江西社会科学》2006 年第 7 期。

[98] 王越:《组织内社会网络的知识传导及成本研究》,《科学管理研究》2004 年第 4 期。

[99] 王夏洁、刘红丽:《基于社会网络理论的知识链分析》,《情报杂志》2007 年第 2 期。

[100] Connelly, C. and K. Kelloway, *Predictors of Knowledge Sharing in Organizations*, MSc Thesis for Queen's School of Business, Queen's University, Kingston, 2000.

[101] Mc Allister, D. J., "Affect - and Cognition - based Trust as Foundations for Interpersonal Cooperation in Organizations". *Academy of Management Journal*, Vol. 38, No. 1, 1995, pp. 24 - 59.

[102] Kim, W. C. and Mauborgne, R., "Procedural Justice, Strategic Decision Making, and the Knowledge Economy". *Strategic Management Journal*, Vol. 19, No. 4, 1998, pp. 323 - 338.

[103] Portes, A. and Sensenbrenner, J., "Embedeness and Immigration: Notes on the Social Determinantes of Economic Action". *American Journal of Sociology*, No. 98, pp. 1320 - 1350, 1993.

[104] Conner, K. R. and Prahalad, C. K., "A Resource - based Theory of the Firm: Knowledge Versus Opportunism". *Organization Science*, Vol. 7, No. 5, pp. 477 - 501, 1996.

[105] Robbins, Stephen P., "Organizational Behavior". Encyclopedia of Sciences & Religions volume, Vol. 7, No. 1, 2012, pp. 329 - 330.

[106] 王三义、何风林:《社会资本的认知维度对知识转移的影响路径研究》,《统计与决策》2007 年第 5 期。

[107] 耿宪良:《组织内部知识市场、知识交易成本与知识分享》,《经济管理·新管理》2004 年第 24 期。

[108] Peter F. Drucker, "The Discipline of Innovation". *Harvard business review*, Vol. 76, No. 6, 1998, pp. 149 - 155.

[109] C. West Churchman, "Poverty and Development". *Human Systems*

Management, Vol. 17, No. 1, 1998.

[110] 达文波特、劳伦斯·普鲁萨克:《营运知识:工商企业的知识管理》,王者译,江西教育出版社 1999 年版。

[111] [英] 迈克尔·波兰尼:《个人知识——迈向后批判哲学》,许泽民译,贵州人民出版社 1998 年版。

[112] Spender, J. -C., "Organizational Knowledge, Learning and Memory: Three Concepts in Search of a Theory". *Journal of Organizational Change Management*, Vol. 9, No. 1, 1996, pp. 63-78.

[113] Nonaka, I., "A Dynamic Theory of Organizational Knowledge Creation". *Organization Science*, Vol. 5, No. 1, 1994, pp. 14-37.

[114] Zack, M., "Managing Codified Knowledge". *Sloan Management Review*, Vol. 4, No. 4, 1999, pp. 45-58.

[115] Blackler, F., "Knowledge, Knowledge Work, and Organizations: An Overview and Interpretation". *Organization Studies*, Vol. 16, No. 6, pp, 1995. 1020-1046.

[116] R. Lubit, "Tacit Knowledge and Knowledge Management: The Keys to Sustainable Competitive Advantage". *Organizational Dynamics*, Vol. 29, No. 3, 2001, pp. 164-178.

[117] 王方华:《知识管理论》,山西经济出版社 1999 年版。

[118] 余光胜:《知识属性、情境依赖与默会知识共享条件研究》,《研究与发展管理》2006 年第 6 期。

[119] Matusik, S. F. and Hill, C. L., "The Utilization of Contingent Work, Knowledge Creation, and Competitive Advantage". *The Academy of Management Review*, Vol. 29, No. 3, 1998, pp. 680-697.

[120] Von Krogh, G. and Roos, J., "The Epistemological Challenge: Managing Knowledge and Intellectual Capital". *European Management Journal*, No. 4, pp. 333-337, 1996.

[121] 肖小勇:《组织内部知识共享的若干问题研究》,博士学位论文,中南大学,2005 年。

[122] 弗里德里希·哈耶克:《知识在社会中的运用》,载《个人主义与经济秩序》,生活·读书·新知三联书店 2003 年版。

[123] 野中郁次郎:《组织知识创新的理论:了解知识创新的能动过程》,

载迈诺尔夫，迪尔克斯等主编《组织学习与知识创新》，上海人民出版社 2001 年版。

[124] Ikujiro Nonaka, Hirotaka Takeuchi, *The Knowledge Creating Company: How Japanese Companies Create the Dynamics of Innovation*. New York: Oxford University Press, 1995.

[125] Nonaka, I. Konno, N., " The Concept of "Ba": Building a Foundation for Knowledge Creation ". *California Management Review*, Vol. 40, No. 3, 1998, pp. 40 – 54.

[126] 饶勇:《知识生产的动态过程与知识型企业的创建——对野中郁次郎SECI 知识转化模型的扩展与例证分》,《经济管理》2003 年第 4 期。

[127] 芮明杰、李鑫、任红波:《高技术企业知识创新模式研究——对野中郁次郎知识创造模型的修正与扩展》,《外国经济与管理》2004 年第 5 期。

[128] 秦铁辉、彭捷:《SECI 框架下不同组织和层级间的知识转化研究》,《情报学报》2006 年第 6 期。

[129] 牟小俐、江积海、代小春:《知识管理的价值链分析》,《技术经济与管理研究》2001 年第 5 期。

[130] Mary M. Crossan, Henry W. Lane and Roderick E. White, "An Organizational Learning Framework: From Intuition to Institution". *Academy of Management*, Vol. 24, No. 7, 1999, pp. 522 – 537.

[131] Gilbert, M. and Cordey, Hayes M., "Understanding the Process of Knowledge Transfer to Achieve Successful Technological Innovation". *Technovation*, Vol. 16, No. 6, 1996, pp. 301 – 312.

[132] Szulanski, G., "The Process of Knowledge Transfer: A Diachronic Analysis of Stickiness". *Organizational Behavior and Human Decision Processes*, Vol. 82, No. 1, 2000, pp. 9 – 27.

[133] 徐金发、许强、顾惊雷:《企业知识转移的情境分析模型》,《自然辩证法通讯》2003 年第 2 期。

[134] 王开明、万君康:《论知识的转移与扩散》,《外国经济与管理》2000 年第 10 期。

[135] 汪应洛、李勖:《知识的转移特性研究》,《系统工程理论与实践》2002 年第 10 期。

[136] 安世虎、周宏、赵全红：《知识共享的过程和背景模型研究》，《图书情报工作》2006 年第 10 期。

[137] Albino, V., Garavelli, A. C. and G. Schiuma, "Knowledge Transfer and Inter - firm Relationships in Industrial Districts: The Role of the Leader Firm". *Technovation*, Vol. 19, No. 1, 1998, pp. 53 - 63.

[138] Holtshouse, D., "Knowledge Research Issues". *California Management Review*, Vol. 40, No. 3, 1998, pp. 277 - 280.

[139] Szulanski, G., "Exploring Internal Stickiness: Impediments to the Transfer of Best Practice within the firm". Strategic Management Journal (special issue), Vol. 17, No. 2, 1996, pp. 27 - 44.

[140] Desouza, K. C., Awazu, Y., "Markets in Know - how". *Business Strategy Review*, Vol. 15, No. 3, 2004, pp. 59 - 65.

[141] Matson, E., Patiath, P. and Shavers, T., "Stimulating Knowledge Sharing: Strengthening Your Organization's Internal Knowledge Market". *Organizational Dynamics*, Vol. 32, No. 3, 2003, pp. 275 - 285.

[142] 何葳、李健：《企业内部知识市场研究》，《江苏商论》2004 年第 5 期。

[143] 乔纳森 · H. 特纳：《现代西方社会学理论》，天津人民出版社 1988 年版。

[144] 科斯：《社会成本理论》，载科斯《经济学中的灯塔》，上海三联书店 1992 年版。

[145] 奥利弗 · E. 威廉姆森：《资本主义经济制度》，商务印书馆 2002 年版。

[146] Teece, D., "Strategies for Managing Knowledge Assets: The Role of Firm Structure and Industrial Context". *Long Rang Planning*, Vol. 33, No. 1, 2000, pp. 35 - 54.

[147] Simonin, B. L., "An Empirical Investigation of the Process of Knowledge Transfer in International Strategic Alliances". *Journal of International Business Studies*, Vol. 35, No. 5, 2004, pp. 407 - 427.

[148] 戴俊、朱小梅、盛昭瀚：《知识转化的机理研究》，《科研管理》2004 年第 6 期。

[149] Hippel, E. V., "Sticky Information" and the Locus of Problem Sol-

ving: Implications for Innovation". *Management Science*, Vol. 40, No. 4, 1994, pp. 429 – 439.

[150] Schmalensee and Robert Willig, "Handbook of Industrial Organization". *Imperfect Information in the Product Market*, in Schmalensee, Vol. 1, No. 3, pp. 301 – 311.

[151] Noorderhaven, N. G., "Opportunism and Trust in Transaction Cost Economics". *Transaction Cost Economics & Beyond*, Vol. 158, No. 1, 1996, pp. 368 – 369.

[152] 刘世定:《嵌入性与关系合同》,《社会学研究》1999 年第 4 期。

[153] Granovetter, M., "Economic Action and Social Structure: The Problem of Embeddedness". *American Journal of Sociology*, Vol. 91, No. 3, 1985, pp. 481 – 510.

[154] 陈娟、芮明杰:《高技术企业知识员工间的知识传播模型》,《研究与发展管理》2004 年第 5 期。

[155] 柯江林、石金涛:《知识型团队有效知识转移的社会资本结构优化研究》,《研究与发展管理》2007 年第 2 期。

[156] Krackhardt, D., "The Strength of Strong Ties: The Importance of Philos in Organization". In N. Nohria and R. G. Eccles (eds.), *Networks and organizations*. Boston: Harvard Business School Press, 1992, pp. 216 – 239.

[157] 邝宁华:《强联系与企业内跨部门知识共享研究》,《科学学与科学技术管理》2003 年第 11 期。

[158] 周密、赵西萍:《基于知识共享意愿的员工信任关系的建立》,《科学学与科学技术管理》2006 年第 1 期。

[159] 科尔曼:《社会理论的基础》,社会科学文献出版社 1999 年版。

[160] 付子堂:《法律的行为激励功能论析》,《法律科学》1999 年第 6 期。

[161] Vop Hippel, E., "Cooperation between Rivals: Informal know – how trading". *Research Policy*, Vol. 16, No. 6, 1987, pp. 291 – 302.

[162] Schrader, S., "Informal Technology Transfer between Firms: Cooperation through Information Trading". *Research Policy*, Vol. 20, No. 91, pp. 153 – 170, 1991.

[163] 秦琴:《"关系理性"与公民社会的构建》,《实事求是》2005 年第

6 期。

[164] Badaeacco, J. , *The Knowledge Link: How Firms Compete through Strategic Alliancces*. Boston: Llarvard Business School, 1991.

[165] Granovetter, M. , "Estrength of Weak Ties" . *American Journal of Sociology*, Vol. 78, No. 6,, 1973, pp. 1360 – 1380.

[166] Hansen, M. , "The Search – transfer Problem: The Role of Weak Ties in Sharing Knowledge acoss Organization Subunits ". *Administrative Science Quarterly*, Vol. 44, No. 1, 1999, pp. 82 – 111.

[167] Bouty, I. , "Interpersonal and Interaction Influences on Informal Resource Exchanges between R&D and Researcher across Organizational Boundaries" . *Academy of Management Journal*, Vol. 43, No. 1, 2000, pp. 50 – 65.

[168] Klein, B. , R. Crawford and A. Alchian, "Vertical Integration, Appropriable Rents, and the Competitive Contracting Process" . *Journal of Law & Economics* , Vol. 21, No. 2, 1978, pp. 297 – 326.

[169] 威廉姆森:《治理机制》, 中国社会科学出版社 2001 年版。

[170] Kimberly, J . R. and Evanisko, M. J. , "Organizational Innovation: The Influence of Individual, Organizational, and Contextual Factors on Hospital Adoption of Technological and Administrative Innov ations" . *Academy of Management Journal*, Vol. 24, No. 4, 1981, pp. 689 – 713.

[171] Koskinen, Kaj U. and P. P. H. Vanharanta, "Tacit Knowledge Acquisition and Sharing in a Project Work Context" . *International Journal of Project Management*, Vol. 21, No. 4, 2003, pp. 281 – 290.

[172] Hertzum, M. , Andersen, H. H. K. , Andersen, V. et al. , "Trust in Information Sources: Seeking Information from People, Documents, and Virtual Agents" . Interacting with Computers, Vol. 14, No. 5, 2002, pp. 575 – 599.

[173] Andrews, K. M. and Delahay, B. L. , " Influences on Knowledge Processes in Organizational Learning: The Psychosocial Filter" . *Journal of Management Studies*, Vol. 37, No. 6 , 2000, pp. 797 – 810.

[174] Zand, D. E. , "Trust and Managerial Problem Solving" . *Administrative Science Quarterly*, Vol. 17, No. 2, 1972, pp. 229 – 239.

[175] Clark, M. S. , J. R. Mills and D. M. Corcoran, "Keeping Track of Needs". *Inputs of Friends & Strangers Personality & Social Psychology Bulletin*, Vol. 7, No. 2, pp. 113, 1989.

[176] Kramer, R. M. and Brewer, M. B. , "Effects of Group Identity on Resource Use in a Simulated Commons Dilemma". *Journal of Personality and Social Psychology*, Vol. 46, No. 5, 1984, pp. 1044 – 1057.

[177] Hill, R. C. and M. Levenhagen, "Metaphors and Mental Models: Sensemaking and Sensegiving in Innovative and Entrepreneurial Activities". *Journal of Management*, Vol. 21, No. 6, 1995, pp. 1057 – 1074.

[178] Grant, R. M. , Toward a Knowledge – Based Theory of the Firm [J]. *Strategic Management Journal*, Vol. 17, No. S2, 1996, pp. 109 – 122.

[179] Inkpen, A. C. , "Creating Knowledge through Collaboration". *California Management Review*, Vol. 39, No. 1, 1996, pp. 317 – 335.

[180] Kogut, B. and Zander, U. , Knowledge of the Firm and the Evolutionary Theory of the Multinational Corporation [J]. *Journal of International Business Studies*, 1993, (4).

[181] Kogut, B. and Zander, U. , "Knowledge of the Firm and the Evolutionary Theory of the Multinational Corporation". *Journal of International Business Studies*, Vol. 34, No. 4, 2003, pp. 516 – 529.

[182] 罗素:《人类的知识》, 商务印书馆 1983 年版。

[183] Nonaka, L. , Toyama, R. Konno, N. , "SECI, Ba and Leadership: A Unified Model of Dynamic Knowledge Creation". *Long Range Planning*, Vol. 33, No. 99, pp. 5 – 34, 2000.

[184] Inkpen, A. and Dinur, A. , "Knowledge Management Processes and International Joint Ventures". *Organization Science*, Vol. 9, No. 4, pp. 454 – 468, 1998.

[185] Erhard Friedberg, *Emoretta Yang Local Orders Dynamics of Organized Action*. Social Science Electronic Publishing, 1997.

[186] 王晓路:《对哈里森·怀特市场模型的讨论: 解析、探源与改进》,《社会学研究》2007 年第 1 期。

[187] Dacin, Tina, Marc J. Ventresca and Beal, B. D. , "The Embedded-

ness of Organizations: Dialogue and Directions". *Journal of Management*, Vol. 25, No. 1, 1999, pp. 317 – 356 .

[188] Polanyi, Karl, *The Great Transformation.* Boston: Beacon Pres, 1944.

[189] Uzzi, Brian, Social Stucture and Competition in Interfirm Newtorks: The Daradox of Embeddeness. *Adminstrative Science Quarterly*, 1997 (42).

[190] 周雪光:《组织社会学十讲》，社会科学文献出版社 2003 年版。

[191] 余光胜：《企业发展的知识分析》，上海财经大学出版社 2000 年版。

[192] Oliver E. Williamsm, *Markets and Hierarchies.* New York: The Free Press, 1975.

[193] Wenpin Tsai, "Social Structure of "Coopetition" within a Multiunit Orgnization: Coordination, Competition, and Intraorganizational Knowledge Sharing". *Organization Science*, 2002, pp. 179 – 190.

[194] Johanson, J. L. and G. Mattsson, "Interorganizational Relations in Industrial Systems: A Network Approach Compared With the Transaction – Cost Approach". *International Studies of Management and Organization*, Vol. 17, No. 1, 1987, pp. 34 – 48.

[195] [英] 西蒙:《管理行为：管理组织决策过程的研究》，北京经济学院出版社 1988 年版。

[196] 谢识予:《有限理性条件下的进化博弈理论》，《上海财经大学学报》2001 年第 5 期。

[197] Hidding, G. J. , and Catterall, S. M. , "Anatomy of Learning Organization: Turning Knowledge into at Anderson". *Knowledge and Process Management*, No. 1, 1998, pp. 3 – 13.

[198] Spender, T. , *Intellectual Capital: The New Wealth of Organizations.* Bantam Doubleday Dell Publishing Group, Inc. , 1996.

[199] 杜荣、赵雪松、全小梅:《论知识共享与企业绩效的关系》，《情报科学》2005 年第 9 期。

[200] 徐瑞平、陈莹：《企业知识共享效果综合评估指标体系的建立》，《情报杂志》2005 年第 10 期。

[201] Desrochers, P. , "Geographical Proximity and the Transmission of Tacit Knowledge". *Review of Austrian Economics*, Vol. 14, No. 1, 2001,

pp. 25 –46.

[202] Wasserman, S. and Faust, K., Social Network Analysis: Methods and Applications [M]. Cambridge: Cambridge University Press, 1994.

[203] Sparrowe, R. and Liden, R., Kraimer, M., "Social Networks and the Performance of Individuals and Groups". *Academy of Management Journal*, Vol. 44, No. 2, 2001, pp. 316 –325.

[204] Reagans, R. and Zuckerman, E. W., "Networks, Diversity and Productivity: The social capital of corporate R&D teams", *Organization Science*, Vol. 12, No. 4, 2001, pp. 502 –517.

[205] Adler, P. S. and Kwon, S. W., "Social Capital: Prospects for a New Concept", *Academy of Management Review*, Vol. 27, No. 1, 2002, pp. 17 –40.

[206] Ibarra, H., Network Centrality, "Power, and Innovation Involvement: Determinants of Technical and Administrative Roles". *Academy of Management Journal*, Vol. 36, No. 3, 1993, pp. 471 –501.

[207] North, D. C., *Institutions, Institutional Change and Economic Performance.* Cambridge University Press, 1990.

[208] Rumelt, R. R., "Diversification Strategy and Profitability". *Strategic Management Journal*, Vol. 3, No. 4, 1982, pp. 359 –369.

[209] Praharad, C. K., and Hame, Gary, "The Core Competence of the Corporation". *Social Science Electronic Publishing*, Vol. 68, No. 3, 1990, pp. 275 –292.

[210] Peteraf, M., "The Cornerstone of Competitive Advantage: Aresource – basedview". *Strategic Management Journal*, Vol. 13, No. 3, 1993, pp. 179 –191.

[211] [丹麦] 尼古莱·J. 福斯、克里斯第安·克努森:《企业万能——面向企业能力理论》，李东红译，东北财经大学出版社 1998 年版

[212] Penrose, E. T., *The Theory of the Growth of the Firm.* Oxford University Press, 1959.

[213] 彼得·圣吉:《第五项修炼——学习型组织的艺术与实务》，上海三联书店 1996 年版。

[214] Alchian, Armen A. and H. Demsetz, "Production, Information Costs,

and Economic Organization". *Engineering Management Review*, Vol. 3, No. 2, 1975, pp. 777 – 795.

[215] Nelson, R. and Winter, G., *An Evolutionary Theory of Economic Change.* London: Cambridge Press, 1982.

[216] 汪丁丁:《知识沿时间和空间的互补性以及相关的经济学》,《经济研究》1997 年第 6 期。

[217] Teece, David and G. Pisano, "The Dynamic Capabilities of Firms: An Introduction". *Industrial & Corporate Change*, Vol. 3, No. 409, 1994, pp. 193 – 213.

[218] Zollo, M. and S. Winter, "From Organizational Routines to Dynamic Capabilities". Working Paper: Wharton School University of Pennsylvania, 1999.

[219] Nielsen, A. P., "Capturing Knowledge with in a Competence". A Working Paper, Aalborg University, 2003.

[220] McEvily, S. K., Das, S. and McCahe, K., "Avoiding Competence Substitution through Knowledge Shaing". *The Academy of Management Review*, Vol. 25, No. 2, 2000, pp. 296 – 311.

[221] Marshall, C., Prusak, L. and Shpilberg, D., "Financial Risk and the Need for Superior Knowledge Management". *California Management Review*, Vol. 38, No. 3, 1996, pp. 77 – 101.

[222] Powell, W. W., Koput, K. W. and Smith, Doerr L., "Interorganizational Collaboration and the Locus of Innovation: Networks of Learning in Biotechnology". *Administrative Science Quarterly*, Vol. 41, No. 1, 1996, pp. 116 – 145.

[223] Fiol, C. M. and Lyles, M., "Organizational Learning". *Academy of Management Review*, Vol. 10, No. 4, 1985, pp. 803 – 813.

[224] McGill, M., Slocum, C. and Lei, D., "Management Practices in Learning Organizations". *Organizational Dynamics*, Vol. 21, No. 92, 1992, pp. 5 – 17.

[225] Popper, M. and Lipshitz, R., "Organizational Learning Mechanisms: A Structural and Cultural Approach to Organizational Learning". *The Journal of Applied Behavioral Science*, Vol. 34, No. 2, 1998, pp. 161 – 179.

[226] Walsh, J. P. and Ungson, G. R., "Organizational Memory". *Academy of Management Review*, Vol. 16, No. 1, 1991, pp. 57 - 91.

[227] Willian B. Brineman, J. Bernard Keys and Robert M. Fulmer, "Learning Across a Living Company: The Shell Companies' Experiences". *Organization Dynamics*, Vol. 27, No. 2, 1998, pp. 61 - 69.

[228] Nonaka, I., "The Knowdge - Creating Company". *Harvard Business Review*, Vol. 69, No. 6, 1991, pp. 96 - 104.

[229] Huber, G. P., "Organizational Learning: The Contributing Processes and The Literature". *Organizational Sciences*, Vol. 2, No. 1, 1991, pp. 88 - 115.

[230] R. D. Putman, R. Leonardi and R. Y. Nanetii, *Make Democracy Work: Civic Traditions in Modern Italy*. Princeton University Press, 1994.

[231] UNDP:《人类可持续发展》，载二十一世纪管理议程中心编《中国二十一世纪议程纳入国民经济计划培训班教材》，1995 年。

[232] Rosenthal, E. A., *Social Networks and Team Performance*. University of Chicago, 1996.

[233] 张其仔:《社会资本与国有企业绩效研究》，《当代财经》2000 年第 1 期。

[234] Dixon, N. M., *Common Knowledge: How Companies Thrive by Sharing What They Know*. Boston: Harvard Business School Press, 2000.

[235] 道格拉斯·C. 诺斯:《制度、制度变迁与经济绩效》，上海三联书店 1994 年版。

[236] Korsgaard, M. A., Schweiger, D. M. and Sapienza, H. J., "Building Commitment, Attachment, and Trust is Strategic Decision - making Teams: The Role of Procedural Justice". *Academy of Management Journal*, Vol. 38, No. 1, 1995, pp. 60 - 84.

[237] 郑也夫:《信任的简化功能》，《北京社会科学》2000 年第 3 期。

[238] Roberts, J., "From Know - how to Show - how ? Questioning the Role of Information and Communication Technologies in Knowledge Transfer". *Technology Analysis & Strategic Management*, Vol. 2, No. 4, 2000, pp. 429 - 443.

[239] 成良斌:《文化传统、社会资本与技术创新》,《中国软科学》2006年第11期。

[240] [美] 乔治·冯·克罗等:《实现知识创新:部分世界500强企业发掘隐性知识掠影》,余昌楷等译,机械工业出版社2004年版。

[241] [美] 彼得·圣吉:《第五项修炼》,郭进隆译,生活·读书·新知三联书店1998年版。

[242] 亚当·斯密:《国民财富的性质和原因的研究》上卷,商务印书馆1981年版。

[243] 汪丁丁:《在经济学和哲学之间》,中国社会科学出版社1996年版。

[244] Peter F. Drucker, "The Coming of New Organization". *Harvard Business Review*, No. 3, 1998, pp. 171 – 191.

[245] Brass, D. J., "Men's and Women's Networks: A Study of Interaction Patterns and Influence in an Organization". *Academy of Management Journal*, Vol. 26, No. 2, pp. 327 – 343, 1985.

[246] Mc Cauley, D. P. and Kuhnert, K. W., "A Theoretical Review and Empirical Investigation of Employee Trust in Management". *Public Administration Quarterly*, Vol. 16, No. 3, 1992, pp. 65 – 283.

[247] 张维迎:《信息、信任与法律》,生活·读书·新知三联书店2003年版。

[248] 涂平、李其、张维迎:《北大工商管理论丛》,北京大学出版社2002年版。

[249] Dianne Ford, "Trust and Knowledge Management: The Seeds of Success". *International Handbooks on Information Systems*, 2003, pp. 553 – 576.

[250] 弗朗西斯·福山:《信任:社会道德与繁荣的创造》,远方出版社1998年版。

[251] Schwartz, H. and Davis, S. M., "Matching Corporate Culture and Business Strategy". *Organizational Dynamics*, Vol. 10, No. 1, 1981, pp. 30 – 48.

[252] Gardner, Richard L., "Benchmarking Organizational Culture: Organization Culture as a Primary Factor in Safety Performance". *Professional Safety*, Vol. 44, No. 3, 1999, pp. 26 – 32.

[253] Hodge, B. J., Anthony, W. P. and Gales, L., "*Organization Theory: A Strategic Approach*". 4th Edition, Prentice - Hall, Vol. 15, No. 10, 1991, pp. 244 - 253.

[254] Martin, J. and Caren, S., "Organizational Culture and Counterculture: An Uneasy Symbiosis". *Organizational Dynamics*, Vol. 12, No. 2, 1983, pp. 56 - 64.

[255] Bourdieu, Pierre and Jean - claude Passeron, *Reproduction in Education, Society and Culture*. Newbury Park, 1977.

[256] Di Maggio, Paul and John Mohr, "Culture Capital, Educational Attainment, and Marital Selection". *American Journal of Sociology*, Vol. 90, No. 6, 1985, pp. 1231 - 1261.

[257] Mohr, John and Paul DiMaggio, *The Intergeneration Transmission of Culture Capital*, Research in Social Stratification and Mobility, 1995.

[258] Beckhard, R. and Harris, R. T., *Organizational Transitions: Managing Complex Change*, Addison - Wesley, Reading, 1987.

[259] Deal, T. E., Kennedy, A. A., *Corporate Cultures: The Rites and Rituals of Corporate Life*. Mass: Addison - Wesley, 1982.

[260] Schein, E. H., *Organizational Culture and Leadership*. San Francisco: Jossey - Bass, 1992.

[261] Hawkins, G., "Organizational Culture: Sailing between Evangelism and Complex Economic Growth". *Organizational Dynamics*, Vol. 16, No. 4, 1997, pp. 4 - 21.

[262] Davenprot, T. H., D. W. De Long and M. C., "Beers, Successful Knowledge Management Projects". *Sloan Management Review*, Winter, 1998, pp. 43 - 57.

[263] [美] 乔治·冯·克罗、[日] 一城一雄、[日] 野中郁次郎：《实现知识创新：部分世界500强企业发掘隐性知识的掠影》，机械工业出版社2004年版。

[264] David Gurteen, "Creating a Knowledge Sharing Culture". *Knowledge Management Magazine*, Vol. 2, No. 5, 1999, pp. 1 - 4.